MAGNETOTERAPIA

Dr. H. L. BANSAL

MAGNETOTERAPIA

CURA POR LOS CAMPOS ENERGÉTICOS

Magnetoterapia

1ª edición: octubre de 1993
4ª edición: septiembre de 2010

Pavón 2229 (C1248AAE) Buenos Aires, Argentina
Tel.: (54-11) 4308-3535 - Fax: (54-11) 4308-4800
e-mail: info@edicontinente.com.ar
www.edicontinente.com.ar

Traducción: Roberto Rosaspini Reynolds
Ilustraciones: Fernando A. Carpena
Corrección y estilo: Susana Rabbufeti Pezzoni
Diseño de tapa: Estudio Tango

H. L. Bansal
Magnetoterapia - Cura por los campos energéticos
1a ed. - Buenos Aires : Continente, 1993.
224 p. ; 23x16 cm.

ISBN 978-950-754-008-0

1. Medicina alternativa. I. Título
CDD 615.892

Queda hecho el depósito que marca la ley 11.723.

Libro de edición argentina

Este libro se terminó de imprimir en el mes de septiembre de 2010,
en los Talleres Gráficos Color Efe, Paso 192, Avellaneda, Buenos Aires, Argentina.

Encuadernado en Cooperativa de Trabajo La Nueva Unión Ltda.
(Empresa recuperada y autogestionada por sus trabajadores)
Patagones 2746/48 (1437) Capital Federal - 4911-1586 - cooplanuevaunion@yahoo.com.ar

Indice

Parte III

Parte IV

Parte V

Parte VI

Parte VII

Parte VIII

Reconocimientos

Reconozco incondicionalmente que debo mi iniciación y mi dedicación a este tema al Dr. R. S. Thacker, el longevo y experimentado magnetoterapeuta del hospital de Kashi Ram, Nueva Delhi. El fue quien supo atraerme al campo de sus curaciones magnéticas, y quien me impartió sus valiosas enseñanzas, de modo que sus vastos conocimientos y experiencias en la extraña técnica de sanar a sus pacientes mediante imanes -conocimientos adquiridos a lo largo de más de 25 años- pudieran ser ampliamente difundidos para beneficio de la humanidad.

Actualmente, el Dr. Thacker es el magnetoterapeuta de mayor edad en la India y ha tratado exitosamente a miles de pacientes, en forma absolutamente gratuita, a lo largo de toda su vida.

También mi joven amigo, el Dr M. T. Santwani, homeópata y magnetoterapeuta él mismo, contribuyó a interesarme en el estudio de esta técnica, y su amistosa insistencia despertó en mí un intenso deseo de profundizar en el tema.

Asimismo agradezco al Dr. A. K. Battarchaya, de Naihati, autor del libro "*Magnets and Magnetic Fields*" (Imanes y campos magnéticos), y a todos los autores y editores de otros libros, periódicos y artículos que me han servido de referencia, y figuran listados al final del libro.

Una mención especial de agradecimiento y aprecio a B. Jain Publishers Ltd., de Nueva Delhi, quienes no sólo editaron este libro, sino que también lo publicitaron ampliamente, logrando así que un mayor número de lectores pudiera beneficiarse con las propiedades curativas de los imanes.

Si bien este libro ha pasado por muchas reimpresiones sucesivas a lo largo de los últimos 15 años, esperamos que esta tercera edición, revisada y ampliada, resulte un excelente auxiliar para todos aquéllos que deseen aplicar la técnica de la magnetoterapia.

H.L. Bansal

Prólogo a la tercera edición

Este libro fue publicado por primera vez en 1976, en cuya oportunidad contenía solamente 176 páginas; a pesar de ello, capturó inmediatamente la atención, tanto de la profesión médica como del público en general, por lo que fue necesario continuar reimprimiéndolo al menos una vez al año -o más, en algunas ocasiones- durante varios años.

Su primera edición fue también advertida por varias celebridades mundiales, entre las cuales puede contarse al entonces vicepresidente de la India, K.C. Gupta. Este recibimiento me decidió entonces a volver a trabajar sobre el libro, revisándolo y extendiéndolo a casi 300 páginas para la segunda edición.

Esta segunda publicación atrajo un mercado aún más amplio, por lo que algunos años más tarde se debió editar una tercera, a su vez corregida y aumentada con respecto a la anterior. En el ínterin, el trabajo ha sido publicado también en una versión en hindú, titulada "Chumbak Chikitsa", que ha pasado ya por varias reimpresiones. Cabe destacar que en la presente edición se han adoptado todas las sugerencias aceptables, incorporando asimismo los subencabezamientos de cada uno de los capítulos.

En los últimos tiempos, la electricidad ha ido ganando rápidamente terreno en todos los campos de la ciencia, y la magnetoterapia no podía ser una excepción. Así, por ejemplo, se han introducido en esta disciplina los electromagnetos, que resultan más efectivos, especialmente en el tratamiento de algunas enfermedades crónicas. Esto hizo necesaria la incorporación al final del libro de un nuevo capítulo, bajo el título de "Electromagnetoterapia"; espero que con estas revisiones y anexos, la presente edición del libro resulte más atractiva, más interesante, y sobre todo, más útil.

Considero que mi labor se verá plenamente justificada y recompensada, tan sólo con que los lectores interesados en esta disciplina la incorporen y pongan en práctica en sus clínicas, sus hogares, y la difundan a su alrededor. Asimismo, recibiré con sumo agrado cualquier experiencia y sugerencia nueva que pueda resultar útil para un desarrollo futuro de la Magnetoterapia.

H.L. Bansal, Nueva Delhi

Introducción

El magnetismo, y en consecuencia sus generadores, los imanes y magnetos, se han convertido en un elemento indispensable en la tecnología moderna, y por lo tanto, en los emprendimientos industriales y científicos de envergadura: ¿van a establecerse también en el medio terapéutico como uno de sus más eficaces agentes curativos? Este tratado del Dr. H. L. Bansal sostiene firmemente esta premisa, y sus aseveraciones la hacen parecer sumamente razonable.

Hace algunos años ya, por sugerencia de un amigo, decidí llevar mi eczema supurante -cada vez más avanzada, a pesar del mejor tratamiento disponible gracias a mi posición de Ministro de Salud- al consultorio del Dr. R. S. Thacker, el único magnetoterapeuta conocido por ese entonces en Nueva Delhi, y a quien merecidamente ha sido dedicado este libro.

A pesar de mis reticencias iniciales, confieso que pronto me sentí realmente sorprendido de liberarme de una dolencia tan desagradable en un período tan extraordinariamente corto. Posteriormente supe que fue este caso (citado en este libro en el capítulo 13) el que inspiró al Dr. Bansal a encarar seriamente la magnetoterapia. Este libro es el fruto de su devoción y su dedicación a esta tarea durante los pasados veinte años.

En varios países avanzados se ha llevado a cabo un considerable trabajo de investigación acerca de los efectos del magnetismo sobre la biología de los vegetales, los animales y los hombres, que ha establecido indiscutiblemente que una gran cantidad de enfermedades humanas pueden ser curadas mediante la aplicación de imanes o magnetos. Como ejemplo puede citarse al Dr. Mclean, médico de la ciudad de Nueva York, quien ha tratado exitosamente diversos casos de cánceres avanzados, haciendo esta sorprendente observación: "*El cáncer no puede sobrevivir dentro de un campo magnético poderoso*".

También la medicina rusa está utilizando imanes y agua magnetizada para la curación de enfermedades tales como la mastitis, dolores e inflamaciones, e incluso para los terribles sufrimientos provocados por los temidos cálculos renales. Los japoneses, por su parte, han perfeccionado un gran número de dispositivos magnéticos, tales como bandas, collares, colchonetas, cinturones, e incluso sillas imantadas para el tratamiento de muchas enfermedades.

En India, sin embargo, la magnetoterapia aún se considera una técnica nueva, quizás hasta graciosa, pero últimamente un gran número de médicos, especialmente homeópatas, han comenzado a adoptarla, y han obtenido progresos muy alentadores. El Dr. Bansal, básicamente un homeópata, ha realizado profundos estudios de todos los resultados logrados en este campo, tanto en la India como en otros países, y ha experimentado exhaustivamente en forma personal, librando a numerosos personas de diversas enfermedades. Paralelamente, y para beneficio de sus pacientes y otros profesionales, ha publicado este trabajo -quizás el primero en su género- orientado principalmente hacia el uso terapéutico del magnetismo, pero incluyendo una interesante y acabada información sobre el método, que abarca temas tan variados como su historia, sus principios y su aplicación, sustentándolos con las menciones de gran número de casos reportados. En su faceta terapéutica, el libro proporciona pautas para el tratamiento de más de ciento de dolencias frecuentes, lo que lo transforma en el auxiliar ideal para el terapeuta.

Este trabajo me hace recordar la afirmación del Dr F. V. Broussais, de Francia, quien dijo: *"Si el magnetismo existiera, la medicina sería un absurdo"*. Sin embargo, se ha demostrado sin lugar a dudas que el magnetismo es una realidad absoluta... como podrá comprobarlo personalmente cada lector de este libro.

Felicito calurosamente al autor por este verdadero auxiliar de la medicina, concebido y realizado con verdadera pasión humanitaria, y con el noble propósito de ampliar las fronteras de la curación del sufrimiento humano.

K.C. Gupta
Ministro de Salud y
Planeamiento Familiar
Gobierno de la India
Nueva Delhi

Parte I

Capítulo 1

Algunos conceptos previos

Los imanes en la antigüedad

Si bien el magnetismo es hoy ampliamente utilizado en el campo de la física, la industria y el comercio, y sus notables efectos sobre los metales -e incluso los organismos vivos- se conocen desde hace ya siglos, el reconocimiento de sus benéficas influencias clínicas sobre las enfermedades humanas constituye un descubrimiento relativamente reciente, que aún no ha sido completamente desarrollado ni difundido.

En el pasado, aunque muy de tanto en tanto, el hombre ha atribuido a los imanes una gran variedad de propiedades maravillosas: por ejemplo, ciertos dignatarios egipcios los usaban directamente contra su piel, con el propósito de mantener el vigor y la salud, y evitar el proceso de envejecimiento. Según algunos autores, una de ellas fue Cleopatra, de quien se dice que usaba constantemente un imán sobre su frente para conservar su belleza. También la gente del pueblo creía en la "fuerza divina" de los imanes, y un filósofo/científico llegó al punto de afirmar que "*un imán debe de poseer un alma, ya que puede mover el hierro*". Sin embargo, a la luz de los descubrimientos actuales, un imán o un mágneto carecen de vida, aunque la capacidad de sus polos de reconocer la atracción o repulsión de los polos de otro imán aún permanece inexplicada hasta el momento.

Los imanes han demostrado ser altamente beneficiosos para ciertas dolencias, y ya desde tiempos inmemoriales han sido utilizados para aliviar la rigidez de los músculos y articulaciones, o mitigar los dolores corporales en forma inmediata. También se les atribuía la capacidad de normalizar la tensión arterial, e inmunizar al cuerpo contra ciertas enfermedades, aumentando las vitalizadoras secreciones glandulares.

Magnetoterapia: una ciencia y un arte

Teniendo en cuenta las innumerables propiedades positivas del magnetismo sobre el organismo humano, la "*Magnetoterapia*" -el tratamiento de las enfermedades mediante la aplicación de imanes y magnetos- puede considerarse tanto una ciencia como un arte. Es una ciencia, en cuanto a que el magnetismo se asemeja, en su comportamiento y en sus principios, a la electricidad; y es un arte, porque su aplicación involucra la selección de imanes de diversas potencias, ubicados en puntos diferentes, para el tratamiento de distintas enfermedades. La magnetoterapia constituye un sistema de tratamiento que abarca un extenso campo terapéutico, y puede aliviar la gran mayoría de las disfunciones orgánicas que puede presentar el cuerpo humano.

La magnetoterapia está sólidamente basada en principios y leyes naturales, y desde ningún punto de vista debe considerarse como un acto de magia, o un milagro; simplemente significa llevar a cabo un tratamiento del paciente mediante la aplicación de imanes sobre distintas partes del cuerpo o las extremidades, para transformar su condición de enfermo en un estado de total equilibrio orgánico, es decir, un estado de salud.

El uso de imanes para el tratamiento de las enfermedades no es un sistema nuevo, ni mucho menos; existen referencias sobre él a lo largo de innumerables registros, algunos de ellos antiquísimos, del conocimiento humano. Sin embargo, el sistema ha sido olvidado, casi hasta su desaparición, por varias razones, la principal de las cuales parece ser la creciente fe de la gente en los antibióticos y otras medicinas modernas, y su afán por utilizar costosos remedios elaborados sintéticamente, en lugar de otros más simples y naturales, que se encuentran al alcance de todos.

La magnetoterapia en los países más avanzados

Sin embargo, el método de curación por imanes ha ido ganando popularidad en los países más desarrollados, como Japón, Rusia, Estados Unidos y otros, y un número cada vez mayor de pacientes, incluyendo casos de enfermedades crónicas y terminales, están siendo curados con él. Esto demuestra el creciente interés de la gente en la medicina natural, y es de esperar que esta disciplina se difunda rápidamente, y en un futuro cercano ayude a crear un mundo más sano y con menos sufrimientos.

El propósito de este libro

Nuestra intención al publicar este trabajo es despertar la atención de aquellos profesionales médicos conscientes, e informarlos de la existencia del amplio panorama de investigación y experimentación que ofrece esta nueva rama de la medicina. También el público en general puede utilizar las aplicaciones terapéuticas del sistema, y juzgar por sí mismos las posibilidades del magnetismo para aliviar sus dolencias, incluso aquéllos que están recibiendo tratamiento por otros canales, o cuando otros métodos terapéuticos han fracasado en curarlos.

Sabemos que no es fácil concebir la razón por la cual los imanes y su poder de atracción y repulsión pueden curar las enfermedades humanas, pero hemos hecho un sincero esfuerzo para llevar al conocimiento general la forma en que los imanes actúan sobre el organismo para regular los procesos metabólicos, y cómo, mediante su acción sobre los nervios y la sangre, corrigen las disfunciones de los sistemas circulatorio, nervioso, respiratorio, digestivo, urinario, etcétera.

Existen muy pocos libros disponibles en el mundo sobre esta disciplina terapéutica, y hasta el momento esta literatura no explica en detalle la metodología adecuada para la aplicación de imanes en cada afección; simplemente proporciona una corta descripción de algunos casos tratados con éxito, en forma general y poco específica. Sin embargo, y dado que el método aún no ha sido totalmente desarrollado, no existe en realidad un procedimiento uniforme para el uso de los imanes en cada enfermedad.

Otro de los temas poco discutidos en la escasa literatura disponible sobre magnetoterapia es el tiempo límite para el uso de los imanes; esto ha hecho que a algunos pacientes se les hayan aplicado durante unos pocos minutos, a otros por horas, días o meses, e incluso algunos los han debido llevar en forma permanente durante varios años. Todo esto no hace sino demostrar que hasta el momento aún no se ha desarrollado un procedimiento efectivo que haya sido *normalizado y universalmente adoptado* para los tratamientos magnetoterapéuticos.

Sugerencias para un método normalizado

Aunque la técnica exacta para la aplicación de los imanes depende de los requerimientos de cada caso en particular, aún así existen algunos principios básicos que es preciso conocer antes de comenzar. A lo largo de este libro iremos sugiriendo un proceso standard de aplicación, para lo cual hemos ordenado las distintas técnicas en forma sistemática, de modo que resulten más claras y comprensibles cuando llegue el momento de utilizarlas, especialmente para aquéllos no-profesionales que no deseen dedicarse de lleno a esta disciplina, sino adoptarla como un método preventivo y curativo esporádico.

El conocimiento y la experiencia se encuentran en permanente y constante crecimiento, y siempre se puede dar un paso más allá en la investigación y el desarrollo; en consecuencia, nadie puede adjudicarse jamás la perfección en ningún tema. Siguiendo estos lineamientos, los métodos sugeridos en este libro también son pasibles de perfeccionamiento; sin embargo, la práctica nos ha demostrado que son realmente efectivos y aplicables, y pueden adoptarse con confianza como punto de partida para cualquier experiencia personal.

Durante su relativamente corta existencia, se ha demostrado que la magnetoterapia puede curar -y de hecho ha curado- muchas enfermedades humanas consideradas y declaradas incurables por otras disciplinas terapéuticas; en el Capítulo 14 pueden encontrarse gran número de estas experiencias, relatadas por magnetoterapeutas de todas partes del mundo. Cabe destacar que en la mayoría de estos casos no existía un tratamiento ortodoxo para la enfermedad, excepto quizás una intervención quirúrgica, pero los pacientes fueron, sin excepción, curados por la aplicación externa de imanes o magnetos, en muchos casos, incluso sin la prescripción de ninguna medicina complementaria. Como contrapartida, es preciso reconocer que los tratamientos por magnetoterapia requieren un tiempo bastante más largo que los casos solucionados por cirugía.

La homeopatía y la magnetoterapia

El uso del magnetismo también ha sido sustentado y recomendado por el creador de la homeopatía moderna, el Dr. Samuel Hahnemann, quien introdujo tres medicinas magnéticas en esa disciplina. Sus observaciones respecto a la relación entre los imanes y ciertos síntomas importantes, comprobadas y verificadas por él mismo mediante el uso de esos tres remedios magnéticos, han sido incluidas en un capítulo aparte de este libro. Hasta el momento, ninguna otra rama de la ciencia médica parece estar estudiando el uso de imanes para el tratamiento de las enfermedades humanas.

Sin embargo, parece haber una estrecha afinidad entre los principios de la magnetoterapia y la práctica de la acupuntura y la digitopuntura. Los distintos "**puntos**" de estas dos últimas técnicas también pueden considerarse como "**puntos magnéticos**" para la aplicación de imanes con fines curativos. Este enfoque ha sido tratado en otro capítulo especial (17) al final de este libro.

La Naturoterapia

También la naturopatía, que utiliza las fuerzas de la Naturaleza -incluyendo la electricidad- para corregir los diversos desórdenes orgánicos, comparte muchos preceptos comunes con la magnetoterapia, entre los cuales quizás el más importante es la utilización de la más poderosa de esas fuerzas naturales: el magnetismo. En el capítulo 18 de este trabajo se discuten en detalle las similitudes entre ambos sistemas, y los medios que adopta de cada una de ellos para encarar la salud y la enfermedad.

Es de desear que este nuevo enfoque promueva nuevos estímulos, tanto en los profesionales como en el público en general, abriendo nuevos caminos a la investigación científica en este campo. Sería obvio destacar que la aplicación integral de todas estas disciplinas complementarias podría ayudar a vencer el estancamiento en que se encuentra la curación de muchas enfermedades, para beneficio definitivo de la humanidad sufriente.

Algunos conceptos sobre este libro

El ordenamiento de los distintos capítulos de este trabajo ha sido pensado como para llevar al lector sistemáticamente desde los primeros descubrimientos sobre los imanes y el magnetismo, hasta las más avanzadas técnicas magnetoterapéuticas del momento. Por otra parte, además de sugerir los métodos generales de aplicación de los diversos imanes, se ha consignado el seguimiento clínico pormenorizado de ciento cincuenta enfermedades comunes curadas por imanes, lo que hará que el tratamiento magnético de las mismas resulte más sencillo y fácil de poner en práctica. Para ello, y con la intención de reunir en un solo volumen la mayor cantidad de información posible, se han incluido en capítulos separados, de fácil acceso e interpretación, gran cantidad de casos tratados exitosamente, tanto en India como en otros países del mundo.

Es un hecho conocido que todos los descubrimientos, nuevos dispositivos y nuevos esquemas de pensamiento surgen a partir de las investigaciones y experiencias acumuladas por cierto número de personas, en ocasiones a lo largo de varias generaciones. La magnetoterapia no podía ser una excepción, y son muchos los médicos, filósofos, investigadores y científicos que han contribuido a su evolución, a lo largo de un prolongado período de desarrollo. En este libro hemos tratado de condensar, además de las experiencias personales del autor, todas las observaciones, ideas, informes, puntos de vista e investigaciones de todos esos pioneros, en un humilde intento de paliar, hasta donde sea posible, los sufrimientos de la humanidad.

Para terminar esta presentación, solicitamos a todos aquéllos que hayan realizado algunas experiencias en magnetoterapia, que nos hagan llegar sus conclusiones y sugerencias, con el propósito de difundirlas eventualmente en alguna edición posterior.

Capítulo 2

Descubrimiento del magnetismo

Referencias a los imanes en los Vedas

Los imanes y sus propiedades fueron ampliamente conocidos por los antiguos Arios, quienes creían que, además de poseer la capacidad de atraer al hierro, también estaban dotados de muchos poderes místicos y curativos. En los Vedas, por ejemplo, consideradas las más antiguas escrituras religiosas hindúes, existen ciertas menciones respecto al tratamiento de algunas enfermedades por medio de arenas y piedras especiales.

Mantras relevantes, con sus correspondientes traducciones

El Atharva Veda, uno de los pilares de los tratamientos Ayurvédicos, habla de la curación de muchas enfermedades; a continuación citaremos algunos de sus mantras, que confirman esta aseveración:

Los Mantras 3 y 4 del Sukta 17, Kand 1, Parte I del Atharva Veda, aluden a la represión de hemorragias, con la ayuda de algunos artículos hechos de arena:

Traducción de los mantras 3 y 4 del Sukta 17

Mantra 3: De las cien arterias, y las mil venas, aquéllas que se encuentran en el centro ya se han detenido, y al mismo tiempo, los extremos han cesado de fluir.

Mantra 4: Alrededor de ti se ha extendido un gran dique de arena; permanece quieto; la plegaria hará el resto.

Los Mantras 2 y 3 del Sukta 35, Kand 7, Parte III del Atharva Veda, se refieren al tratamiento de las mujeres con la ayuda de piedras:

Traducción de los mantras 2 y 3 del Sukta 35

Mantra 2: De estas cien entrañas tuyas, así como de tus miles de conductos, he cerrado las aberturas con una piedra.

Mantra 3: La parte superior de tu vientre coloco debajo; ya no llegará a ti brote ni nacimiento alguno. Te convierto en estéril e incapaz de procrear; transformo una piedra en una cubierta para ti.

La precedente trasliteración ha sido realizada por el Profesor Max Muller, de Alemania, uno de los más eminentes orientalistas que ha traducido los cuatro Vedas y muchos otros libros sagrados hindúes y sánscritos a las lenguas occidentales. También los significados hallados en los diccionarios Sánscrito/Hindú, y Sánscrito/Inglés para las palabras: Siktavati usada en el Sukta 17, y Ashman, en el Sukta 35, confirman sus apreciaciones:

Sánscrito/Hindú
Sikta = Arena
Siktavati = Lleno de arena
Ashman = Piedra, Chamak Patthar (y otras acepciones)
Ashmana = Con la piedra

Sánscrito/Inglés
Sikta = Sand, Gravel, Stone (Arena, grava, piedra)
Ashman = Piedra, roca, piedra preciosa, instrumento de piedra.

De esta forma, resulta evidente que los Mantras del Sukta 17 hablan de la detención de una hemorragia mediante algo hecho de arena, y los del Sukta 35 mencionan ciertos tratamientos practicados a las mujeres con algún tipo de piedra.

Ahora bien: los mencionados tratamientos descritos en los mantras del Atharva Veda, obviamente no pueden haber sido realizados con cualquier clase de arena o piedras, sino únicamente con algún tipo de material especial, poseedor de ciertas propiedades curativas específicas. Los imanes metálicos usuales están construidos con aleaciones de hierro, mientras que los cerámicos están compuestos de arena (minerales de silicio), arcilla, bario y óxido de hierro. De allí la utilización de los términos Siktavati (arenoso) y Ashma (en su acepción de Chakmak Patthar) en los Vedas, y Lohakant en otros volúmenes de la antiquísima literatura Ayurvédica, que demuestran por sí mismos que las piedras magnéticas y sus propiedades eran bien conocidas y utilizadas por los terapeutas hindúes ya desde tiempos inmemoriales.

El descubrimiento del imán en los tiempos modernos

Ya en una época comparativamente moderna, el descubrimiento del imán se atribuye a varios cientos de años antes de Cristo, aunque existen diferentes puntos de vista respecto a quiénes y cuándo lo descubrieron realmente. Uno de estos puntos de vista sostiene que el poder de atracción de un tipo de roca, conocido hoy como magnetita, calamita o piedra imán, fue descubierto por primera vez hace aproximadamente 2.500 años, por un niño pastor llamado Magnes. El pequeño, mientras vagabundeaba por los senderos del Monte Ida notó que su cayado, que tenía contera de hierro, se adhería fuertemente a la ladera de la montaña, a la vez que se le hacía difícil caminar, ya que sus sandalias también tenían suelas de hierro. Al difundirse la noticia, la roca recibió su nombre del niño, y pasó a conocerse como "magneto". Otra versión sostiene que hace ya muchos siglos, en la región de Magnesia, en el Asia Menor, se encontraron grandes yacimientos de un mineral de hierro muy oscuro, compuesto casi exclusivamente de oxígeno y hierro ($Fe_3 O_4$). Este mineral poseía poderes de atracción y direccionales sobre casi todos los metales ferrosos y recibió el nombre de Magnetita como extensión de la región en que se lo había encontrado.

Ya en el 800 antes de Cristo, la piedra imán era conocida para los griegos, como lo demuestran diversos trabajos de Aristóteles (384 - 322 A.C.), Platón (429 - 377 A.C) y Homero (alrededor de 850 A.C.). En uno de sus informes, Platón menciona lo que él llama "Los Anillos de Samotracia", utilizados en las ceremonias rituales de los dáctilos, una tribu especializada en trabajos en hierro. Estos anillos eran en realidad aros de hierro magnetizados por contacto con imanes naturales o trozos de magnetita.

Posteriormente, en las primeras décadas del siglo II d.C., los marinos chinos llegaron a comprender las propiedades direccionales de los imanes naturales, y los utilizaron para trazar y mantener el rumbo de sus naves.

Ya en los primeros años del siglo XVI, el famoso alquimista, médico y místico suizo Philippus Aureolus Paracelsus (1493 - 1541 d.C.) marcó un hito fundamental en la historia del magnetismo; según sus propias palabras: "*lo que ejerce eso que llamamos imán es una fuerza de atracción que va más allá de nuestra comprensión, pero que, a pesar de ello, provoca atracción sobre el hierro y otras cosas*".

Paracelso fue aún más allá de adjudicarle a los característicos poderes de los imanes la propiedad de curar enfermedades: descubrió que son particularmente recomendables en casos de inflamaciones, heridas supurantes, ulceraciones, y sobre todo en las afecciones, tanto internas como externas de los intestinos y el útero. Sus observaciones, registradas por él mismo hace ya siglos, mantienen intacta su vigencia, aún en la actualidad.

Pocas décadas después, el Dr. William Gilbert, de Colchester, Gran Bretaña, (1540 - 1603), notable médico de su época y Presidente del Colegio Médico de la reina Isabel I, fue el primer profesional inglés en efectuar un estudio profundo de la electricidad y el magnetismo. Durante sus investigaciones, realizó largos viajes, registrando el peculiar comportamiento de la aguja magnética, y el análisis de sus inclinaciones y declinaciones lo hizo llegar a la conclusión de que la tierra misma era un gigantesco imán. Sus teorías fueron sustentadas por muchos experimentos, como el de ubicar una varilla de hierro orientada en dirección Norte/Sur, y martillearla hasta que quedara magnetizada por la influencia de la tierra.

En el año 1600, poco antes de su muerte, escribió un libro que signó toda una época, titulado "De Magnet", que cobró gran difusión mundial, a tal punto que el célebre matemático, filósofo y científico italiano, Galileo Galilei afirmó luego de su estudio: "Admiro y envidio profundamente al autor de "De Magnet"".

Gilbert demostró asimismo que el hierro deja de ser atraído cuando se encuentra al rojo, y que ciertas sustancias como el papel y el género no afectan la atracción entre un imán y el hierro cuando se las interpone entre ambos. Cabe destacar que la mayoría de los términos que se utilizan hoy en magnetismo fueron utilizados por él en su libro, quizás creados para esa oportunidad.

Posteriormente a Gilbert, varios otros científicos realizaron importantes experimentos, y difundieron sus experiencias por el mundo. Hacia mediados del siglo XIX, el físico inglés Michael Faraday llevó a cabo descubrimientos y revelaciones verdaderamente relevantes; siendo su primer logro independiente la demostración del comportamiento de un imán alrededor de una corriente.

Las investigaciones de Faraday enriquecieron la ciencia del magnetismo en todas sus ramas, tales como el electromagnetismo, las líneas de fuerza, la polarización rotativa, y la inducción electromagnética, manteniendo sus experiencias cuidadosamente asentadas en registros, cuyos últimos números de serie alcanzaban los 16.000. Faraday encaró también la relación entre el magnetismo y la biología, considerándoselo como el fundador del Biomagnetismo y la Magnetoquímica; para sus estudios en este campo, basó sus experiencias en las investigaciones anteriores de grandes científicos como A. M. Ampere (1775-1836), H. C. Oersted (1777-1851) y J. B. Biot (1774-1862), y demostró que toda materia es magnética en un sentido o en otro, es decir, que la materia es indefectiblemente atraída o repelida por un campo magnético.

Primer tratado de Magnetoquímica en India

El primer tratado en inglés publicado en la India, relativo a los principios físicos y aplicaciones de la magnetoquímica, se debe al trabajo de los doctores S. S. Bhatnagar y K. N. Mathur, ambos de origen hindú. El libro, titulado "Magnetochemistry" (Magnetoquímica) constituye un excelente resumen de su trabajo de investigación, y fue editado por Macmillan, Londres, en 1935.

El Dr. Bhatnagar, egresado con títulos en medicina de las universidades de Punjab y Londres, efectuó notables contribuciones a la ciencia de los coloides, química superficial, fotoquímica y magnetoquímica. Sus trabajos le significaron un premio en efectivo, que donó a la universidad, fue nombrado caballero en Inglaterra, en 1941, y "Padma Vibhushana" en su país de origen, en 1954. En su carrera desempeñó los cargos de Director del organismo de Investigaciones Científicas e Industriales, y Secretario del Ministerio de Recursos Nacionales e Investigaciones Científicas del gobierno de la India. Falleció el 1º de enero de 1955.

En la actualidad, muchos países además de la India, tales como Rusia, Estados Unidos y Japón están llevando a cabo extensivas experiencias sobre biomagnetismo y otras ramas de la magnetoterapia, habiendo logrado ya grandes avances en sus respectivas líneas. Las conclusiones a que conducen estas investigaciones, especialmente los resultados obtenidos en los tratamientos mediante imanes están consignadas en este libro, ordenadas en sus correspondientes capítulos, de acuerdo con sus especialidades.

De esta forma, el antiguo arte del uso terapéutico de los imanes ha sido revivido en los últimos 200 años, y está siendo desarrollado hoy, en un esfuerzo por sumar a las ya numerosas aplicaciones de los imanes, la de aliviar los sufrimientos humanos.

El término "Imán" en diferentes idiomas

El primer mineral de hierro que poseía poderes de atracción, y constituía un imán natural, fue originalmente denominado "**magnetita**", aunque también se lo llamó "**piedra imán**", "**calamita**" o "**caramida**"[1]. La palabra inglesa "**loadstone**" deriva de "stone"= piedra, y "load" o "lode", utilizada en inglés arcaico, y que, entre otras acepciones significaba curso, rumbo, viaje, y que probablemente aludiera a la propiedad direccional de la magnetita.

Los griegos denominaron a los imanes "**Magnetis**" o "**Magnesetos**", que representa a la piedra, y los franceses los llaman "**Aimants**" = amante, posiblemente por la connotación con su capacidad de atracción.

En Asia, el imán se conoce como "**Chumbak**" (piedra besadora), en hindi, "**Maqnatees**" en urdu y persa, y en chino "**Chu Shi**"= piedra amante.

En Tokio, Japón, una gran compañía dedicada a la manufactura de diversos artículos y dispositivos magnéticos ostenta el nombre de "The Aimante Trading Co. Ltd.", adoptando así la denominación francesa.

Algunos gemólogos consideran que un pequeño imán natural constituye una de las varias gemas recomendables para ser usadas con múltiples propósitos, por ejemplo: preservación de la salud, paz mental y prosperidad en general, y en consecuencia los incluyen dentro de la categoría de gema.

Capítulo 3

El Magnetismo en el Universo

La Tierra como un gigantesco imán natural

El magnetismo es el principio universal que domina y gobierna el Universo infinito, manteniendo los diversos cuerpos celestes dentro de un estrecho vínculo natural. La Tierra, el Sol, la Luna y todos los otros planetas de nuestra galaxia transmiten sus propias emanaciones magnéticas, que influyen poderosamente sobre nuestras existencias.

[1] N. del T.: Estas últimas tres denominaciones son las más utilizadas en español, y se corresponden con los términos ingleses "Loadstone" y "Lodestone", que se analizan a continuación.

La Tierra es un gigantesco imán natural, y su magnetismo constituye un tema sumamente interesante. La historia magnética de la Tierra está aún en sus comienzos, y todavía no han sido plenamente explorados ni registrados todos sus alcances y todas sus consecuencias, por lo que su desarrollo presenta un vasto campo para futuras investigaciones. A continuación analizaremos algunas de las experiencias sobre el magnetismo terrestre realizadas hasta el momento, así como los resultados y conclusiones que arrojaron.

En primer lugar, la Tierra ejerce una influencia inductiva sobre las sustancias magnéticas; este hecho ha sido fehacientemente constatado a través de innumerables pruebas, tales como:

a) El yunque de un herrero se magnetiza en dirección norte/sur.

b) Una barra de hierro o acero colocada en posición vertical durante cierto tiempo, comienza a mostrar propiedades magnéticas.

c) Si se ubica una barra de hierro en posición horizontal, orientada de norte a sur, su extremo norte adquiere polaridad norte.

d) Si se hace pivotar un imán, de forma que se balancee a lo largo de un plano vertical u horizontal, finalmente termina por detenerse en una posición específica.

Todos estos hechos se suceden como resultado de la influencia inductiva de la Tierra, y demuestran que nuestro planeta se comporta como un imán gigantesco, con un campo magnético a su alrededor.

En el hemisferio norte, se considera como Polo Norte al extremo inferior de este campo, y como Polo Sur al extremo superior, mientras que en el hemisferio sur se invierten estas características. A fin de comprender con mayor claridad las condiciones del magnetismo terrestre, es necesario conocer la intensidad, dirección y variaciones de esta poderosa fuerza magnética a lo largo de toda la superficie terrestre, por lo que su estudio se convierte en un tema que requiere una investigación sumamente detallada y profunda. En esta oportunidad presentaremos a nuestros lectores la información más relevante respecto al magnetismo terrestre.

La naturaleza del magnetismo terrestre

La Tierra transmite energía magnética a todos los organismos vivientes: humanos, animales y vegetales.

La Tierra, como todo imán natural, posee dos polos: norte y sur, el primero de los cuales está ubicado en algún punto en el extremo norte de los Estados Unidos de Norte América, y el segundo en el extremo sur de la provincia de Victoria, en Australia[1]. Sin embargo, cabe destacar que la focalización de estos polos no permanece estática, sino que experimenta lentos desplazamientos.

[1] N del T.: El autor se refiere a la provincia de Victoria, en Australia, en las cercanías de las ciudades de Canberra y Geelong.

La Tierra presenta líneas magnéticas de fuerza alrededor de toda su superficie, de la misma forma que cualquier imán posee un campo magnético propio que lo rodea. Estas líneas se extienden aproximadamente desde el sur geográfico en una dirección sur/norte relativa, mientras que el manto, o campo magnético terrestre no constituye simplemente una fina capa que envuelve la superficie, sino que compone un estrato de más de 1.500 km de espesor. Sobre esto, se ha informado que el Sputnik III, al igual que otros satélites, han detectado la influencia del campo magnético terrestre hasta una distancia de 105.600 kilómetros de la superficie. Esto ha sido revelado por la presencia de partículas cargadas disparadas por el sol, y atrapadas por el campo magnético de la Tierra.

Toda vez que suspendamos una varilla imantada, su eje mayor se orientará en una dirección aproximada norte/sur, lo que prueba que existen dos regiones definidas de la Tierra que atraen los respectivos polos opuestos de la barra. Esto sucede porque la Tierra constituye un gigantesco imán con su Polo Sur Magnético en algún punto cerca del Polo Norte Geográfico, y el Polo Norte Magnético cerca del Polo Sur Geográfico. Debido a la interacción mutua entre las fuerzas de los polos terrestres y los de la varilla, esta última tiende a ubicarse en forma paralela al eje magnético del planeta, lo que demuestra que el polo norte geográfico y el polo sur magnético están próximos entre sí, y lo mismo sucede con el sur geográfico y el norte magnético. Sin embargo, ambos puntos (geográficos y magnéticos) no coinciden exactamente entre sí.

Para unificar criterios, a los efectos de marcar los polos de una varilla magnetizada, consideraremos como su polo norte al que se orienta hacia el norte geográfico, y a la inversa, como sur al que apunta hacia el sur geográfico.

La distribución de las líneas magnéticas en diversos puntos de la superficie terrestre demuestra que la Tierra se comporta en forma muy similar a la de una esfera uniformemente magnetizada. William Gilbert (1540-1603), quien condujo ciertas experiencias en el año 1600, nos proporcionó una imagen de las características generales del campo magnético terrestre, concluyendo que nuestro planeta es en sí mismo un gigantesco imán natural.

Todo elemento que se encuentre sobre la superficie de la tierra, o en la atmósfera que la rodea, es atravesado por la fuerza magnética del planeta. Gauss, el ilustre astrónomo alemán, ha evaluado su potencia, y ha establecido que la fuerza de atracción, o poder ascensional de la Tierra, es equivalente a 42 quintillones trescientos diez cuatrillones de toneladas [1], que uniformemente distribuidos a través de la masa terrestre, representan una intensidad magnética de 27,2 kilogramos por cada metro cúbico. El profesor Mayor ha demostrado, asimismo, que esta influencia se extiende por el espacio hasta una distancia aún no determinada, y que irradia líneas magnéticas en forma similar a los rayos del sol.

Fuentes del magnetismo terrestre

Existen varias escuelas que han aventurado teorías para explicar el origen del magnetismo terrestre; una de esas escuelas sostiene que la Tierra

(2) N del T.: 42,310 x 10^{30} toneladas.

es una esfera permanentemente magnetizada, con dos polaridades en sus dos extremos, mientras que otra línea de pensamiento afirma que las variaciones anuales, y las tormentas magnéticas del planeta se generan en el sol, y extienden su efecto magnético hasta la Tierra. Otras corrientes sustentan aun otras teorías:

a) el magnetismo permanente de la Tierra puede tener su génesis en el movimiento de rotación;

b) un imán permanente, o bien masas magnéticas o corrientes eléctricas que circulan por el interior del planeta;

c) un campo magnético exterior, cuyo origen se encuentra a considerable distancia de la tierra;

d) corrientes eléctricas provocadas por la ionización de capas de aire próximas a la superficie terrestre.

En cualquier caso, sea cual fuere la fuente del magnetismo terrestre, las experiencias han establecido sin lugar a dudas, que la Tierra constituye un gigantesco imán natural.

El efecto magnético de la Tierra sobre los seres humanos

El cuerpo humano es en sí mismo un imán. Hablando en términos de magnetismo, se considera que nuestros cuerpos poseen ciertas facetas magnéticas. Considerando a una persona erguida, en posición vertical, la cabeza y el torso simbolizan al polo norte, mientras que la mitad inferior -los pies, piernas y caderas- representan el polo sur. En un cuerpo humano en posición horizontal, la mano, el brazo y el lado derecho se asimilan al norte, y sus opuestos al sur. De la misma forma, la parte frontal de una persona -frente, rostro, pecho y vientre- representan al norte, y el dorsal -occipucio, nuca, columna vertebral y glúteos- son consideradas el sur.

Ahora bien: guiándose por las leyes y fuerzas naturales, toda acción realizada en la dirección natural aporta paz y serenidad, y provoca la menor incomodidad posible, dadas las circunstancias, que si se efectuara en otro sentido. De acuerdo con esto, cuando nos acostamos para dormir, por ejemplo, si lo hacemos en la misma orientación que adoptaría una varilla imantada suspendida, logramos evitar las tensiones y el insomnio, y descansar más profundamente. Cuando yacemos extendidos, con nuestro norte hacia el norte de la Tierra, y nuestro sur hacia el sur de la Tierra, obtenemos un equilibrio ideal; por lo tanto, la mejor posición para descansar es con la cabeza hacia el norte y los pies hacia el sur, especialmente si dormimos directamente sobre el suelo. Esta posición proporciona un sueño más profundo e incluso mejora la salud, ya que el cuerpo se orienta en concordancia con la dirección de las corrientes magnéticas terrestres, que de ese modo afectan favorablemente al sistema.

De acuerdo con algunos principios filosóficos antiguos, cuando una persona en su lecho de muerte encuentra extremadamente difícil y penoso exhalar sus últimos suspiros, es preciso ubicar su cuerpo sobre la tierra, en posición norte/sur, con la cabeza hacia el norte. Esta posición la alinea con el campo magnético terrestre, y el alma del moribundo puede abandonar su cuerpo con menos agonía.

Entre los hindúes, por ejemplo, cuando la muerte de una persona es inminente, se coloca al paciente directamente sobre la tierra, para que exhale su último suspiro; esta costumbre está obviamente relacionada con el efecto sedante que ejercen las corrientes magnéticas de la tierra sobre los cuerpos humanos.

El magnetismo y la electricidad son dos ramas de la misma fuerza natural; son inseparables, y actúan firmemente unidas hombro con hombro. La Tierra no es solamente un gigantesco imán, sino también un enorme reservorio eléctrico, ya que toda corriente, una vez liberada, busca su camino hacia ella. Existe un profuso intercambio de materia, magnetismo y electricidad en el cuerpo humano, y ésa es la razón por la que podemos incrementar nuestra salud caminando sobre la hierba húmeda, o durmiendo al aire libre sobre una capa de heno recién cortado. Los yogui, por ejemplo, sostienen que el poder entra en sus cuerpos de alguna forma misteriosa, restaurando de esa manera sus energías.

El magnetismo en los otros cuerpos astrales

Hasta el momento hemos considerado el magnetismo terrestre, pero si vamos un poco más lejos, veremos que no sólo la Tierra, sino que el Universo en su totalidad está impregnado de magnetismo. Por lo tanto, y considerando que nuestro planeta se ve profundamente afectado por las emanaciones gravitacionales del Sol y de la Luna, analizaremos separadamente estos efectos.

El Sol

El Sol constituye un gigantesco imán natural, con un enorme poder gravitatorio, mediante el cual atrae a todos los otros planetas, obligándolos a permanecer girando a su alrededor, sometidos a su influencia magnética.

La Tierra está doblemente relacionada con el Sol: gira sobre su eje (movimiento de rotación), y simultáneamente se desplaza en su órbita alrededor del astro rey (movimiento de traslación); la consecuencia de la rotación axial son los días y las noches, y la de la traslación a lo largo de la órbita, los años. Durante la traslación se producen significativos cambios sobre la superficie, debidos a las diferentes exposiciones a los rayos solares; estos cambios generan las estaciones, y en consecuencia influyen sobre los seres humanos en muchas formas diferentes.

El Sol simboliza al fuego, mientras que la Luna rige al agua; por otra parte, el calor, la luz y la humedad son necesarios para cualquier tipo de crecimiento. Por lo tanto, como el Sol y la Luna son los que nos proporcionan estos elementos imprescindibles, constituyen la principal fuente de producción de alimentos y vegetales, así como el elemento básico para el mantenimiento de la vida sobre la Tierra.

La Luna

También la Luna es un enorme imán natural, y tanto sus períodos de luz (luna llena y creciente) como los de oscuridad (nueva y menguante) ejercen una gran influencia sobre nuestras vidas. Muchas facetas de nuestra existencia rutinaria se ven afectadas por la Luna: los antiguos calendarios hindúes fueron programados en función de la Luna; los datos de los períodos menstruales de la mujer se relacionan estrechamente con el calendario lunar; las fechas de muchos ritos ceremoniales hindúes y musulmanes dependen fundamentalmente del aspecto de la luna.

A través de su fuerza gravitatoria, la Luna provoca mareas en los océanos; en forma similar, el cuerpo humano -que está compuesto de un setenta por ciento de líquidos- se ve profundamente afectado por su influencia: las estadísticas demuestran que los fluidos corporales circulan con mucha mayor libertad en los períodos de luna llena. También se ha logrado establecer que los enfermos mentales padecen sus peores ataques en esos mismos días, y de allí surge el término "lunático", derivado precisamente de la palabra luna.

La costumbre de ayunar en los días de luna nueva y luna llena ha sido avalada científicamente, ya que ayuda a la reducción de los fluidos corporales, y a mantener el adecuado equilibrio metabólico.

Muchas enfermedades y medicinas se ven también afectadas por los efectos de la Luna; algunas de las primeras se agravan durante los períodos de plenilunio, y ciertos remedios trabajan mejor cuando se los administra en esos días.

Existe una medicina Ayurvédica recetada para el asma, por ejemplo, que debe administrarse a los pacientes durante la noche de Sharad Poormina (una noche específica de luna llena), que generalmente cae en el mes de octubre de cada año. Esa medicina debe tomarse con kheer en las primeras horas de la mañana, luego de haber mantenido al kheer abiertamente expuesto a la luz particularmente efectiva de la luna durante toda esa noche. Esto demuestra el importante rol que ciertos círculos atribuyen a la fuerza magnética de la luna sobre nuestra salud y nuestras vidas.

También otros planetas ejercen similares influencias magnéticas sobre nuestras existencias; estos efectos, sumados a los del Sol y la Luna, constituyen las bases de los cálculos y las predicciones astrológicas.

Así descubrimos que todos los planetas del espacio irradian sus propias emanaciones magnéticas, al igual que los objetos terrestres, interrelacionando sus influencias unos con otros sobre todos los entes organizados, incluidos los seres humanos, afectándose entre sí en forma proporcional a su tamaño, su distancia y su velocidad de traslación.

La potencia del campo magnético de la Tierra es de aproximadamente 0,5 oersted, mientras que la del Sol asciende a un valor entre 25 y 50 oersted, es decir, un factor de 50 a 100 veces mayor.

Como vemos por todo lo expuesto hasta aquí, es posible afirmar sin lugar a dudas que además de la Tierra y el Sol, la Luna y los restantes planetas poseen una elevada influencia magnética sobre nuestras vidas.

Parte II

Capítulo 4 - Efectos del magnetismo en los organismos vivos
Capítulo 5 - Magnetismo humano
Capítulo 6 - El cuerpo humano: una máquina automática con propiedades magnéticas
Capítulo 7 - El rol de la sangre en el cuerpo humano

Capítulo 4

Efectos del magnetismo en los organismos vivos

Influencia general

Para un análisis detallado de los efectos del magnetismo sobre los organismos vivos, estudiaremos el tema desde tres puntos de vista: el reino vegetal, el reino animal y los seres humanos.

El hombre parece haber estado fascinado por los misteriosos poderes de los campos magnéticos sobre la vida ya desde los tiempos más remotos, pero los estudios científicos de estos efectos sobre la materia orgánica no han sido encarados con decisión y continuidad sino hasta el último cuarto de este siglo. Y es sólo durante este último período de alrededor de 15 a 20 años que diversos países han comenzado a llevar a cabo un considerable trabajo de investigación y desarrollo, tendiente a observar y registrar el efecto del magnetismo sobre los organismos vivos. Como consecuencia, recién en ese último lapso han comenzado a aparecer, aunque no demasiado frecuentemente, algunos artículos, y diversos informes de estudios realizados sobre esta especialidad. Sin embargo, todavía se sabe muy poco sobre el grado que pueden alcanzar los efectos de los campos magnéticos sobre los seres vivos, y aún mucho menos de sus propiedades terapéuticas sobre las enfermedades humanas.

Se ha descubierto que la naturaleza del magnetismo, tanto de ese gigantesco imán natural que es la Tierra, como de los pequeños imanes artificiales, hace que no pueda ser interrumpido o detenido según nuestros deseos, y continúa influyendo sobre todos los objetos dentro de su campo de acción, en tanto esos objetos permanezcan allí.

Un imán permanente genera un campo magnético que afecta, dentro de los límites de su potencia, todos los sistemas biológicos de plantas, animales y seres humanos que caigan dentro de su esfera de influencia; en el caso del magnetismo terrestre, por ejemplo, contribuye a la propagación, crecimiento y sustento de la vida sobre su superficie. Por otra parte, existen grandes posibilidades de que el uso de imanes como agentes terapéuticos pueda ampliar considerablemente el espectro vital de todas las criaturas vivas, e incluso erradicar definitivamente muchas enfermedades y sufrimientos que aquejan a la humanidad, pero esto sólo puede lograrse si la magnetoterapia alcanza un grado total de desarrollo.

El tema de la potencia del imán, o la magnitud del magnetismo a utilizar en cada caso, es de importancia crucial, por lo que uno de los problemas más importantes a considerar en cada experiencia en particular, es la dosificación correcta de la energía.

Con respecto a las plantas, la solución a este problema parece radicar en el tratamiento de las semillas mediante campos magnéticos inducidos; exponiendo esas semillas durante diferentes períodos predeterminados al campo de un imán de potencia conocida y fija, o bien haciéndolo durante lapsos fijos a un campo variable, también conocido, se puede determinar con exactitud la combinación tiempo/potencia ideal para obtener resultados óptimos. De la misma forma, se puede adoptar un esquema similar para conducir experimentos con animales y seres humanos, y de ese modo puntualizar la potencia del magnetismo y el tiempo de exposición necesario para lograr lo que se busca.

El Dr. Madeleine F. Barnothi, Profesor de Física de la Facultad de Farmacia de la Universidad de Illinois, U.S.A., ha editado y compilado en dos volúmenes una serie de trabajos dedicados exclusivamente al Biomagnetismo. El libro, altamente técnico, se titula "Biological Effects of Magnetic Fields" (Efectos biológicos de los campos magnéticos) y recopila gran cantidad de experiencias aportadas por diversos científicos, tanto de los EE.UU. como de otros países como Rusia, Francia, Inglaterra y Suecia. El libro define al biomagnetismo como "***la ciencia de los procesos y funciones inducidas por un campo magnético estático en los organismos vivos***", e incluye cientos de informes de experimentos realizados sobre ratones y otros especímenes vivos, tan disímiles como bacterias, pájaros, moscas drosófilas, peces y tierra fértil, así como plantas y cultivos de diversos tejidos.

Los experimentos mencionados tienen como característica sobresaliente la variedad, ya que han sido conducidos en distintas formas por muchos científicos diferentes. Gran cantidad de ellos, por ejemplo, han sido llevados a cabo exponiendo ratones a campos magnéticos de potencias tan elevadas como 1,20,000 oersteds; los ratones, no sólo sobrevivieron a estas tremendas exposiciones por períodos entre 10 minutos y una hora sin mostrar síntomas de afección, sino que además aumentaron de peso y mantuvieron una salud perfecta hasta mucho después de haber sido irradiados. Una exposición de dos horas de un cultivo de Neurospora Crassia Comidia a un campo de 1,40,000 Oe tampoco produjo ningún tipo de mutación.

Los resultados de estos estudios poseen valiosas implicancias con respecto a la exposición del hombre a potentes campos magnéticos. El hecho de que un mamífero sobreviva a una exposición tan prolongada a un campo magnético de 1,20,000 Oe aumenta la confianza en el rango de seguridad de la exposición humana. El libro informa también que no se han observado efectos perniciosos en hombres expuestos a campos de más de 20,000 Oe durante 15 minutos.

Conclusiones importantes

a) En las plantas se encuentran presentes, en bajas concentraciones y en forma de microelementos, nutrientes magnéticamente susceptibles, como el hierro, el manganeso y el cobalto, que juegan un importante rol en la regulación del crecimiento de la semilla.

b) El magnetismo afecta todas y cada una de las células del cuerpo del espécimen, debido a su carácter altamente permeátil.

c) Un campo magnético puede ejercer, sin participación de ningún órgano sensorio, una influencia directa sobre el diencéfalo (cerebro intermedio que controla el sistema endocrino).

d) Las estructuras del prosencéfalo (cerebro anterior), y del diencéfalo, privadas de una conexión nerviosa con los receptores, reaccionan a un campo magnético estático con mayor frecuencia, rapidez e intensidad que las de un cerebro intacto.

e) Los tratamientos magnéticos ejercen un efecto estabilizador sobre los códigos genéticos.

f) Los campos magnéticos ejercen un efecto notorio y duradero en la curación de las heridas externas. Muchos patólogos han confirmado que la proliferación de fibroblastos y fibrosis se reducen dentro de un campo magnético. La evaluación microscópica también revela una marcada reducción de la fibrosis debida a un tratamiento magnético.

En el libro, Barnothy mismo ha expresado su deseo de que los campos magnéticos se transformen, a su debido tiempo, en un nuevo y poderoso instrumento analítico y técnico dentro del campo de la medicina.

Por su parte, el Dr. Howard D. Strangle, de Nueva York, U.S.A., considera que el magnetismo es una verdadera ciencia, y afirma que se trata de un tema que debería despertar el interés mundial. Sin embargo, y aunque ya se han realizado numerosos experimentos en distintos países del mundo, incluida la India, estos ensayos han sido conducidos en diferentes direcciones y con diferentes enfoques, por lo que inevitablemente han llevado a conclusiones disímiles, aunque se ha logrado establecer que los efectos biológicos están influenciados fundamentalmente por la magnitud del campo y por la duración de la exposición.

Resultados de experimentos realizados en los EE.UU.

a) **Los representantes de la Universidad de Virginia Oeste, Universidad de Illinois y la Fundación para la investigación Biomagnética**, al cabo de extensas investigaciones conjuntas, determinaron que existen cambios posicionales en las bacterias ocasionados por la influencia de un campo magnético. Este cambio se produce debido a su movimiento inherente.

b) **El departamento de Ciencias Biológicas de la Universidad del Noroeste** ha observado que no existe ya duda razonable de que los sistemas vitales de los organismos vivos son extraordinariamente sensibles a los campos magnéticos.

c) **El Departamento de Ciencias Médicas de la Corporación AVCO, de Willington, Massachusets**, afirma que, bajo circunstancias favorables, los campos magnéticos estáticos pueden producir efectos notorios en modelos representativos de tejidos vivos.

d) **Un eminente profesor de cirugía ortopédica de la Universidad Estatal de Nueva York**, opina que existen muy pocas dudas sobre la interacción entre la función del sistema nervioso central y los campos magnéticos externos.

e) **La División de Biología y Medicina Experimental de Cincinatti, Ohio**, ha declarado que los resultados de los diversos tipos de estudios llevados a cabo sobre células, indican que tanto los efectos cualitativos como cuantitativos de un campo magnético son claramente visibles en los tejidos respiratorios, y se correlacionan con varios factores biológicos. De ello puede concluirse que un campo magnético posee sobre el metabolismo celular un efecto relacionado con el tipo y edad de los tejidos, que a su vez está vinculado a la potencia del campo.

f) **El Dr. Hansan** ha establecido en un informe clínico que un campo magnético constante reduce la sensación de dolor.

g) **George N. Cotham, de la National Aeronautics and Space Administration (N.A.S.A.)** refiere que:

> "Rigurosos y precisos estudios del magnetismo y sus efectos pueden abrir nuevas puertas a la biología, desde el momento en que el cuerpo entero constituye básicamente un organismo eléctrico, dadas las características de cargas y valencias eléctricas existentes en los átomos de energía bioeléctrica de sus nervios, órganos y tejidos".

Cabe agregar que campos de energía magnética controlados, adecuadamente aplicados y dirigidos, podrían, por lo tanto, modificar el esquema de comportamiento de la respuesta eléctrica del organismo. Por ejemplo, ya en muchas ocasiones se ha comprobado que el corazón, latiendo rítmicamente, y excitado por un impulso eléctrico, genera un diminuto campo magnético.

h) **Otras experiencias** llevadas a cabo en los Estados Unidos, han indicado asimismo la influencia de los campos magnéticos en el proceso de envejecimiento.

Resultados de experimentos realizados en Rusia

a) **Especialistas del Instituto de Fisiología de la Academia de Ciencias de Azerbadjian, U.R.S.S.**[1], habiendo estudiado detalladamente el efecto de un campo magnético constante sobre la presión sanguínea, así como sobre el ritmo de sedimentación de eritrocitos, (ESR) llegaron a la conclusión de que el magnetismo provoca cambios perceptibles sobre ambas funciones.
Es importante notar que esta información puede resultar de gran utilidad para los médicos clínicos durante su diagnósticos de enfermedades vasculares, así como de otros sistemas.

b) **El Instituto de Actividades Nerviosas Elevadas y Neurofisiología de la Academia de Ciencias de Rusia** condujo varios experimentos en peces y conejos, arribando a las siguientes conclusiones:

b.1) Un campo magnético es un estímulo débil, la reacción al cual se produce, en un 40% al 70% de los casos, en el momento de aplicarlo.

b.2) Un campo magnético genera predominantemente un efecto inhibitorio.

b.3) En algunas ocasiones, la reacción a un campo magnético persiste, aun cuando éste haya sido desconectado.

b.4) Un campo magnético estático actúa directamente sobre la estructura del diencéfalo y el prosencéfalo.

Con respecto al punto b.1), podría agregarse que, de acuerdo con la ley Arndt-Schulz de acción farmacológica, "pequeños estímulos incentivan la actividad vital; estímulos intermedios tienden a reprimirla, y estímulos muy fuertes pueden detenerla o destruirla".

Experimentos con animales

Cierto número de experiencias llevadas a cabo en Rusia, demostraron que los animales menores, como insectos, ratones, etc., se ven severamente afectados por los imanes.

El Dr. L. V. Vomarov, biólogo del Instituto de Genética General, y Vicepresidente de un recientemente formado comité nacional para la prolongación artificial de la vida humana, ha logrado duplicar experimentalmente

(1) N. del T.: La última revisión a esta edición ha sido anterior al desmembramiento de las Repúblicas Socialistas Soviéticas. Azerbadjian es hoy un país independiente, ubicado en la margen oriental del Mar Caspio, con una población de 7.523.000 habitantes y su capital es Bakú.

la vida de moscas comunes, alimentándolas con azúcar magnetizada. Paralelamente, condujo varias pruebas de laboratorios con voluntarios humanos, en quienes se obtuvieron diversos cambios bioquímicos que auguran la prolongación de sus vidas más allá de los 100 años.

Otra serie de experimentos de científicos rusos están dirigidos a extender la vida de un ratón en más de la mitad de la expectativa normal, mediante el uso de ciertas plantas y campos magnéticos; el tratamiento incluye hormonas, y la exposición a campos de baja frecuencia. Uno de los ratones hembra involucrados en el experimento sorprendió a los investigadores al tener cría a la avanzada edad de cuatro años, siendo tres el límite máximo esperado para los ratones blancos.

Resultados de experimentos realizados en Japón

El Japón ha sido quizás uno de los países más prolíficos en experiencias con diferentes tipos de productos magnéticos, ya que en ese país existen varias compañías que manufacturan dispositivos específicos para magnetoterapia. Estas experiencias se concentraron sobre la rigidez de los hombros y la tensión arterial, y en ellas se utilizaron distintas versiones de bandas magnéticas especialmente diseñadas por la ya mencionada firma Aimante Trading CO. Ltd. Como resultado de estos experimentos, se formularon los siguientes comentarios, observaciones y conclusiones:

Comentarios

1) Puede inducirse una fuerza electromotriz utilizando una banda magnética.
2) La fuerza electromotriz generada por la banda actúa sobre los vasos sanguíneos que pasan por debajo de los puntos de aplicación de aquélla.
3) La potencia absoluta de la fuerza electromotriz de la banda es baja, por lo que cualquier organismo viviente resulta afectado por su influencia durante un período prolongado.
4) Aunque se sabe con certeza que los organismos expuestos son realmente afectados, el fenómeno que se desencadena es sumamente complejo, y se desconoce su mecanismo.

Observaciones

Se cree que los cuatro factores enumerados a continuación son los que gobiernan el alcance de los efectos del magnetismo en los organismos vivos:

1) Potencia del campo magnético estático.
2) Tiempo de exposición.
3) Superficie del cuerpo penetrada por las líneas del campo.
4) Velocidad del flujo sanguíneo.

Conclusiones

1) El magnetismo ejerce una comprobada influencia sobre los organismos vivos.

2) Se ha demostrado que el magnetismo resulta altamente efectivo en el tratamiento de algunas dolencias específicas.

3) El efecto del magnetismo se debe a:

   3.1) La actividad de los cuerpos vivos, que se incluye dentro del espectro de los campos magnéticos.

   3.2) La inducción de una fuerza electromotriz en una porción del campo aplicado.

   3.3) Los cambios de origen físico que tienen lugar dentro del campo inducido.

El Dr. Shiro Saito, del Colegio Médico de Jikei, Japón, ha tenido destacables éxitos en el tratamiento de tumores cancerosos en ratones mediante el magnetismo, y considera que este tipo de afecciones puede tratarse en los seres humanos por procedimientos similares.

Toda la información mencionada anteriormente, junto a la de otras publicaciones especializadas, tiende a demostrar que el biomagnetismo ofrece una propuesta prometedora -y largamente esperada- para un apropiado conocimiento de los procesos fisiológicos básicos, y su eventual aplicación terapéutica. También proporciona un novedoso método de tratamiento para varias enfermedades en animales y seres humanos, sobre las bases de una línea progresiva.

Resultados de experimentos realizados en Gran Bretaña

Ya desde su descubrimiento, una de las verdades irrefutables con respecto a los imanes es su poder de atracción sobre ciertos metales, en particular el hierro y todos sus compuestos. En la actualidad, un reciente descubrimiento realizado en el Reino Unido abre nuevas posibilidades de utilización de esta propiedad de la fuerza magnética.

Hasta este nuevo logro, los científicos y laboratoristas debían recurrir a un tedioso método químico para la separación de glóbulos rojos (que contienen hemoglobina rica en sales de hierro), del resto de las células y el plasma sanguíneo. El reciente descubrimiento de los científicos ingleses, empleando imanes para la separación de R.B.Cs (red blood cells = glóbulos rojos), no sólo simplifica y acelera el proceso, sino que confirma el efecto positivo de la fuerza magnética sobre el hierro en su forma química. En resumen, el proceso es el siguiente:

Los glóbulos rojos pueden aislarse del resto de los componentes de la sangre utilizando para ello un separador magnético de alto gradiente, similar a los usados para retirar de otras soluciones partículas paramagnéticas de tamaños aproximados a un micrón o menos. Las propiedades magnéticas de los glóbulos rojos, que les permiten ser separados por este método son:

a) La ferrihemoglobina (metahemoglobina) -presente en los glóbulos rojos en una proporción de 1 a 2% del total de hemoglobina, y en mayores cantidades en algunos casos patológicos- posee una susceptibilidad paramagnética mayor aún que en su forma ferrosa, ya que posee 5 electrones libres (Fe_5)

b) Los glóbulos rojos son cuerpos discoides flexibles y bicóncavos, que ocupan aproximadamente el 45 al 50% del total de la sangre.

c) Las moléculas de hemoglobina llevan a cabo las funciones respiratorias asociadas con la sangre, y estas moléculas ocupan alrededor del 28% del volumen de cada glóbulo rojo.

d) Las susceptibilidad paramagnética de los glóbulos rojos se estima en aproximadamente 3,88 x 10-6 cuando la hemoglobina se encuentra en un estado totalmente desoxigenado.

Una vez comprendidos estos principios, la técnica de separación por altos gradientes resulta muy sencilla: simplemente, al inducirse un campo magnético por medio de un electroimán, este último magnetiza un filtro de lana de acero, y al hacer pasar sangre a su través, los glóbulos rojos, con su contenido de hasta un 4% de hierro, son magnéticamente atraídos hacia él. En las pruebas realizadas, se utilizó un campo magnético normalizado, de 17,5 kilogauss, estimando el gradiente del campo cerca de las líneas de fuerza.

Técnicamente hablando, un típico dispositivo separador magnético de alto gradiente consiste en una almohadilla de lana de acero ubicada dentro de un campo magnético, que en función de los pequeños intersticios entre sus hebras, genera en el campo un gradiente muy elevado, atrayendo y reteniendo los glóbulos rojos, mientras los restantes componentes de la sangre atraviesan el filtro libremente. Una vez desconectado el electroimán, la lana de acero se desmagnetiza, y los glóbulos rojos pueden ser retirados de ella enjuagándola en un contenedor separado.

En el caso de los experimentos realizados, el dispositivo se construyó a partir de componentes muy simples, adaptando un electroimán de uso general, y un filtro de acero inoxidable, que puede esterilizarse fácilmente, y resulta económico y compacto. Para mayor comodidad, el electroimán puede adaptarse para ser alimentado con corriente continua, permitiendo una autonomía y practicidad que no son posibles con una centrifugadora convencional. Por otra parte, el sistema anterior, en el cual los distintos componentes son separados colocando la sangre en un tubo de ensayo y centrifugándola, no es demasiado confiable cuando se requieren preparados de glóbulos rojos o blancos de extrema pureza.

El magnetismo y la vida vegetal

Ya en el año 1862 Louis Pasteur descubrió que el campo magnético terrestre ejercía un efecto positivo en el crecimiento de las plantas, acelerándolo perceptiblemente. Al respecto, el Dr. Noak, Director del Instituto de Fisiología Vegetal de Berlín observó que:

"Las mediciones eléctricas tomadas sobre el cuerpo de una planta durante su crecimiento demuestran que, efectivamente, las corrientes eléctricas influyen decisivamente, no sólo sobre la absorción de agua y sales nutrientes, sino que también aceleran otros procesos vitales, como la división celular". Esta afirmación coincide exactamente con los informes de un químico austríaco, el Barón Von Reichenbach, al término de una serie de investigaciones con imanes realizada diez años antes que el comentario del Dr. Noak.

Algunos horticultores han demostrado que los tomates colocados bajo la influencia del polo sur de una barra magnética, maduran con mucha más rapidez que otros de la misma especie ubicados a sólo una corta distancia fuera de la influencia de la barra. El efecto de los imanes naturales y artificiales sobre las semillas, las plantas y los árboles no está adecuadamente estudiado aún, pero está siendo materia de investigación por muchos biólogos.

En 1960, un grupo de científicos rusos descubrió que las semillas sembradas con sus extremos orientados hacia el sur germinaban mucho antes que las demás. A fin de confirmar estos resultados, se sembraron semillas de trigo, maíz y arvejas con sus yemas hacia el sur magnético, y otras de control con sus yemas hacia el norte. Las primeras, no sólo se adelantaron en su germinación, sino que crecieron con tal vigor que ratificaron plenamente las hipótesis previas. Subsiguientes experiencias demostraron que los campos magnéticos artificiales también afectan en forma similar el crecimiento de las plantas.

También en otros países se han llevado a cabo experimentos tendientes a comprobar la influencia de los imanes en las plantas, llegándose a la conclusión de que con ellos se puede incrementar su fertilidad, rejuvenecer sus tejidos y aumentar su protección contra el frío. Estos factores, y muchos otros, prácticamente desarrollados podrían enriquecer notablemente la jardinería y la horticultura en general tanto estética como comercialmente, aportando conceptos enteramente nuevos a estas actividades.

Todos los experimentos mencionados llevan a la conclusión de que los campos magnéticos de baja densidad no dañan las semillas de ninguna forma apreciable; por el contrario, aceleran notablemente la germinación y el crecimiento, con el consiguiente incremento de rendimiento. Sin embargo, las plantas no deben exponerse al magnetismo durante períodos demasiado prolongados, ya que de esta forma los resultados podrían revertirse radicalmente.

Un punto interesante es que, en algunas ocasione, las plantas expuestas a campos magnéticos no demuestran un excesivo crecimiento sobre el nivel del suelo, pero desarrollan raíces mucho más profundas y extensas bajo la tierra.

El Dr. Fujiyama, de Japón, observó en una oportunidad que las cosechas obtenidas en sectores de campos ubicados debajo de líneas de alta tensión mostraban un crecimiento y una vitalidad extraordinarios, e incluso eran más verdes, que el resto del sembrado, sobre el cual no pasaban los cables.

En la revista "Tierra Soviética", de octubre de 1970, se publicó un artículo comentando las potencialidades del uso de agua magnetizada, donde se establecía que las plantas regadas con ella crecían de un 20% a un 40% más rápido que las demás. Por su parte, el Dr. R.S. Thacker, de Nueva Delhi, también experimentó sobre el aumento de crecimiento de plantas florales regadas con agua magnetizada, y llegó a la conclusión de que cada dosis de riego las mantenía vivas durante un período mucho más largo que el que podía obtenerse mediante el agua común.

El magnetismo y el reino animal

El Dr. Harold S. Alexander, de los Estados Unidos de Norteamérica, observó que si se trataban ratones por medio de imanes, perdían su agresividad, y aumentaban su expectativa de vida en un 45% con respecto a los no-tratados. Según Alexander, este incremento de vida se logró exponiendo a los especímenes a un campo magnético estático durante un lapso de 6 semanas. También observó que el campo magnético tenía un efecto colateral sobre el ritmo de reproducción celular de los animales tratados.

El Dr. Battacharya, del Centro Naihati, en Bengala, implantó tejidos cancerosos en ratones y conejos, descubriendo que al cabo de una exposición a un campo magnético, el crecimiento del cáncer no sólo había sido controlado, sino también detenido. En una etapa posterior, repitió varias veces la implantación en los mismos especímenes, volviendo a controlar el cáncer en todas las oportunidades, mediante el tratamiento magnético. De esta forma, estableció que el magnetismo no sólo pudo controlar el cáncer y otras afecciones, sino que también prolongó la vida de los animales.

En varios experimentos con huevos, éstos fueron expuestos a los campos de pequeños imanes por lapsos desde 30 minutos a 5 horas, descubriéndose que los que habían sido expuestos durante 30' eclosionaban uno o dos días después, mientras que los expuestos durante 2 horas, no sólo no empollaban antes, sino que además producían pollos más pequeños; esta es una clara muestra que un exceso en la exposición puede acarrear resultados inversos. Luego del nacimiento de los pollos, se mantuvieron los imanes en algunas de las jaulas, y se notó que los pichones se agrupaban instintivamente cerca de los imanes, en busca de confort y energía, pero no permanecían allí más de 5 o 7 minutos, y tampoco prestaban atención a modelos sustitutos no-magnetizados.

Los ratones hembra preñadas, mantenidas en el área del polo sur de un campo magnético, paren con mayor facilidad y sufren menos dolores post-parto que aquéllas mantenidas cerca del polo norte.

Un ratón común comienza a dar señales de vejez al cabo de aproximadamente 15 meses de vida; por el contrario, si poco antes de llegar a ese período se lo trata con un campo magnético de 3.000 o 4.000 gauss, dos veces al día, mañana y tarde, durante una hora, todos sus síntomas de envejecimiento desaparecen, mostrando una apariencia de sólo 6 u 8 meses de edad.

Durante estos experimentos con ratones, se utilizó un imán en forma de herradura de 3.000 gauss en el caso del control de los tejidos cancerosos, y cualquiera de los polos de un imán recto de 2.500 gauss en el último caso.

Un perro con un tumor en el cerebro, que ya había provocado la parálisis de su patas traseras, fue tratado sujetando el polo norte de un imán a su cabeza, durante cinco minutos cada mañana y tarde. El tratamiento curó al perro del tumor, y le permitió caminar, e incluso correr, al cabo de una semana.

El Director del Colegio Médico T.I.K.E.I., de Japón, condujo varios experimentos exitosos, mediante tratamientos magnéticos, en casos de tumores cancerosos implantados en ratones, llegando a la conclusión de que podrían aplicarse procedimientos similares a los seres humanos, con resultados igualmente beneficiosos.

El magnetismo y el hombre

El Dr. E. K. Maclean, un ginecólogo de la ciudad de Nueva York, ha tratado gran número de casos de cáncer avanzado mediante un dispositivo denominado "activador electromagnético", logrando resultados realmente notables, aunque las experiencias se limitaron a casos considerados terminales. Citando nuevamente su afirmación respecto a que "*el cáncer no puede existir dentro de un campo magnético poderoso*", cabe deducir también que si una enfermedad letal como ésa no puede existir, tampoco puede hacerlo ninguna otra que el ser humano pueda padecer.

Los elevados campos magnéticos aplicados por el Dr. Maclean a sus pacientes han desencadenado asimismo un agradable efecto colateral en ellos, restaurando el gris canoso de sus cabellos a su color original. Otros de los logros del investigador, ha sido aliviar a sus pacientes de la mayoría de los dolores que padecían durante su enfermedad.

Como demostración de su confianza en el método, el Dr. Maclean se ha estado aplicando a sí mismo un campo magnético de 3.600 gauss diariamente desde hace ya varios años; cabe destacar que Maclean es un hombre alto y robusto, que a la edad de 64 años presenta una apariencia de 45, con un profuso cabello castaño oscuro.

Casi todas las enfermedades humanas han sido tratadas exitosamente mediante imanes, tanto en la India como en otros países; los casos mencionados hasta el momento son sólo ejemplos introductorios, que serán complementados con muchos otros en capítulos sucesivos.

La influencia del magnetismo no sólo puede ejercerse por la aplicación directa de imanes o electroimanes, sino que también se ha descubierto que el agua magnetizada constituye un excelente paliativo contra muchas dolencias humanas. Muchos pacientes con cálculos de riñón y vesícula fueron especialmente atendidos en una clínica de Leningrado, en Rusia, y las conclusiones demuestran que el método del agua magnetizada los ayudó a eliminar las sales y cálculos nocivos de sus organismos, contribuyendo además a regular sus sistemas urinarios, digestivos y nerviosos.

En su libro "***Magnets and Magnetic Fields***" (Imanes y campos magnéticos), el Dr. Battarchaya cita interesantes casos, entre los cuales merece destacarse una anécdota, surgida en una oportunidad en que visitaba una fábrica que manufacturaba distintos tipos y tamaños de imanes para todo propósito. En la ocasión, uno de los capataces de la firma comentó al Dr. Battarchaya que todos sus colegas masculinos, una vez incorporados a la fábrica, solamente habían procreado hijos varones. Las investigaciones del científico, intrigado por la "coincidencia", demostraron que el contacto con los imanes podría haber incidido favorablemente sobre muchos de aquellos operarios, que deseaban un hijo varón y aún no habían podido tenerlo.

Como podemos apreciar, los ejemplos de los efectos sobre los seres humanos son numerosos y comprueban fehacientemente que las terapias por magnetismo pueden ser tan útiles y efectivas como cualquier otra disciplina terapéutica, y en algunas ocasiones más. En consecuencia, deberían iniciarse intensivas investigaciones sobre estas técnicas y terapias, de modo que el tratamiento de todas las enfermedades -incluso aquellas disfunciones actualmente consideradas terminales- pudieran encararse desde el punto de vista de la magnetoterapia.

Capítulo 5

El magnetismo humano

Las antiguas filosofías

El Universo entero, incluyendo todas sus infinitas galaxias, estrellas, planetas y su omnipresente consciencia cósmica, se encuentra delicadamente equilibrado por el magnetismo. El hombre, aun cuando no represente sino una infinitesimal mota de polvo en el concierto del macrocosmos, también lleva en sí mismo elementos, propiedades y cualidades similares a las del Cosmos. Es un diminuto Universo en sí mismo, y en el inmutable trascurso de la evolución -comenzando por el desarrollo de los elementos fundamentales, desde las primeras estructuras celulares, pasando por los animales y plantas primigenios, hasta el hombre actual- ha compartido todas las sutiles, aunque a veces violentas, fuerzas universales. De allí que la estructura del hombre no pueda menos que estar equilibrada por el mismo magnetismo que preserva y mantiene unida a la Tierra, los planetas y el Cosmos todo.

La existencia humana puede considerarse como una entidad trinaria integrada fundamentalmente por tres elementos principales: el cuerpo, la mente y el alma. La mente del hombre y sus tendencias espirituales indican la presencia de una fuerza magnética, que varía en su intensidad y efecto de acuerdo con el grado de pureza y sutileza del ser interior. Ya desde tiempo inmemorial, los ancianos sabios y los yoguis comprendieron y verificaron esta presencia, concentrándose en procesos meditativos, en procura de la purificación y el esclarecimiento del alma y la mente; sus milagrosos poderes curativos, mediante un simple toque o una bendición, son demasiado conocidos como para extendernos en ellos, pero hablan por sí solos de los poderes de su espíritu. A través de constantes ejercicios espirituales para la purificación de su mente, a través de la elevación de sus pensamientos y de una vida auténtica y ascética, impregnaban cada célula de sus cuerpos de sutiles energías magnéticas, que podían canalizar luego hacia un enfermo con el roce de una mano, o una simple palabra, liberándolo de sus sufrimientos. Los antiguos libros religiosos hablan de innumerables curas de este tipo, muchas de ellas refiriéndose a los toques o suaves pinchazos con el *Vibhuti* (varilla de fresno), cuyo "magnetismo", guiado por las manos de estas almas elevadas, actuaba sobre los cuerpos enfermos, aliviando a los hombres de sus padecimientos. No es de extrañar que estos ascetas se convirtieran en verdaderos imanes sociales, que atraían a los pueblos a su alrededor.

Poderes magnéticos de grandes personalidades

Las difundidas actividades del Swami Ramakrishna Paramhansa y su discípulo Vivekananda, clarifican considerablemente los alcances de los poderes magnéticos de los grandes maestros. Un ligero roce de Ramakrishna Paramhansa en el cuerpo de Vivekananda le transmitió una corriente magnética tan poderosa, que el discípulo debió gritar que no podía soportarla, y que todo el lugar parecía girar a su alrededor.

En forma similar, Lakshman, el hermano de Sri Rama, logró crear un campo magnético tan intenso, tan sólo trazando una línea frente a la choza de Sita, que ni el gigantesco Ravana pudo atravesarlo, a pesar de sus míticos poderes.

Una interesante instancia, también asociada con un campo magnético, es la referente al Gurú Nanakdevji, en un momento en que se encontraba descansando con algunos de sus discípulos al pie de una montaña. En esa ocasión, un enemigo del gurú hizo rodar una gigantesca roca, con el propósito de aplastarlo; inmediatamente, el maestro apuntó con su mano en dirección a la piedra, e indujo en ella un poderoso campo magnético: para sopresa de sus discípulos, y en un fenómeno simplemente increíble, la roca detuvo su caída a mitad de la ladera de la montaña, sin llegar al maestro.

En otro registro antiguo, se cuenta que Maharashi Dayanandji, fundador del Arya Samaj, en una misión religiosa hacia las tierras altas, se encontraba subiendo una alta colina, cuando se desencadenó una fuerte tormenta. El Maharashiji detuvo su marcha, se irguió con firmeza, y levantando su brazo izquierdo, clamó: "*¡Tormenta: te ordeno que te detengas inmediatamente!*" Y para asombro de quienes lo rodeaban, el fenómeno cesó de inmediato. Cabe destacar que ésta fue sólo una de las demostraciones de la fuerza magnética personal del Swamiji Dayamandji.

Consideremos ahora algunos ejemplos procedentes de la Biblia:

a) Una vez un leproso se acercó a Jesús, y le rogó que curara su lepra; Cristo extendió su mano para tocarlo, e inmediatamente desaparecieron las llagas de su cuerpo.
b) Un importante mandatario se aproximó a Jesús y le pidió: "*Mi hija está*

muerta ahora, pero ven y coloca tu mano sobre ella, y ella vivirá". Jesús se levantó y siguió al hombre a su casa, y cuando éste vio a su familia llorando, les dijo: *"Hagan lugar, porque la niña no está muerta, sino solamente dormida"*. Su gente lo miró con rencor, pero dieron paso a Jesús, y éste tomó de la mano a la niña, quien se levantó inmediatamente.

c) En una oportunidad en que dos ciegos seguían a Jesucristo, clamando: *"Por favor, ten piedad de nosotros"*, él se volvió y tocando sus ojos, dijo: *"Por la fe que demostráis, que la piedad sea con vosotros"* y sus ojos se abrieron.

Muchos libros religiosos de diferentes credos se encuentran colmados de instancias como éstas, que ratifican los asombrosos poderes magnéticos demostrados por grandes hombres, todos ellos de fuerte personalidad y extraordinario magnetismo.

Es una costumbre entre los hindúes -como así también entre muchas otras religiones- tocar los pies de los santos, los gurúes y otras personas ancianas, consideradas sabias, a lo que estos últimos responden posando la mano sobre sus cabezas. Este acto recíproco no es solamente formal: existe una razón científica tras esa práctica, ya que ayuda a cerrar un circuito por el que circula la fuerza magnética favorable de las almas emancipadas de los mayores, purificando y fortaleciendo las almas de los más jóvenes.

Magnetismo personal

Es conocido el hecho de que ciertas personas, tanto hombres como mujeres, poseen una personalidad altamente dinámica, denominada popularmente "magnética", porque seduce a los que los rodean, atrayéndolos hacia sí; sin embargo, existe algo más bajo esta terminología popular, que no es accidental: la atracción que ejercen estas personas sobre los demás es enteramente debida al elevado magnetismo que emana de sus personas.

Si bien en la mayoría de los casos estos extraordinarios poderes de atracción magnética son cualidades naturales innatas, o dones divinos, también pueden ser adquiridos o desarrollados voluntariamente, como resultado de la práctica de ciertos ejercicios. Los factores personales que ayudan a dotar a una persona de este magnetismo natural, pueden ser tanto de orden físico como espiritual: entre los más destacables de los primeros pueden mencionarse rasgos faciales y corporales atractivos y agradables; complexión física proporcionada y vigorosa, y un organismo vital y energético, mientras que una total o parcial ausencia de complejos, tanto en el pensamiento como en la expresión; saludables "*sanskaras*" personales, conducentes a una vida espiritualmente esclarecida; elevados valores humanos, y tendencias intelectuales, espirituales y artísticas loables, constituyen el legado de Dios para aumentar el grado de magnetismo interior. Los intentos deliberados y decididos por cultivar voluntariamente los poderes espirituales y mentales, hacen por supuesto mucho por incrementar y desarrollar los atributos innatos, logrando en la mayoría de los casos nuevas e interesantes posibilidades.

A menudo notamos, especialmente en las actividades rutinarias, que las respuestas y reacciones, positivas o negativas, de ciertas personas son tan espontáneas, impetuosas, incontrolables para nosotros, y en ocasiones hasta aparentemente maniáticas, que nos dejan boquiabiertos. Estas actitudes sólo pueden ser explicadas en términos de atracción y repulsión, lo que demuestra que se trata de un fenómeno de magnetismo humano.

Ya desde las épocas más remotas, el hombre ha tratado de examinar y comprender este fenómeno del magnetismo humano, apoyándolo con experimentos científicos que expliquen sus resultados. Las primeras experiencias humanas sobre este tema se limitaron casi exclusivamente a algunos poderes místicos; de allí que las ciencias y las artes se vieran restringidas a sólo unas pocas personas con impulsos e inclinaciones espirituales, que podían imaginar y/o visualizar las extrañas corrientes cósmicas, pero sólo hasta un grado muy limitado. Entre estos iluminados podemos mencionar algunos de origen europeo, como Paracelso, Mesmer, Gassner, Hall, Freud y otros.

Mesmer y el mesmerismo

El arte de adquirir, despertar, desarrollar y aplicar el magnetismo humano fue llevado a su máxima expresión por el Dr. Mesmer, de quien tomó su nombre la actividad que practicó, y a la cual dedicó toda su vida: el mesmerismo, que junto con el hipnotismo señalaron el camino a los grandes avances de la ciencia médica moderna, al introducir el uso del magnetismo humano en psiquiatría.

El Dr. Franz Anton Mesmer (1734-1815) fue el pionero de la aplicación de lo que él llamó "**magnetismo animal**", en el ser humano, especialmente en el campo de la medicina. Nacido en Suiza, Mesmer terminó sus estudios médicos en Viena, desarrollando paralelamente la teoría de que el hombre está permanentemente sometido a la influencia de ciertas fuerzas emanadas de otras partes del Universo, que lo afectan poderosamente. Al término de su carrera, su tesis doctoral se centró sobre "***La influencia de los planetas sobre el cuerpo humano***", título por demás coherente con sus creencias acerca de los efectos astrales.

El Dr. Mesmer fue profundamente influenciado por las teorías predicadas por el famoso alquimista suizo Phillipus Aureolus Paracelsus, quien durante la primera mitad del siglo XVI recorrió Europa, Asia y Africa en busca de nuevos descubrimientos. A lo largo de toda su vida, Paracelso propuso muchas nuevas teorías, y generó un cambio revolucionario en las mentes de los médicos de su siglo, al declarar que ciertos minerales, como el hierro, el mercurio y el azufre, ofrecían mejores posibilidades de curación para las enfermedades, que las hierbas, plantas y raíces que se utilizaban hasta ese momento; más aún: estaba convencido de que los poderes curativos de los minerales residían en la fuerza de su magnetismo, propiedad que suponía habían heredado de cuerpos celestiales. En base a esta conclusión, Paracelso sostenía que un imán contiene propiedades medicinales, y que podía ser utilizado como un remedio efectivo, ya que estaba profundamente convencido de que pasándolo sobre un órgano enfermo, los poderes de su campo magnético podían curar diversas enfermedades.

Mesmer fue asimismo influenciado por las prácicas del Padre Hall, un jesuita, profesor de Astronomía y Astrónomo de la Corte de la Princesa de Austria, quien trataba dificultades nerviosas en hombres y mujeres, aplicándoles imanes en distintas partes del cuerpo, como único recurso terapéutico. Mesmer había observado cuidadosamente los trabajos de Hall, y fue poderosamente impactado por detalles recogidos de las respuestas de los mismos pacientes. Profundamente inspirado, decidió encarar el estudio de los imanes, y utilizarlos en sus propios pacientes, maravillándose él mismo con los resultados obtenidos.

Uno de los primeros casos en que Mesmer aplicó imanes fue el de una dama, Franzl Oesterline, de 29 años de edad, que sufría periódicos ataques de severas jaquecas, seguidos de delirios y vómitos, asociados con paroxismos de furia. Hasta el momento, ningún medicamento había logrado aliviarla, así que Mesmer decidió comenzar su terapia aplicando tres imanes a su cuerpo: uno sobre cada pierna, y el tercero sobre el estómago. Tan pronto como los imanes tocaron su piel, la mujer comenzó a retorcerse, en medio de una crisis de dolorosas convulsiones; este estado duró unos pocos minutos, al término de los cuales la paciente declaró que había sentido como si una carga de corriente eléctrica hubiera pasado a través de su cuerpo. Sin embargo, se sentía asombrada -y encantada- de que los dolores la hubieran abandonado en tan corto tiempo, cuando antes los ataques duraban horas enteras. Al día siguiente se repitió el ataque, y Mesmer volvió a aplicar a su paciente el mismo tratamiento, que en esta oportunidad la liberó de su problema durante un período más largo; al cabo de unas pocas repeticiones más, los ataques desaparecieron completa y definitivamente. Cabe destacarse que este tratamiento despertó en Mesmer un gran entusiasmo por los métodos de terapia magnética, y comenzó a usar imanes en sus pacientes con mayor asiduidad.

Al cabo de un tiempo de investigar el magnetismo, Mesmer se puso en contacto con el Dr. J. J. Gassner, de quien había sabido que efectuaba curaciones realizando misteriosos movimientos con sus manos, mientras miraba fijamente a sus pacientes a los ojos. En apariencia, la técnica de Gassner producía los mismos resultados con los pases de sus manos que la de Mesmer con sus imanes, así que éste llegó a la conclusión inversa; es decir, que los efectos que él obtenía con los imanes, podía lograrlos igualmente con sus manos desnudas. De modo que descartó los imanes, y siguió los procedimientos utilizados por Gassner, obteniendo resonantes éxitos también con este sistema. Como consecuencia, el número de pacientes se incrementó de tal forma, que llegó un momento en que ya no pudo abarcarlo todo; fue entonces cuando creó un revolucionario método de tratamiento, que posteriormente llegó a conocerse universalmente como **mesmerismo**.

Sin embargo, los médicos de la época contemporánea, especialmente aquéllos aferrados a la medicina convencional, no podían aceptar la teoría ni las bases del mesmerismo, a pesar de que verdaderas muchedumbres de hombres y mujeres desdichados, nerviosos, y físicamente enfermos, acostumbraban reunirse diariamente en su mansión para ser tratados y consolados.

El Dr. Samuel Hahnemann, Maestro Fundador de la homeopatía moderna, quien fue contemporáneo de Mesmer, confirmó la existencia de una fuerza dinámica en los imanes minerales, y recomendó el uso de los dos polos opuestos de ellos. También ratificó la eficiencia del método conocido por entonces como "**magnetismo animal**" (mesmerismo), y lo calificó como "*un maravilloso e invalorable don de Dios para la humanidad*", mediante el cual la poderosa voluntad de una persona con buenas intenciones, por un simple contacto -y en ocasiones aun sin contacto alguno- podía canalizar dinámicamente la energía vital del mesmerizador al paciente, de la misma forma en que un imán poderoso transfiere su magnetismo a una barra de acero.

Magnetismo, psicoanálisis y psiquiatría

Muchos otros siguieron las prácticas del Dr. Mesmer, o contribuyeron con sus propias ideas a desarrollar la técnica del mesmerismo y el hipnotismo, entre los que se cuentan nombres insignes como Pinel, Charcot, Brever y Freud.

Sigmund Freud (1856-1939) recibió su título en Viena, pero su práctica de la medicina convencional fue muy breve, ya que dedicó su vida enteramente al tratamiento de enfermedades nerviosas. Fue el primero en destacar que los pensamientos, los deseos y los anhelos son ocasionalmente bloqueados en los planos inconscientes, pero que si estos conflictos y complejos pueden ser traídos al plano de la consciencia, pueden ser tratados exitosamente.

Otro de sus aportes fundamentales fue que los sueños y estados oníricos ofrecen excelentes oportunidades de expresar esos sentimientos bloqueados, a la vez que proporcionan importantes pistas y fuentes de tratamiento psicológico y psiquiátrico. Durante su carrera escribió un libro titulado "La interpretación de los sueños", publicado en el año 1900, donde explica sus teorías sobre el análisis de los sueños con propósitos terapéuticos; las conclusiones y conceptos vertidos en ese libro le ganaron la difusión y el reconocimiento de su trabajo en el mundo entero.

La mayoría de los médicos jamás reconocieron al mesmerismo ni el hipnotismo, quizás por temor al cambio, o a perder una profesión lucrativa, y siguieron considerándolos métodos místicos y cuasi-fantásticos. Sin embargo, la importancia de la mente inconsciente está siendo cada vez más respetada por la profesión médica, y cada vez más profesionales adoptan enfoques psicoanalíticos en sus tratamientos clínicos, e incluso se transforman en psiquiatras de tiempo completo. Paralelamente, más y más médicos están reconociendo cada día los efectos del magnetismo como instrumento terapéutico, y la magnetoterapia está ganando terreno en la mayoría de los países del mundo, a la cabeza de los cuales se encuentran, en la parte investigativa, Estados Unidos, Rusia, Japón, Dinamarca, Noruega, Suiza, Italia y Gran Bretaña.

Capítulo 6

El cuerpo humano: una máquina automática con propiedades magnéticas

Sectores más importantes del corazón y el cerebro

El cuerpo humano constituye una maravillosa pieza de maquinaria automática de alta complejidad, y su funcionamiento interno es muy similar al de un instrumento eléctrico, del cual el cerebro equivale al tablero central de comando. Tanto el sistema nervioso como los restantes sistemas operativos del organismo, están regulados por diferentes centros de control localizados en el cerebro; en el sistema circulatorio, por ejemplo, el corazón trabaja como un generador eléctrico, suministrando la energía imprescindible a todo el organismo, vía la circulación de la sangre. De esta forma, el cerebro y el corazón se convierten en las dos partes más importantes de la maquinaria humana, por lo que conviene repasar en detalle las funciones específicas de estos dos órganos clave.

El cerebro y sus funciones

Con su peso de aproximadamente 1.300 gramos, el cerebro humano adulto (del latín = cerebrum) conforma un dispositivo natural maravillosamente inteligente, activo y altamente organizado, que controla el funcionamiento de los órganos de la visión, el oído y el lenguaje, así como los nervios motores y sensorios. El cerebro, actuando por intermedio de los nervios, controla todos los músculos del cuerpo, incluyendo los del rostro, las articulaciones, el cuello y los vagus, que se extienden hasta el interior del corazón, los pulmones, los intestinos, los riñones, el hígado y el bazo. El cerebro es el centro de recepción y procesamiento de las experiencias personales, y genera y regula los pensamientos, las emociones y las acciones, ya sean de origen consciente o inconsciente. Ese maravilloso conjunto que denominamos en conjunto "mente" es, en definitiva, el artífice de nuestras alegrías, placeres, risas y sonrisas, pero también es el responsable de nuestras penas, nuestros dolores, desalientos, lamentos, miedos, terrores, etcétera.

Histológicamente, el cerebro está compuesto por alrededor de 10 billones de células nerviosas, o neuronas, cada una de las cuales posee dos filamentos fibrosos, de color blanco, que se extienden desde cada uno de los extremos del cuerpo celular; esos filamentos, o dendritas, se interconectan con otra u otras neuronas, con lo cual el conjunto forma una especie de red de comunicaciones. Por su intermedio, cuando las sensaciones recibidas por los órganos de percepción, y conducidas al cerebro a lo largo de diminutas fibras nerviosas, llegan a él, se generan ciertos impulsos eléctricos que recorren el camino inverso, transmitiendo mensajes a los músculos motores. Todas estas intercomunicaciones se llevan a cabo mediante procesos puramente eléctricos.

El cerebro demuestra claramente que no sólo se producen en su interior distintas actividades eléctricas, sino que también genera pequeñas corrientes denominadas genéricamente "ondas cerebrales". Estas ondas aparecen normalmente con una frecuencia de aproximadamente 10 por segundo, aunque a menudo suelen variar, tanto esa frecuencia como su longitud de onda. Estas variaciones difieren de individuo en individuo; es más, el esquema completo de ondas cerebrales varía totalmente para cada persona.

Estas variaciones difieren de individuo en individuo; es más, el esquema completo de ondas cerebrales varía totalmente para cada persona, y esto puede comprobarse fácilmente, notando, por ejemplo, que las ondas cerebrales transmitidas directamente a los músculos motrices de las manos, hacen que cada individuo posea una caligrafía diferente de los demás.

Las fuerzas que mantienen en funcionamiento la máquina humana trabajan en forma totalmente acorde con los principios básicos de la electricidad. En el ser humano, ya sea dormido o despierto, sano o insano, un cerebro adulto promedio genera aproximadamente 20 watts de energía eléctrica. La fuente de esta energía se encuentra en las células nerviosas del individuo, cada una de las cuales constituye en realidad un diminuto dínamo, o generador.

A partir de un combustible químico, compuesto de glucosa e hidrógeno, cada célula genera dentro de sí misma una carga eléctrica; esa carga va acumulándose, y al exceder cierto nivel, es descargada por la célula. Como regla general, puede decirse que cuanto más grande es el estímulo (peligros, emociones, etc.), el ritmo de carga y descarga se hace más acelerado. Paralelamente, si el número de células que se descargan simultáneamente es muy grande, el resultado es una sensación, que puede ser un dolor, un pensamiento excitante, un sentimiento específico, etc., pero siempre relacionado con el tipo de células estimuladas.

El sistema nervioso, a través del cual son canalizadas las sensaciones hacia el cerebro, está tan intrincadamente dispuesto, que si quisiéramos hacer una analogía, lo más aproximado sería compararlo con una atestada red de carreteras, en las horas pico de una gran ciudad.

Existen diversas aplicaciones médicas que relacionan directamente la electricidad y el cerebro; por ejemplo, las terapias por electroshock, que generalmente consisten en hacer circular una corriente alterna de entre 100 y 200 volts a través del cerebro del paciente, durante una fracción de segundo, han resultado de gran ayuda para los psiquiatras al tratar ciertos tipos de desórdenes mentales, especialmente depresiones profundas. Otro instrumento de gran utilidad en neurología y psiquiatría es el electroencefalógrafo (EEG), que por medio de receptores altamente sensitivos, y circuitos electrónicos que amplifican los sutiles impulsos recibidos, hace posible registrar la actividad eléctrica que llevan a cabo las distintas regiones cerebrales. En la práctica, un electroencefalograma consiste en aplicar una serie de electrodos adheridos a la piel exterior del cráneo, sobre las zonas que se desean investigar. Los impulsos eléctricos captados por estos electrodos, una vez amplificados y traducidos a gráficos, conforman una curva compleja que muestra diversos ritmos. El carácter de esos ritmos varía de acuerdo con el estado funcional de cada zona del cerebro (descanso, actividad, sueño, etc.) y a ciertas disfunciones cerebrales (tumores, hemorragias, epilepsia, etc.). De esta forma, el análisis de las curvas EEG permite, no sólo determinar el estado funcional de las células nerviosas, sino también ayudar a establecer el tipo de disfunción en ciertos casos.

Las funciones del cerebro, de acuerdo con el Ayurveda, pueden resumirse de la siguiente forma:

1) Lugar de residencia del *atma* (el alma)
2) Centro de *chetanas* (la consciencia)
3) Asiento de los *panchendriyam* (los sentidos especiales)
4) Almacenamiento del *buddhi*, *medhas* (el intelecto)
5) Asiento de *chitta* (el conocimiento)
6) Almacenamiento de *smritti* (la memoria)
7) Centro de *jiwana* (la vida)
8) Regulador de *nidra* (el sueño)
9) Asiento de *rajas* (la emoción, la pasión)
10) Centro de *snayu* (el centro nervioso)

El corazón y sus funciones

Analizando la estructura física del corazón, se comprueba que está integrado por miles de pequeños músculos, que pueden considerarse sus elementos constitutivos básicos. Estos músculos se agrupan en dos complejos sistemas celulares: uno de ellos conforma las aurículas, y el otro los ventrículos, que a su vez se dividen en dos cámaras cada uno. En otro capítulo posterior analizaremos con más detalle la anatomía cardíaca, pero por el momento concentrémonos en la parte mecánica y eléctrica de su trabajo.

El registro gráfico del funcionamiento del corazón se denomina técnicamente Electrocardiografía, y se abrevia con las siglas (ECG). Durante la toma de un electrocardiograma, cada cámara (dos aurículas y dos ventrículos) se consideran por separado, y cada contracción mecánica, ya sea auricular o ventricular, está asociada con dos procesos eléctricos; el primero de ellos es la **depolarización**, durante la cual las cargas eléctricas sobre la superficie de las células musculares cambian de positivas a negativas; la segunda instancia, inmediatamente después, es la **repolarización**, que devuelve a la célula al estado de reposo, y repone la cargas superficiales positivas. La depolarización es un proceso rápido, mientras que la repolarización es lento.

La actividad muscular del corazón, como vemos, está íntimamente relacionada con su actividad eléctrica, y es esta correlación la que permite la obtención de un electrocardiograma. No podría registrarse corriente alguna si no se produjeran las contracciones del músculo cardíaco, con sus correspondientes cambios en la permeabilidad de la membrana.

Como toda fuerza, la actividad eléctrica de cada elemento del corazón puede medirse y graficarse mediante un vector, es decir, una línea que represente su magnitud, su dirección y su sentido. La suma vectorial de todas estas fuerzas puede considerarse como el vector resultante de la actividad eléctrica de todo el corazón.

El corazón genera energía eléctrica, y la respiración tiene una estrecha conexión con los latidos. Por lo tanto, si la respiración pudiera ser controlada, también podría regularse la actividad cardíaca; de esa forma, induciendo descansos periódicos al acto constante de latir, mediante el control de la respiración, la vida podría prolongarse indefinidamente. La forma de retardar el proceso de descarga eléctrica -y en consecuencia el deterioro orgánico- es provocar un cambio de velocidad en el proceso metabólico. La práctica del *yoga* enseña la forma de hacerlo, y es sabido que los *yoguis* más avanzados acuden periódicamente a los montes Himalaya a realizar estas prácticas en una atmósfera fría y silenciosa. En algunas ocasiones, estos yoguis caen en profundo trance, suspendiendo todo tipo de animación y permaneciendo inmóviles por períodos indefinidos, logrando un descanso total. Luego, al cabo de cierto lapso recobran su actividad, desafiando así parcialmente los deterioros del tiempo.

Para efectuar un estudio más detallado de la actividad del corazón, podemos referirnos al gran número de posiciones que la víscera cardíaca puede adoptar, como lo demuestra la descripción de Ashmon de sus 45 posiciones electrocardiográficas. A los efectos clínicos, sin embargo, sólo las siguientes seis posiciones resultan relevantes:

1) Posición horizontal
2) Posición semi-horizontal
3) Posición intermedia
4) Posición semi-vertical
5) Posición vertical
6) Posición indeterminable

El sistema de circulación de la sangre, originado y regulado por el corazón, es asimismo un mecanismo sumamente complicado. El corazón, localizado en la parte media del plexo solar, constituye un complejo muscular recio y vigoroso, pero que puede sufrir colapsos parciales o totales, como cualquier otra pieza de maquinaria. Existen muchos motivos posibles para uno de estos colapsos, y cuando uno de ellos se desencadena, la zona afectada del cuerpo no recibe la provisión de sangre que necesita, y puede resultar seriamente dañada, o hasta destruida. El daño puede producirse en la misma víscera cardíaca, o resultar lesionadas algunas otras partes del organismo, como el cerebro, los pulmones, los riñones, los miembros, la piel, etcétera.

Los productos químicos que intervienen en la composición del cuerpo humano -carbono, nitrógeno, oxígeno, fósforo, entre muchos otros- se combinan para formar el equivalente perfecto de una batería eléctrica, y el alimento que ingerimos es el que nos permite cargarla, como si fuera el combustible de un generador. Siguiendo la analogía, el organismo representa la maquinaria que funciona con esa batería, demostrando sus propias respuestas eléctricas; por ejemplo, el potencial eléctrico del estómago varía, de cuando éste se encuentra lleno a cuando se encuentra vacío, y lo mismo de un estado de salud a uno de enfermedad.

También se ha observado que cuando desciende el nivel de azúcar en sangre, se producen cambios eléctricos en el cerebro. Normalmente, la lectura de las ondas EEG arroja intervalos entre 8 y 10 ciclos por segundo, pero cuando la concentración de azúcar en sangre desciende, este ritmo no supera los 5 a 6 cps.

Los distintos sistemas orgánicos de un ser humano vivo poseen, por sí mismos, suficiente capacidad como para generar toda la energía eléctrica necesaria para sus propios requerimientos. Esto demuestra palpablemente que el cuerpo humano se comporta en forma similar a la de una batería recargable, es decir que es capaz de emitir ondas electromagnéticas a un ratio de 80 millones de ciclos por segundo, lo que, por supuesto, está más allá de nuestra capacidad visual. Es más: todo cuerpo humano vivo está emitiendo constantemente emanaciones estáticas, que pueden ser de características eléctricas o magnéticas; como ejemplo, podemos mencionar que un ser humano puede actuar como una antena, captando poderosas ondas portadoras aéreas, simplemente conectándose con el zócalo de una antena convencional.

Para su correcto funcionamiento, una batería necesita reponer periódicamente ciertos productos químicos; el ser humano necesita comida y bebida para la misma función. Por medio de los procesos físico-químicos inherentes a cada sistema, cada uno de ellos genera la corriente eléctrica que recarga su "batería".

Los poderes espirituales no pueden existir en un entorno imperfecto; por lo tanto, los deseos destructivos o nocivos, los pensamientos negativos, o una vida licenciosa, pueden deteriorar seriamente nuestros sistemas de recuperación. Normalmente, los estados de enfermedad, e incluso en ocasiones la muerte, sobrevienen por la degradación y desintegración de ciertas células, provocada por una provisión de energía defectuosa o nociva.

La creencia generalizada respecto a que la electricidad es la fuente de la vida, parece estar firmemente avalada por innumerables experimentos, que han demostrado la existencia de campos eléctricos aun en las más elementales formas embrionarias. Siguiendo estos lineamientos, se ha comprobado también que el cuerpo humano contiene ciertos elementos y propiedades eléctricas asociadas con el magnetismo, que lo acompañan desde el mismo nacimiento hasta el fin de su vida.

Los campos magnéticos en el ser humano

Los científicos y especialistas médicos de la actualidad han comprobado que el cuerpo humano es una verdadera fuente de campos magnéticos, generados por diferentes órganos, como el corazón, el cerebro, los nervios, los músculos y otros tejidos. También se ha intentado medir la intensidad y la frecuencia de estos campos, tanto en la salud como en ciertos estados de enfermedad; estas mediciones han demostrado que todos los campos magnéticos generados en el organismo por órganos compuestos por músculos y nervios, o en cuyo funcionamiento intervengan éstos, tienen una naturaleza fluctuante.

Las mediciones de las oscilaciones de los campos magnéticos corporales arrojaron resultados sorprendentes en algunos casos: las fluctuaciones del campo magnético del corazón, por ejemplo, asciende a los 106 gauss en sus picos máximos; los músculos, por su parte, cuando se los flexiona, alcanzan valores de 107 gauss; el campo magnético de mayor intensidad generado por los tejidos nerviosos es el del cerebro, que alcanza sus picos mayores durante el sueño, con máximos de hasta 3 x 108 gauss. Es preciso destacar que estas mediciones corresponden a estados de salud; en algunas enfermedades, como la epilepsia, pueden generarse campos magnéticos de mayores intensidades aún.

La teoría más difundida respecto a la fuente de los campos magnéticos originados por el organismo humano, los atribuye a la presencia de los iones de sodio, potasio y cloro generados por músculos y nervios durante los procesos de contracción o transmisión de señales, respectivamente. Sin embargo, existen otras propuestas, entre las cuales puede mencionarse la que sostiene que otra posible fuente sería la presencia de materiales magnéticos en los distintos tejidos. Esto ha conducido al diseño de magnetocardiógrafos y magnetoencefalógrafos, destinados a la medición de las corrientes de iones que circulan a través del corazón y el cerebro respectivamente.

Aparte de los campos magnéticos fluctuantes, generados por los distintos órganos y tejidos, también existen en el cuerpo humano campos magnéticos estables, es decir, que no varían cíclicamente su intensidad. Debido a que la intensidad del campo estático terrestre es de 0,5 gauss, los generados por el cuerpo sólo pueden ser medidos dentro de un entorno eléctrico estable que sea mayor en cuatro o más amplitudes magnéticas.

Las mediciones del flujo de corriente para los campos magnéticos fluctuantes se expresan en términos de corriente alterna (CA), y las de los campos estáticos, en términos de corriente continua (CC).

Una de las principales ventajas de la medición de los campos magnéticos generados por el cerebro, el corazón, los pulmones, etc., es la evaluación de las condiciones de salud del órgano medido, ya que permite detectar eventuales disfunciones o defectos en él. Por ejemplo, puede utilizarse un magnetocardiograma para diagnosticar lesiones cardíacas, mediante la disminución del flujo sanguíneo. Por este medio, también pueden detectarse otras condiciones asociadas con este tipo de problemas, como la isquemia, previniendo de esta forma males mayores, como la angina de pecho o el infarto.En otro capítulo específico analizaremos la utilización de los imanes y sus campos magnéticos en el tratamiento de diversas enfermedades asociadas con el cerebro y el corazón.

Capítulo 7

El rol de la sangre en el cuerpo humano

Dado que la meta fundamental de este trabajo es difundir los efectos terapéuticos de la energía magnética sobre las enfermedades humanas, no podíamos dejar de analizar en profundidad el papel que juega la sangre en nuestro cuerpo, ya que la magnetoterapia actúa sobre el organismo precisamente a través del sistema circulatorio; de allí que las funciones de la sangre, el corazón y el sistema circulatorio resulten claves para este método de curación. Por lo tanto, veamos algunos detalles de estos órganos y tejidos, antes de comenzar a analizar los principios, métodos y tecnología de los tratamientos magnéticos.

Composición de la sangre

La sangre es un fluido que circula, impulsado por el corazón, a lo largo de las arterias, vasos capilares y venas, transportando nutrientes y oxígeno a todos los restantes tejidos del cuerpo, y retirando de ellos los materiales de desecho y el bióxido de carbono producto de la combustión celular.

El tejido sanguíneo está integrado en su mayor parte (78%) por un elemento líquido, llamado **plasma**, en el cual se encuentran suspendidos los componentes sólidos (22%), contenidos en células denominadas **glóbulos rojos, plaquetas y glóbulos blancos**. Las proporciones de los elementos sólidos son las siguientes:

Proteínas (orgánicas):	18,5%
Sales (inorgánicos):	1,5%
Lípidos (grasas):	1,4%
Glucosa:	0,1%
Productos de desecho:	0,5%

Distribución de las células:

a) Glóbulos rojos (Eritrocitos): 4,5 a 5,0 x 106 por milímetro cúbico.
b) Glóbulos blancos (Leucocitos): 5.000 a 10.000 x mm3
c) Plaquetas (Trombocitos): 2 a 5 x 106 x mm3.

Composición del plasma:

a) Agua: 90/92% del total.
b) Gases: oxígeno, bióxido de carbono y nitrógeno.
c) Nutrientes: carbohidratos (glucosa), grasas (ácidos grasos), proteínas (aminoácidos).
d) Proteínas: albúmina (suero), globulina (suero), fibrinógeno.
e) Sales: cloruro de sodio, bicarbonato de calcio, sulfato de potasio, fosfato de magnesio.

f) Substancias protectoras: aglutinina, antitoxinas, bacteriolisinas, opsoninas.
g) Autacoides (hormonas): secreciones internas de las glándulas endocrinas.
h) Productos de desecho: urea, ácido úrico, creatina, xantina, hipoxantina, gaunina, adenina, carnina.

Anatómicamente, la sangre aparece como un fluido nutritivo opaco, de reacción alcalina, olor peculiar y gusto ligeramente salado, que presenta dos variaciones de color: la sangre arterial es rojo brillante, o escarlata, mientras que la venosa es rojo oscura, o morada; su densidad oscila entre 1.050 y 1.060 g/dm3. El organismo de una persona adulta contiene aproximadamente de 5 a 6 litros de sangre, con un peso de 1/13 a 1/14avos del peso total del cuerpo.

Los **glóbulos rojos, o eritrocitos**, presentan esa coloración debido a un pigmento proteico, llamado **hemoglobina**, que proporciona a la sangre su color característico. La hemoglobina, uno de cuyos principales componentes es el hierro, reacciona rápidamente con el oxígeno, liberándolo luego con la misma rapidez; esto hace que cuando la sangre circula a través de los pulmones, la hemoglobina de los glóbulos rojos se sature de oxígeno, liberándolo posteriormente cuando la sangre alcanza los órganos más distantes. Allí las células, que ya han transformado en bióxido de carbono el oxígeno recibido anteriormente, reciben un nuevo aporte, liberándose del CO2. La proporción de oxígeno contenida en la sangre de un adulto normal oscila entre el 12% y el 17%, es decir 12 a 17g de hemoglobina x 100g de sangre. Con respecto a su tamaño, el diámetro de los glóbulos rojos es de alrededor de 8,3 micrones (milésimas de milímetro), por lo que una hilera de 3.000 de ellos apenas alcanzaría los 25mm de longitud; el sistema circulatorio de un adulto normal contiene aproximadamente un total de 25 billones (25×10^{12}) de glóbulos rojos.

Morfológicamente, los eritrocitos son pequeñas vejigas discoidales, bicóncavas y flexibles, que ocupan de un 45% a un 50% del volumen total de la sangre; las moléculas de hemoglobina ocupan, a su vez, el 28% de este volumen.

Cuatro de los aproximadamente 10.000 átomos de una molécula de hemoglobina son de hierro; ellos son los que proporcionan a la sangre su característico color rojo, y resultan esenciales para el proceso respiratorio. Estos átomos contienen suficiente hierro como para tornar ligeramente paramagnéticos a los glóbulos rojos, de modo que puedan ser influidos por los campos magnéticos.

Los **leucocitos o glóbulos blancos**, sumamente activos y móviles, varían en tamaño, forma y cantidad, y desempeñan una función protectora del organismo, ya que absorben y destruyen bacterias, enzimas de desecho y otras substancias nocivas suspendidas en el plasma sanguíneo, ayudando a combatir los agentes infecciosos que puedan haber ingresado al organismo.

Las plaquetas o trombocitos, más pequeños que los otros componentes, presentan estructuras de formas muy irregulares, y contienen una substancia denominada "tromboquinasa", que toma parte activa en la coagulación de la sangre.

Tanto los glóbulos rojos como los blancos mueren y se desintegran constantemente en la sangre, por lo que nuevos corpúsculos deben nacer continuamente para reemplazarlos, generados por la médula ósea. El ritmo de muerte y reproducción de estos glóbulos se estima en aproximadamente 10.000.000 por segundo, con una proporción de 500 a 800 eritrocitos por cada leucocito.

Cuando el número de glóbulos rojos es escaso, o carecen de la suficiente hemoglobina, el sistema circulatorio resulta incapaz de proporcionar a las células la cantidad de oxígeno que necesitan para mantener su nivel de energía. Como consecuencia de estas falencias, se desencadenan enfermedades como la anemia y otras; considerando que la hemoglobina es una sustancia netamente proteica, es obvio que los alimentos ricos en proteínas son esenciales para balancear la dieta diaria, reforzando así la reproducción de glóbulos rojos.

También el **plasma sanguíneo** es un fluido proteico, viscoso y ligeramente amarillento, en el cual se hallan suspendidos todos los elementos sólidos de la sangre; está compuesto en un 90 a un 92% por agua y el resto por sustancias orgánicas e inorgánicas. Intimamente ligado con los demás tejidos líquidos del cuerpo, el plasma contiene una sustancia específica, llamada "**anticuerpos**", que desempeñan una función protectora, ya que algunos de ellos son capaces de neutralizar ciertas toxinas, mientras que otros impiden el crecimiento de bacterias que hayan podido introducirse en el organismo.

En el ser humano existen cuatro tipos distintos de sangre; de allí que antes de llevarse a cabo una transfusión sea necesario comparar los tipos del donante y el receptor, dado que algunos de esos tipos son incompatibles entre sí.

La circulación

El proceso de flujo continuo de sangre hacia todas las células del cuerpo es denominado genéricamente "sistema circulatorio", por medio del cual todos los órganos del ser humano se hallan en íntima y permanente comunicación entre sí. El motor que mantiene en marcha este sistema es el corazón, que bombea sangre hacia los extremos más distantes del cuerpo, y los elementos de control son los sistemas respiratorio y nervioso, que regulan su actividad.

El flujo sanguíneo circula a través de vasos, en forma de tubos elásticos, que no sólo varían en diámetro, sino también en estructura, de acuerdo con su función. De esta forma, el sistema respiratorio constituye, por así decirlo, un circuito cerrado de tuberías de aproximadamente 1.200 kilómetros de longitud total, la mayor parte de los cuales pertenecen a los vasos capilares. La velocidad de circulación varía desde alrededor de 65 km/h a lo largo de las arterias, hasta 4 minutos por metro al atravesar los capilares. Existen tres tipos principales de vasos sanguíneos: **arterias, venas y capilares**.

Las **arterias** son los vasos que conducen la sangre desde el corazón hacia el resto de los órganos y tienen paredes comparativamente más espesas, dispuestas en tres capas. Las arterias principales se dividen en ramas de menor diámetro, llamadas **arteriolas**, que a su vez se subdividen en vasos capilares.

Los **vasos capilares** son minúsculos conductos, visibles sólo bajo el microscopio, distribuidos a razón de varios cientos por milímetro cuadrado de tejido de cada órgano; a través de ellos, el oxígeno y los nutrientes disueltos en la sangre alcanzan los más distantes y recónditos puntos del cuerpo, y se recolectan los productos de desecho. A medida que la sangre arterial va circulando a través de los capilares, se va transformando en sangre venosa, que es recogida por la venas, para recomenzar el circuito.

Las **venas** constituyen el medio por el cual la sangre regresa desde los órganos hacia el corazón. Al igual que las arterias, sus paredes están compuestas por tres capas, y a lo largo de su recorrido poseen válvulas que se abren en el sentido de la circulación; esto hace que la sangre fluya por las venas en dirección al corazón.

La coagulación

La sangre tiene la propiedad de coagularse, es decir, de convertirse en una masa relativamente sólida. Si bien normalmente la sangre fluye libremente a lo largo de los vasos sanguíneos, en ocasiones se forman en ella coágulos que dificultan esa fluidez; esas interrupciones o bloqueos de los pasajes se conocen bajo el nombre de trombosis (del griego = thrombos, coágulos). Otra forma de coagulación se presenta cuando la sangre escapa de los vasos sanguíneos, en cuyo caso se solidifica al cabo de 3 o 4 minutos.

Las trombosis pueden producirse también a causa de depósitos de grasa, calcio o colesterol, especialmente en el caso de las arteriolas más delgadas; esto se agrava cuando las capas internas de los conductos se endurecen, y el torrente sanguíneo forma remansos que tienden a coagularse, llegando en ocasiones a obstruir totalmente los vasos. En aquellos casos en que estas obstrucciones se producen en algunas de las arterias que llevan sangre al cerebro, por ejemplo, cortan la provisión de oxígeno a las neuronas, matándolas indefectiblemente. Si la víctima sobrevive, el daño general en el organismo depende de la parte afectada del cerebro, pudiendo oscilar entre una hemorragia cerebral, una parálisis total, o diversas disfunciones, como hemiplejias, dislexias, afasias o afecciones similares.

Sin embargo, y aunque no lo parezca, esta propiedad de coagularse tiene también ciertas ventajas, entre las cuales la más notoria es la obstrucción de vasos seccionados, que detiene la hemorragia subsiguiente; en caso de que no se produjera ese bloqueo, la menor herida acabaría con la vida del paciente.

En algunas ocasiones, se produce una degeneración progresiva de la capa muscular de los vasos sanguíneos, y su tejido elástico es reemplazado por tejido fibroso, a veces con formaciones de calcio, que los transforma en conductos rígidos e impracticables. Este estado se conoce bajo el nombre de arteriosclerosis, o endurecimiento de las arterias, y cuando se presenta en ciertos vasos exige del corazón demandas adicionales, con el consiguiente incremento de presión en el resto del sistema. El esfuerzo adicional del músculo cardíaco por mantener la circulación, se denomina hipertensión, aunque no es la única causa que puede provocar una hipertensión sistemática.

El corazón

El corazón es un víscera hueca, de paredes musculares y forma cónica, ubicada en la región anterior y central de la cavidad torácica, aunque con la mayor parte de su volumen (la superior) inclinada hacia la mitad izquierda del tórax; tiene aproximadamente el tamaño del puño de un hombre adulto, y un peso de alrededor de 300g. Las paredes del corazón constan de tres capas superpuestas: la interior o **endocardio**, la intermedia o **miocardio**, y la externa o **epicardio**; la víscera completa se encuentra envuelta en un saco membranoso denominado **pericardio**.

El corazón humano está dividido en cuatro cámaras, agrupadas dos a dos en una mitad izquierda y una mitad derecha, separadas a su vez por una membrana muscular longitudinal. La sangre venosa fluye a través de la mitad dereha, y la sangre arterial hace lo propio a través de la izquierda; las dos cámaras superiores (izquierda y derecha) se denominan **aurículas**, y las dos inferiores, **ventrículos**.

Vasos que ingresan y salen del corazón. Los dos venas más importantes, que transportan la sangre venosa desde todos los sectores del cuerpo hacia el corazón, la vierten en la aurícula derecha. La arteria más grande, la **aorta**, que distribuye sangre oxigenada a todo el organismo, parte del ventrículo izquierdo. El suministro de sangre al corazón proviene de las arterias **carótidas**, derecha e izquierda, que parten de la aorta.

El corazón está formado por un manojo de músculos fuertes y resistentes, como debe estarlo una víscera destinada a bombear sangre durante toda una vida, sin opción a reparaciones; por lo tanto, también es imprescindible que reciba una provisión ininterrumpida de oxígeno y nutrientes. En el transcurso de una vida promedio, el corazón del ser humano late aproximadamente 1.250 millones de veces; aun proveyéndola de suficiente combustible, ni la más fuerte de las maquinarias mecánicas podría soportar ese ritmo de trabajo constante durante un lapso de alrededor de setenta años.

El funcionamiento del corazón

El trabajo del corazón se basa en una sucesión continua de contracciones y relajamientos de las aurículas y los ventrículos; se puede obtener una idea aproximada de su funcionamiento, abriendo y cerrando el puño sucesivamente, a un ritmo de una vez por segundo. Ahora bien; si hacemos esto en forma ininterrumpida durante unos pocos minutos, pronto los músculos de la mano acusarán el cansancio. Sin embargo, nuestro corazón se contrae a un ritmo promedio de 72 veces por minuto, lo que hace un total de más de 100.000 veces por día, es decir cerca de 40.000.000 de veces al año, o $2,8 \times 10^9$ veces en una vida normal, sin más que una fracción de segundo de descanso entre latidos.

La contracción del músculo cardíaco que expulsa la sangre de las cámaras se conoce como **sístole**, mientras que el relajamiento subsiguiente se denomina **diástole**; ambos movimientos se realizan en un orden preciso, definido como cardioactividad, que se lleva a cabo en tres fases:

Fase 1: Contracción simultánea de ambas aurículas, mientras la sangre pasa desde ellas a los ventrículos.

Fase 2: Contracción simultánea de ambos ventrículos; la sangre es forzada hacia la arteria aorta y la arteria pulmonar, mientras las aurículas se distienden.

Fase 3: Los ventrículos se distienden, mientras las aurículas permanecen relajadas, en lo que se conoce como pausa general. Durante ella, la sangre ingresa en las aurículas a través de los vasos venosos.

Resumiendo, la sístole de las aurículas es seguida inmediatamente por la sístole de los ventrículos, y luego por una pausa, conformando entre las tres fases un sólo ciclo cardíaco. En cuanto a los tiempos, la sístole auricular dura aproximadamente 0,1 segundos, la ventricular 0,3 seg, y la pausa 0,4 seg; de esta forma, el ciclo completo toma alrededor de 0,8 seg, dando un total de 75 pulsaciones por minuto. Sin embargo, esto sucede durante el estado de reposo, en el cual las pulsaciones oscilan entre 60 y 80 por minuto, pero tanto el ritmo como la intensidad de las contracciones cardíacas varían de acuerdo con las condiciones del entorno, como el agotamiento, la excitación, etc. El ritmo cardíaco también depende de la edad: en los recién nacidos, no es extraño que ascienda a 140 ppm, mientras que en los ancianos también es mayor que en la edad adulta, llegando a 90/95 ppm.

Enfermedades cardíacas

Los casos de enfermedades cardíacas se encuentran en franco crecimiento, tanto en el mundo entero como en nuestro país, la India, llegando a niveles alarmantes en los países altamente civilizados; obviamente, esto tiene una estrecha relación con el ritmo y las tensiones de la sociedad actual. En una época como la presente, signada por la velocidad, y las presiones violentas, que llamamos "vida moderna", es evidente que estamos sobrecargando el motor de nuestra maquinaria interna, es decir, nuestro corazón.

Se aplica genéricamente el término "**enfermedades del corazón**" a una serie de dolencias que afectan directamente el sistema circulatorio, y que pueden ser **cardíacas**, cuando se originan en el corazón; **vasculares**, cuando se generan en los vasos sanguíneos, y **cardio-vasculares**, cuando combinan ambos orígenes.

Una opinión muy difundida afirma que la mayoría de las enfermedades del corazón son provocadas por el exceso de tabaco, sal y azúcar, stress, hipertensión, diabetes y obesidad. Sin embargo, hay que tener en cuenta que el sistema circulatorio también se deteriora paulatinamente a medida que el organismo envejece, sobre todo a causa del endurecimiento de las arterias, provocado por la acumulación de sustancias grasas en las paredes internas de los vasos sanguíneos. Estos obstáculos, naturalmente, reducen la velocidad y la cantidad del flujo de sangre desde el corazón y hacia él, generando problemas cardíacos.

Por lo general, se denomina "**ataque cardíaco**" a las **trombosis coronarias (infarto de miocardio)**, que consiste en un repentino bloqueo de una de las arterias que proveen de sangre al músculo cardíaco. Un vaso congestionado puede obturarse totalmente a causa de un coágulo (trombo), haciendo que la región del músculo cardíaco irrigada por él se deteriore, e incluso muera, por la falta de sangre.

Otra afección frecuente es la "**angina pectoris**", (o "angina de pecho", como se la conoce vulgarmente), que se manifiesta en forma de una incómoda -y en ocasiones muy dolorosa- sensación de opresión, generalmente en la parte delantera del tórax; este síntoma es una señal de que los músculos cardíacos no están recibiendo suficiente oxígeno, debido a un suministro de sangre deficiente. El resultado puede ser un ataque, provocado por exceso de ejercicio físico, excitación o demasiada comida.

El dolor de la angina pectoris comienza sobre el esternón, y se irradia luego hacia la zona inferior interna del brazo izquierdo, o en algunos casos de ambos, hasta alcanzar los dedos medios de las manos. Cada vez que una persona en estas condiciones realiza un esfuerzo para el cual las arterias cardíacas no pueden proporcionar la sangre suficiente al corazón, estos síntomas la previenen, y la obligan a abandonar el intento. Esto se repite una y otra vez, hasta que la persona aprende a evitar los esfuerzos que provocan el problema; la Naturaleza le proporciona este aviso para indicarle que debe llevar una vida más moderada, antes que su víscera cardíaca se vea seriamente dañada por la deficiencia en el suministro de oxígeno.

Presión sanguínea

Bajo condiciones normales, la presión sanguínea es constante, y si varía, las variaciones son irrelevantes; en caso de producirse cambios significativos, éstos dependen de dos factores básicos: a) la fuerza con que la contracción de los músculos cardíacos eyecta la sangre del corazón, y b) la resistencia que ejercen las paredes de los vasos sanguíneos, y que la sangre debe vencer a lo largo de todo su recorrido por el sistema circulatorio.

La presión sanguínea se mide generalmente sobre la arteria braquial, siendo lo normal en un adulto joven (20 a 40 años) y, sano, una máxima de 12 a 13 cmHg (centímetros de mercurio), y una mínima de 7 a 8 cmHg; estos valores fluctúan ligeramente con la edad, ya que normalmente es algo más baja en los niños, y se incrementa, aunque poco, en las personas ancianas. La presión varía también de acuerdo con los estados de vigilia y de sueño, aumentando con el trabajo físico, y descendiendo durante el sueño y el reposo.

La presión también se ve severamente alterada por la mayoría de las enfermedades asociadas con perturbaciones en la circulación, en algunas ocasiones elevándose (hipertensión o presión alta) o disminuyendo (hipotensión o presión baja). Esta última puede ser provocada por una reducción en el número y/o intensidad de las contracciones cardíacas, dilatación de las arterias, o una considerable pérdida de sangre. Una caída seria, y sobre todo repentina, de la presión arterial puede acarrear graves consecuencias al organismo humano.

Funciones de la sangre

Las principales funciones de la sangre dentro del organismo son:

1) Aportar a los tejidos de todos los órganos nutrientes absorbidos a su paso por el intestino delgado.

2) Transportar los materiales de desecho y eliminarlos del organismo, vía los órganos de los sistemas excretores.

3) Proveer a las células de todos los tejidos el oxígeno incorporado por la hemoglobina a su paso por los pulmones.

4) Remover el bióxido de carbono del sistema, eliminándolo principalmente a través de los pulmones.

5) Regular la actividad de los fluidos corporales en diversas partes del organismo; para ello, la sangre transporta distintas hormonas, algunas de las cuales estimulan y otras desencadenan las actividades de ciertos órganos.

6) Proteger el funcionamiento del sistema, por medio de los anticuerpos, que ejercen una acción protectora contra posibles infecciones o invasiones de bacterias infiltradas en el organismo.

7) Equiparar las distintas temperaturas de todas las zonas del cuerpo, cuando se producen bajas o aumentos en ellas, regulando así la temperatura general.

8) Canalizar los excesos de temperatura corporal al exterior, para evitar el sobrecalentamiento de los órganos principales.

9) Parte del total de la sangre no circula a lo largo del sistema, sino que permanece como reserva en los capilares de ciertos órganos, como el bazo, el hígado y ciertos tejidos. En caso de esfuerzo excesivo, o pérdida de sangre, esta reserva almacenada en pequeños depósitos es liberada inmediatamente en el torrente sanguíneo.

10) La cantidad total de sangre puede incrementarse temporariamente en el sistema, especialmente al incorporar agua procedente de los intestinos, después de grandes ingestiones de líquido; este exceso es rápidamente eliminado a través de los pulmones. Un descenso en la cantidad de sangre sólo se produce por hemorragias.

Si la sangre deja de circular, el organismo entero muere

Hasta aquí hemos analizado las más importantes funciones llevadas a cabo por la sangre en el organismo. En el siguiente capítulo veremos la forma en que los imanes, cuando se los pone en contacto con el cuerpo, actúan sobre ella, y ejercen por su intermedio una influencia benéfica sobre las enfermedades humanas

Parte III

Capítulo 8 - Los imanes y el metabolismo humano
Capítulo 9 - Los imanes y su composición

Capítulo 8

Los imanes y el metabolismo humano

Diferentes teorías sobre los efectos biológicos

En el capítulo previo hemos visto que la sangre juega un papel preponderante en el organismo humano, y que cualquier cosa que la afecte, ya sea en forma favorable o adversa, con toda seguridad ejercerá también un efecto, positivo o negativo, sobre nuestra salud. Analicemos entonces la forma en que los imanes influyen sobre la sangre, y consecuentemente sobre la salud y la vida humana.

El magnetismo es un fenómeno físico estrechamente ligado a la electricidad, cuya complejidad hace que no sea fácil comprender teóricamente sus principios y fundamentos. Por lo tanto, quizás resulte algo difícil, especialmente para los especialistas en biología y medicina, pero ello no impide que el magnetismo tenga realmente efecto sobre los seres humanos.

Un imán no solamente atrae el hierro y algunos otros elementos, sino que también posee otras propiedades que no son del conocimiento general; una de estas propiedades -obviamente derivada de la anterior- es que también atrae a todos los humores marciales existentes en los distintos sistemas del organismo humano.

Para unificar criterios, diremos que utilizamos el término "humor" para identificar cualquier sustancia semifluida o fluida contenida en el cuerpo. Ya en los comienzos de la medicina medieval, y antes aun, se conocían bajo el nombre de humores los cuatro líquidos -sangre, flema, bilis y atrabilis- de que se suponía estaba compuesto el cuerpo humano. El término "marcial" los relaciona con el hierro, que los alquimistas consagraron al dios Marte, y alude a aquellos fluidos que contienen hierro en cualquier proporción, ya sea como elemento aislado, o como parte de un compuesto.

Como vemos, esta cualidad de los imanes de afectar los humores marciales los convierte en un instrumento muy útil contra todo tipo de afecciones del útero y los intestinos, así como inflamaciones, supuraciones y úlceras, ya sean internas o externas.

Se han propuesto diversas teorías sobre los efectos biológicos de los campos magnéticos sobre los seres humanos, pero casi todas ellas coinciden en que esos efectos dependen de numerosos factores, entre los que se mencionan la densidad del flujo, direccionalidad, gradiente, área del campo que incide sobre el cuerpo, duración de su influencia, etcétera.

Los efectos de los campos magnéticos sobre los seres vivientes han sido atribuidos a diversos factores, tales como:

a) La posible incidencia en la obstrucción del movimiento microbial, y del flujo protoplasmático resultante de ese movimiento, en ángulo recto con el eje del campo.

b) La acción contra el crecimiento de los tejidos jóvenes (acción contra la mitosis).

c) Influencia contra el sistema nervioso autónomo.

d) Fenómenos magnetohidrodinámicos.

e) Diferencia recíproca en la susceptibilidad magnética.

La teoría más popular

La hipótesis de trabajo más difundida y sostenida hasta el momento, afirma que los efectos tienen sus orígenes en las moléculas que contienen hierro, tales como la hemoglobina y los citocromos, basándose en las conocidas propiedades paramagnéticas del hierro. A continuación mencionaremos brevemente los fundamentos de algunas de estas teorías.

A.1) Científicos de diversos países descubrieron, ya en los comienzos de este siglo, que el proceso de cristalización de las soluciones se ve marcadamente influenciado por los campos magnéticos. Paralelamente, se ha comprobado, en base a gran número de experiencias, que el magnetismo incrementa la cantidad de centros de cristalización.

Uno de los científicos que condujo varias de estas experiencias ha resumido el efecto de los campos sobre los líquidos de la siguiente forma:

a) Un campo magnético incrementa el número de centros de cristalización en un líquido.
b) Este incremento es directamente proporcional a la potencia del campo.
c) En caso de tratarse de un campo constante, el número de centros de cristalización se incrementa en forma directamente proporcional al tiempo de imposición del campo.

A.2) Se ha establecido, como resultado de gran cantidad de experimentos, que muchas de las propiedades físicas y químicas del agua se modifican cuando se la somete a la influencia de un campo magnético débil. Los cambios se manifiestan en varias de sus propiedades simultáneamente, como ser temperatura, densidad, conductividad eléctrica, tensión superficial y viscosidad, y se mantienen durante largo tiempo.

A.3) Otro de los descubrimientos surgidos de estos experimentos demuestra que si se encierra una vasija con agua, dentro de una cubierta de metal capaz de absorber ondas electromagnéticas, éstas inmediatamente afectan la velocidad de sedimentación de las diminutas partículas suspendidas en el líquido.
También la sangre, como fluido que es, se ve afectada en forma similar por el magnetismo, y sus propiedades se modifican cuando se la coloca en contacto con imanes.

B) Cuando un fluido en el cual se ha disuelto sal entra en contacto con un flujo magnético, las propiedades físicas del fluido cambian; dado que la sangre es una sustancia fluida, compuesta por gran variedad de sales inorgánicas, sus propiedades también se modifican bajo la inducción de un flujo magnético. La circulación de esta sangre modificada a lo largo del torrente sanguíneo ejerce una influencia benéfica sobre el organismo en general, aliviando y previniendo gran cantidad de enfermedades.

C) Cuando el cuerpo humano entra en contacto con un imán, se genera una débil corriente eléctrica en la sangre, a lo largo de todo el sistema circulatorio. Cuando esa corriente se transmite a través de la sangre, aumenta notablemente la cantidad de iones, y esa sangre ionizada, circulando por el cuerpo, beneficia visiblemente al sistema metabólico general.

Efectos del flujo magnético en la sangre

Los estudios clínicos conducidos por muchas instituciones médicas han demostrado que los flujos magnéticos promueven la salud, a la vez que proporcionan energía extra, eliminado diversos desórdenes en los varios sistemas operativos del organismo, estimulando la circulación sanguínea y regenerando los tejidos mediante la reproducción celular. El flujo magnético afecta severamente las substancias magnéticas como el hierro y el oxígeno, con el resultado de que la hemoglobina en los vasos sanguíneos se mueve activamente para facilitar la circulación.

Los tratamientos por magnetoterapia incrementan el número de corpúsculos sanguíneos, manteniendo constante la relación entre los glóbulos rojos y los blancos, pero fortaleciendo los corpúsculos inactivos o deteriorados, y facilitando el acceso de la sangre a todo el sistema. Dado que los campos magnéticos también mejoran la actividad respiratoria, resultan un auxiliar útil para tratar las enfermedades asociadas con ese sistema, como la bronquitis y el asma. De acuerdo con un estudio clínico, la hipertensión desciende entre 20 y 30 mmHg si se utilizan imanes durante una semana o dos.

Efectos sobre las secreciones hormonales

La función de secreción hormonal endocrina se ve notablemente favorecida por el efecto conjunto del calor interno del cuerpo y el calor externo generado por un imán. La transmisión de sangre se efectúa más rápidamente en presencia de este calor, y los vasos capilares, que se extienden como una red alrededor de los vasos de secreción hormonal interna, se expanden considerablemente, y al concentrar el oxígeno, gradualmente facilitan el acceso de las secreciones hormonales a los vasos sanguíneos. Mientras tanto, los vasos de secreción hormonal, al trabajar a la temperatura adecuada, activan sus funciones, motivados por la abundancia de oxígeno. Consecuentemente, todas las disfunciones provocadas por falta de secreción hormonal, se alivian y evolucionan favorablemente mediante el uso permanente de imanes. Un efecto colateral beneficioso es que el flujo magnético que penetra los tejidos regula también las secreciones endocrinas que conservan la flexibilidad de los tejidos, y por ende la juventud, aportando energía y normalizando las funciones de los órganos internos.

La glándula pituitaria regula el crecimiento

La glándula pituitaria -un pequeño cuerpo rojizo de secreción interna, localizado en la base del cerebro- se encuentra implantada en la silla turca (una depresión del hueso occipital), descargando constantemente secreciones hormonales destinadas a controlar el crecimiento corporal. La altura del cuerpo forma parte de este crecimiento, y por lo tanto está en función directa de la secreción: a mayor secreción, mayor crecimiento, y viceversa; una secreción normal proporciona una altura media.

Si recordamos lo mencionado anteriormente, que los campos magnéticos pueden influir sobre las secreciones internas, es evidente que los imanes pueden ayudar a los jóvenes a incrementar su altura, especialmente en edades entre los 14 y 15 años, aunque puede intentarse en edades algo más avanzadas, si las circunstancias son favorables. Conjuntamente con el tratamiento magnético, conviene aplicar algunas medicinas homeopáticas y ejercicios físicos externos, para complementar el desarrollo, hasta una edad aproximada a los 20 o 22 años.

Regeneración y reproducción celular

Uno de los rasgos más destacables de los tratamientos con imanes es quizás su potencialidad para acelerar la regeneración, reproducción y crecimiento de las células. El flujo magnético genera en el organismo un sentimiento de bienestar y calidez que tonifica las funciones celulares, y alivia inflamaciones y espasmos.

Cuando el flujo magnético pasa a través de una sección de tejido, se crea en él una corriente secundaria, alrededor de sus líneas de fuerza, que ioniza el protoplasma, y rejuvenece los tejidos al activar el metabolismo. El resultado inmediato es una considerable incentivación en la reproducción celular, acelerando la curación de sabañones, grietas en la piel, heridas cortantes, etcétera.

Incremento de los poderes auto-curativos

Aunque en ocasiones resulte difícil de comprender, el organismo humano es absolutamente capaz de curar por sí mismo la mayoría de sus enfermedades, y los mejores remedios y médicos sólo sirven para complementar, afianzar y encauzar sus poderes curativos propios. El flujo magnético constituye también un instrumento terapéutico, pero posee la ventaja adicional de poder incentivar las propiedades auto-curativas del cuerpo. Los campos magnéticos poderosos penetran profundamente en los músculos, tejidos grasos y huesos, relajando las tensiones nerviosas, y permitiendo así que el cuerpo resista los embates de las enfermedades, y acelere su recuperación de esfuerzos y fatigas.

Los efectos terapéuticos colectivos de los imanes curan las enfermedades eliminando las debilidades estructurales, de modo que sus poderes curativos no actúan en forma individual o independiente, sino de manera coherente, interrelacionando sus efectos entre la sangre, los nervios, las secreciones hormonales y otros sistemas metabólicos.

La magnetoterapia permite aliviar, en períodos de tiempo sorprendentemente cortos, enfermedades que han desafiado a otros sistemas de tratamiento. Gran número de disfunciones, como apendicitis, asma, dolores de espalda, artritis crónica, calambres, eczema, jaquecas, hipertensión arterial, heridas traumáticas, fatiga mental, orquitis, distensiones prostáticas, reumatismo, dolores de dientes, insomnio, endurecimiento de los músculos y articulaciones y edemas en diferentes partes de cuerpo han sido ya exitosamente tratadas por este sistema. Sin embargo, quizás el efecto más notable del magnetismo se ponga de manifiesto en el campo de la prevención, sobre todo en lo que respecta a las afecciones del corazón, los riñones y el hígado.

El corazón y la actividad geomagnética

Ya desde tiempo inmemorial, el hombre ha conocido los efectos de la actividad geomagnética sobre su organismo, aunque sólo hace relativamente poco tiempo que ha comenzado a investigar los verdaderos alcances del magnetismo terrestre sobre los distintos órganos, especialmente el corazón.

Los científicos del Instituto Nacional de Investigaciones Geofísicas de Haiderabad, India, descubrieron recientemente un nexo entre los ataques cardíacos y la actividad geomagnética, partiendo de la base de que las fluctuaciones en el campo magnético terrestre son provocadas por la actividad de las manchas y las protuberancias solares. Según las investigaciones, las partículas emitidas por estos fenómenos solares alcanzan la Tierra, generando tormentas eléctricas que rápidamente alteran el espectro magnético del planeta. Siguiendo esta línea de razonamiento, los científicos del mencionado instituto observaron que los casos de ataques cardíacos "*ocurrían general-*

mente durante las perturbaciones geomagnéticas que mostraban las fluctuaciones y pulsaciones más rápidas".

Estos campos pulsátiles parecen hacer reaccionar al corazón y al potencial eléctrico del cerebro, y así disparar ataques cardíacos y/o perturbaciones psiquiátricas en personas que de otra forma se encontrarían en perfecto estado de salud físico y mental. Como complemento de estos fenómenos, pueden citarse otros factores adicionales, como las fases de la luna (particularmente luna llena y luna nueva), y las tormentas eléctricas, que suelen provocar graves perturbaciones magnéticas en la atmósfera.

Actualmente, ya se ha logrado probar, más allá de toda duda razonable, que el potencial bioeléctrico normal del cuerpo y sus órganos se ve gravemente alterado cada vez que se producen severas perturbaciones magnéticas en la atmósfera que nos rodea, afectando con mayor intensidad nuestras partes más débiles.

En los últimos años, varios científicos rusos también han logrado establecer ciertas correlaciones entre los fenómenos solares y geomagnéticos, y las muertes por enfermedades cardiovasculares y cerebrales en distintas ciudades. Estos científicos condujeron distintas investigaciones sobre el comportamiento de perros y conejos bajo campos electromagnéticos artificiales fluctuantes, descubriendo que tanto el corazón como el sistema nervioso de los animales se mostraban sumamente alterados. También observaron que los peces permanecían en aguas de poca profundidad bajo condiciones magnéticas serenas, pero se alejaban hacia aguas profundas cuando la actividad magnética aumentaba.

En la actualidad, ya son innumerables los casos de ataques o perturbaciones cardíacas que han sido reportados en todo el mundo durante los períodos de mayor actividad geomagnética, demostrando así la existencia de un evidente nexo entre ambos fenómenos.

Resumen de la influencia benéfica de los imanes

1) Cuando se aplica un imán a un cuerpo humano, los distintos tejidos son atravesados por ondas magnéticas, y se inducen en ellos corrientes eléctricas secundarias, que al interferir con las ondas magnéticas generan un aumento de temperatura en los electrones de las células corporales.

2) El desplazamiento de la hemoglobina en los vasos sanguíneos se acelera considerablemente, mientras que los depósitos de calcio y colesterol en sangre disminuyen. También decrecen las adherencias de otros materiales indeseables a las paredes internas de las venas y arterias, principales causantes de la hipertensión arterial. La sangre se purifica y la circulación se aligera, facilitando la actividad cardíaca, y erradicando la fatiga y los dolores.

3) Se regularizan las funciones del sistema nervioso autónomo, de manera que los órganos internos que controlan recuperen su funcionamiento normal.

4) Se estimulan las secreciones hormonales, logrando que la piel gane brillo y flexibilidad, manteniendo la juventud. Paralelamente se alivian y curan todas las disfunciones motivadas por deficiencias hormonales.

5) Se activan las circulaciones sanguínea y linfática en general, y consecuentemente, todos los nutrientes alcanzan con mayor facilidad y eficiencia las células de los tejidos, normalizando el metabolismo general.

6) Las ondas magnéticas penetran la piel, los tejidos grasos y los huesos, vigorizando los órganos tras ellos, lo que deriva en una gran resistencia a las enfermedades.

7) El flujo magnético estimula la recuperación de la salud, y proporciona energía adicional, eliminando los desórdenes orgánicos y regulando las funciones de los diversos sistemas corporales, como el circulatorio, nervioso, respiratorio, digestivo y urinario.

8) Los tratamientos magnéticos operan reformando, reanimando y acelerando el crecimiento celular, rejuveneciendo los distintos tejidos, fortaleciendo y renovando los corpúsculos inactivos, e incrementando el número de glóbulos blancos y rojos en sangre.

9) Los imanes poseen excepcionales efectos curativos sobre ciertas dolencias específicas, como los dolores de muelas, rigidez en los hombros y otras articulaciones, dolores e inflamaciones, espondilitis o artrosis cervical, eczema y asma, como así también sobre afecciones externas, como los sabañones, llagas y heridas cortantes.

10) La homeostasis, o propiedad auto-curativa del organismo se ve notablemente renovada y potenciada, lo que asegura la persistencia en el tiempo de todos los beneficios mencionados hasta el momento. El paciente se siente lleno de vigor, y puede llevar a cabo más ejercicios y esfuerzos sin agotarse.

11) Los tratamientos magnéticos basan sus principios en la energización de todos los sistemas corporales. Sus efectos permanecen en plena vigencia varias horas después de cada sesión con los imanes, y en casos de afecciones normales, un tratamiento continuado durante una semana o dos, diez minutos una vez al día, logran sacar al paciente de su estado de enfermedad, para devolverle su normal condición de salud, e incluso mejorarla.

Nota: Tomando en cuenta que los imanes trabajan sobre el metabolismo humano principalmente a través de la circulación sanguínea y sus componentes de hierro y hemoglobina, conviene establecer previamente el contenido de hierro en sangre. El cuerpo humano adulto contiene de 4 a 5 gramos de hierro, que puede ser rastreado en diversas partes del cuerpo; su mayor proporción se encuentra en la sangre, como componente de la hemoglobina, y el resto permanece alojado en los músculos, donde recibe el nombre de mioglobina. La función principal de estas dos sustancias consiste en transportar oxígeno de los pulmones a los músculos y las células, sin el cual desaparecería todo trazo de energía, y con ella cesarían los latidos del corazón y la actividad respiratoria. Esto nos demuestra la importancia del hierro para nuestro organismo, y las posibilidades de los imanes para mejorar por su intermedio nuestras condiciones de vida.

Capítulo 9

Los imanes: materiales y componentes

Naturales y artificiales

Para lograr una comprensión más detallada de las potencialidades de los imanes, los dividiremos a priori en dos grandes grupos: los **imanes naturales**, compuestos exclusivamente por sustancias procedentes de la naturaleza, y que se han magnetizado en forma igualmente natural, y los **imanes artificiales**, es decir, los construidos y magnetizados por la mano del hombre.

Entre los primeros mencionados, el más grande es, obviamente, la Tierra misma, como ya se ha mencionado en otros pasajes, y le siguen, entre los más comunes, distintos minerales de hierro, como la magnetita, siderita y otras piritas, cuyos compuestos en distintas proporciones de hierro y oxígeno les confieren la propiedad de atraer limaduras de distintos metales, entre los cuales el más afectado es el hierro mismo. La característica más notable de estos imanes naturales en lo que respecta a la magnetoterapia, es que su potencia magnética permanece siempre constante, y no puede aumentarse ni disminuirse a voluntad, por lo que su uso se ve severamente restringido para fines curativos.

A pesar de ello, el hombre comprendió desde tiempos muy remotos, no sólo el poder curativo, sino también las potencialidades generales de los imanes, por lo que decidió subsanar esa falencia fabricándolos de acuerdo con sus necesidades. De esa forma pudo finalmente conferirles distintos grados de potencia magnética, y asignarles los tamaños y diseños requeridos por su eventual aplicación, tanto en la faz terapéutica, como en innumerables usos hogareños e industriales.

Imanes permanentes y electromagnetos

Para su mejor análisis, clasificaremos a los imanes artificiales en dos grandes grupos: los **electromagnetos** (o **electroimanes**), y los **imanes permanentes**. La diferencia fundamental entre ellos es que los primeros carecen de magnetismo propio, y sólo ejercen su poder de atracción cuando circula a través de ellos una corriente eléctrica procedente de una fuente exterior. Estos dispositivos se utilizan principalmente en máquinas eléctricas y electromecánicas, como motores, generadores, dínamos y relés, destinados a diversas industrias y aplicaciones hogareñas. También se utilizan para el manejo de grandes bultos metálicos, como la carga y descarga de contenedores y maquinaria en los barcos, mediante grúas magnéticas, y en los frenos de ciertos vagones y vagonetas.

En escalas más pequeñas, se emplean para separar partículas de hierro de otros elementos no-magnéticos, en amplificadores de ondas, armaduras de dínamos y botellas de Leyden, campanillas, zumbadores, corta-circuitos, pulsadores, altoparlantes, circuitos de audio y video, transformadores, dispositivos electrónicos de telecomunicación, etc. Sus aplicaciones se han extendido también a la medicina y la cirugía convencional, donde se emplean para extraer astillas de metales ferrosos de los globos oculares y otras partes delicadas del cuerpo.

Los imanes permanentes, como su nombre lo indica, se magnetizan en forma invariable, y por única vez, mediante una corriente eléctrica, y se utilizan sin necesidad de nuevas cargas, toda vez que se requiera su aplicación. Si se los conserva adecuadamente, con un trozo de metal ferromagnético (preservador) uniendo ambos polos de su estructura, su magnetismo permanece inalterable durante muchos años. Sin embargo, en caso de no tomarse esa precaución, su potencia puede disminuir al cabo de cierto tiempo -digamos algunos años-, aunque siempre queda la posibilidad de volver a magnetizarlos, y restaurarles la potencia perdida. Recargándolos cada 5 o 6 años, la vida útil de un imán puede estimarse en un siglo, o quizás más.

Diferencias de formas, tamaños, diseños y potencias

Los imanes permanentes pueden construirse de distintas formas, tamaños y diseños, pero su potencia magnética, o poder de atracción depende fundamentalmente de la proporción, la cantidad y la calidad de las diferentes aleaciones metálicas que se hayan utilizado en su construcción.

A continuación veremos las formas y diseños más frecuentes, aunque los tamaños varían de acuerdo con los requerimientos de las aplicaciones para las cuales fueron construidos.

1. Barras
2. Cilindros sólidos
3. Cilindros perforados
4. Anillos
5. Rectangulares, con perforaciones y sin éstas
6. Portaherramientas
7. Arco o "medialuna"
8. Forma de "U"
9. Herraduras
10. Cuadrados, con perforaciones y sin éstas
11. Semiesferas o copas huecas

Las formas y diseños mencionados sólo son los ejemplos más comunes de imanes manufacturados en serie, pero en realidad, los imanes permanentes pueden confeccionarse en cualquier medida y bajo cualquier especificación que el usuario requiera, de acuerdo con sus necesidades, en todo tipo de tamaño, forma y potencia.

Si bien la mayoría de los imanes permanentes se fabrican para fines industriales, comerciales o didácticos, algunos de ellos pueden adaptarse también para fines terapéuticos, aunque por lo general su potencia es demasiado baja, y por lo tanto no resultan del todo apropiados para ciertos tratamientos [1].

Con respecto a los usos industriales, los imanes pueden ir sujetos a distintas partes de las máquinas, o encerrados dentro de estructuras metálicas especiales, con lo cual su potencia magnética se incrementa muchas veces. Un ejemplo de este último tipo de aplicación es la unidad magnética sellada que se emplea en los altavoces, en la parte posterior del parlante, y que hace vibrar el cono de éste. Este mismo conjunto, con algunas variantes, se utiliza en muchos otros dispositivos electrónicos, especialmente en equipos de audio y video.

Clasificación de los materiales magnéticos

Existe un vasto espectro de materiales magnéticos con los que pueden fabricarse imanes, y que difieren entre ellos en cuanto a la naturaleza de sus elementos y su composición. Cada uno de estos componentes posee sus propias características y propiedades, que consecuentemente determinan su aplicación óptima.

El elemento más utilizado para la fabricación de imanes es una aleación denominada Alnico, compuesta por aluminio, níquel, hierro y cobalto; este último es el más costoso de sus componentes, mientras el hierro es el más económico. Ahora bien; considerando que las investigaciones industriales han tendido siempre a abaratar costos, a la vez que a encontrar materiales magnéticamente más estables, las aleaciones de Alnico varían ligeramente en la proporción de sus componentes; algunas de las variantes más comunes son:

Elemento	Alnico básico	Alnico II	Alnico III	Alnico V
Aluminio (Al)	18%	10%	12%	8%
Níquel (Ni)	—	20%	24%	14%
Cobalto (Co)	12%	12%	—	24%
Cobre (Cu)	6%	6%	3%	3%
Hierro (Fe)	64%	52%	61%	51%

Las diferentes aleaciones metálicas con que se fabrican los imanes se conocen genéricamente como materiales magnéticos, o sustancias magnéti-

[1] **N. del T.**: Basado en su larga experiencia, el autor ha diseñado algunos imanes específicos para el tratamiento de ciertas enfermedades crónicas, que se muestran en uno de los apéndices al final de este libro.

cas, y pueden separarse, a grandes rasgos, en tres categorías primarias: a) ferromagnéticas; b) paramagnéticas y c) diamagnéticas, cuyas características son las siguientes:

a) ***Ferromagnéticas***. Estas sustancias llegan a adquirir valores muy elevados de permeabilidad magnética, y por lo tanto son capaces de un alto grado de magnetización. En este grupo se incluyen los metales que se ha comprobado que son atraídos por los imanes o campos magnéticos, entre los que se cuentan el hierro (Fe), el acero (Fe+C), el níquel (Ni) y el cobalto (Co). La diferencia entre las propiedades del hierro y el acero, es que el hierro dulce tiene mucha más retentividad que el acero, pero mucha menos coercitividad; en otras palabras, el acero retiene su magnetismo por un período más largo, mientras que el hierro lo pierde fácilmente. Como consecuencia, el hierro dulce se utiliza con mayor frecuencia en los electromagnetos, mientras que el acero responde mejor en los imanes permanentes.

b) ***Paramagnéticas***. Este grupo está integrado por materiales que son sólo débilmente atraídos cuando se encuentran dentro de un campo magnético. En un campo no-uniforme, las sustancias paramagnéticas experimentan una fuerza de atracción orientada hacia la parte de mayor densidad de líneas, es decir la zona más potente. Entre las sustancias paramagnéticas se incluyen el aluminio (Al), cromo (Cr), sulfato de cobre (SO_4Cu), manganeso (Mn), paladio (Pa), platino (Pt), Potasio (K) y Tungsteno o Wolframio (W).

c) ***Diamagnéticas***. Incluyen las sustancias que no son atraídas por los imanes, muestran una tendencia a desplazarse hacia los puntos menos densos de los campos magnéticos, y se caracterizan por una susceptibilidad negativa. A este grupo pertenecen el antimonio (Sb), bismuto (Bi), Cobre (Cu), Diamante (C), oro (Au), mercurio (Hg), plata (Ag), azufre (S), estaño (Sn) y zinc (Zn).
También la mayoría de los gases y líquidos están incluidos entre las sustancias diamagnéticas, aunque el aire (N+O+gases raros) y el oxígeno (O) se agrupan entre los paramagnéticos. Son ejemplos diamagnéticos el alcohol (C+H+O+N), hidrógeno (H), nitrógeno (N) y agua (H_2O).

Con respecto a sus aplicaciones, los imanes permanentes de aleaciones ferromagnéticas se utilizan con fines tan disímiles como cerrojos automáticos, extractores de aire, serpentinas de filtros, parlantes, generadores y separadores magnéticos, instrumentos de medición, radios, molinos azucareros, teléfonos, receptores de televisión, juguetes motorizados, etcétera.

Imanes cerámicos

Existe un tipo especial de imanes permanentes, denominados genéricamente cerámicos; estos imanes están construidos con compuestos en los que intervienen ciertos óxidos ferrosos (FeO_2) y de bario (Ba) o estroncio (Sr), mezclados con elementos aditivos para mantenerlos unidos, que varían sensiblemente de un fabricante a otro. Sus aplicaciones principales son:

a) ***Comunicaciones***: parlantes, micrófonos, campanillas, inductores, receptores, etcétera.

b) ***Equipos eléctricos***: dínamos, motores (pequeños) de corriente continua, instrumentos de medición, propulsores para juguetes, etcétera.

c) ***Electrónica***: calculadoras, computadores, tabuladores.

d) ***Transportes***: Auto-estéreos y radios, motores de aviación, dínamos y alternadores para automóviles, magnetos para motocicletas y ciclomotores.

e) ***Aplicaciones varias***: cerrojos de porteros eléctricos, portaherramientas, juegos y separadores magnéticos, materiales plásticos y artículos de escritorio.

Las ventajas de los imanes cerámicos sobre los metálicos son varias y notorias:

a) Una fuerza coercitiva considerablemente mayor, y retención del magnetismo durante períodos más largos.

b) Elevada estabilidad frente a campos demagnetizadores y cambios de temperatura.

c) Peso de aproximadamente un 60% con respecto a los imanes metálicos corrientes.

d) Costos más reducidos.

e) No requieren preservadores para conservar su magnetismo durante largo tiempo.

Como contrapartida, es preciso decir que los imanes cerámicos o de ferrite se quiebran fácilmente si se golpean, lo que exige manipularlos con sumo cuidado para evitar astillarlos contra bordes o esquinas agudas.

Todos los tipos de imanes -ya sean electromagnetos o permanentes, metálicos o cerámicos- se manufacturan y comercializan con fines casi exclusivamente industriales, y existen muy pocas compañías (una sola en Bombay, llamada Permanent Magnets Ltd.) que fabriquen imanes con propósitos terapéuticos. A diferencia de los imanes industriales, que se comercializan sin ningún tipo de marcas y sin magnetizar, los imanes curativos se diseñan de formas y tamaños diferentes, se venden previamente magnetizados, y sus polos se identifican con una marca roja o N para el norte, y azul o S para el sur.

Polos magnéticos y magnetización

Una vez que han recibido la forma, el tamaño y el diseño requerido, los materiales magnéticos deben ser magnetizados antes de convertirse en verdaderos imanes. Para ello, si bien el proceso de magnetización siempre depende de la corriente eléctrica para llevarlo a cabo, en la actualidad el sistema más difundido es el paso de la pieza -metálica, cerámica o de ferrite- por máquinas electromagnetizadoras especialmente diseñadas para proporcionar al imán un campo más parejo y poderoso. Mediante este proceso, las piezas, sea cual sea su forma y tamaño, adquieren en pocos segundos una polaridad Norte en uno de sus extremos o lados, y la correspondiente polaridad sur en el opuesto.

Leyes del magnetismo

Numerosas experiencias y ensayos sobre magnetismo han conducido a la formulación de los siguientes **principios básicos del magnetismo**:

1) **Polos opuestos se atraen y polos iguales se repelen**. Esta es una regla universal, y puede comprobarse fácilmente, acercando alternativamente uno de los polos marcados de un imán a cada uno de los dos de otro

2) **Equivalencia en la cantidad de polos**. Dado que las moléculas de los estratos magnetizados de una sustancia están ordenadas en líneas, existe la misma cantidad de polos a un lado de la zona neutra como al otro. Los pares de polos de distinto signo son, por lo tanto, opuestos, y equivalentes en potencia; en otras palabras, la fuerza de atracción en cada uno de los extremos de un imán es siempre igual en magnitud, pero de naturaleza opuesta.

3) **Inseparabilidad de los polos**. Cada pieza de material magnetizado posee dos polos diferentes, uno en cada extremo de aquélla. Si se secciona una barra imantada, por ejemplo, en dos partes, cada una de esas partes se transforma en un imán independiente, con dos polos como la pieza original, y así sucesivamente, tantas veces como se las subdivida.

4) **Retención de la magnetización**. Los imanes con forma de barra retienen su magnetismo en proporción directa a su longitud, gracias a la menor acción demagnetizadora de los polos sobre sí mismos. Los imanes de forma de herradura y "U" retienen su magnetización más que los de barra, y los diseñados en anillos, con piezas polares de mayor tamaño, y encerrados en cajas metálicas redondas o cuadradas, la conservan más aún, y aumentan su potencia.

5) **Demagnetización y remagnetización**. Cuando un imán es sometido a un manipuleo rudo (tal como martillarlo, calentarlo o torcerlo), su potencia disminuye, ya que ese tipo de tratamiento altera el ordenamiento lineal de sus moléculas. No obstante, los imanes demagnetizados pueden remagnetizarse, o recargarse, y así recuperar su potencia perdida.

6) **Mantenimiento.** A fin de evitar la demagnetización automática debida a los efectos de los polos libres, los imanes pueden guardarse en contacto por pares, con los extremos de sendas planchuelas de hierro dulce conectando sus extremos. Estas planchuelas se conocen como "preservadores", y su función consiste en cerrar el circuito magnético, y de esa forma no dejar polos libres que puedan perder su potencia.

Fuerza de atracción, o potencia magnética

Si bien cuando se realizan experiencias terapéuticas conviene medir la potencia magnética de los imanes con absoluta precisión, mediante un medidor de gauss (llamado también gaussómetro), que es un instrumento relativamente costoso, por lo que generalmente se estima su poder de atracción en función de su capacidad de levantar pesas de hierro. Para dar una idea aproximada de la relación entre ambas mediciones, podemos decir que un imán de herradura, de los que se venden como juguetes para niños (aunque puede usarse para aliviar los dolores dentales), tiene una potencia efectiva de 300 gauss. Personalmente, utilizo imanes de hasta 3.000 gauss de potencia, para tratar ciertas enfermedades crónicas.

A pesar de que los primeros imanes artificiales permanentes fueron fabricados en forma de barra, la ubicación relativamente separada de los polos, uno a cada extremo opuesto de la barra, limitaba considerablemente la fuerza de atracción, por lo que pronto se comenzaron a diseñar imanes en forma de "U" y de herradura, de forma de acortar la distancia entre polos. Estos formatos mostraron una potencia magnética notablemente mayor, y podían levantar pesos muy superiores, pero aún subsistía una separación entre ambos polos, que disminuía -aunque en menor grado- la potencia. Para eliminar definitivamente esta falencia, comenzaron a experimentarse nuevas formas, entre ellas los anillos y cilindros sólidos, que evitaban toda separación entre los polos, llevando así al máximo la capacidad de atracción.

Otras cualidades

En su libro "***Magnets and Magnetic Fields, or Healing by magnets***" (Imanes y campos magnéticos, o La curación por imanes), el Dr. A. K. Bhattacharya, de Naihati, West Bengala, afirma que "*un imán constituye un universo en miniatura, ya que en esa diminuta estructura pueden encontrarse todas la fuerzas que operan en el Universo real*". A lo largo de su trabajo, Bhattacharya describe innumerables cualidades y características inherentes a los imanes, y demuestra las diferentes propiedades que cada polo posee por sí mismo. En líneas generales, las características y propiedades han sido experimentadas y descritas en función de imanes de barra, pero pueden generalizarse a todo tipo de formato; los rasgos distintivos más destacados, agrupados por su autor en forma tabular, son los siguientes:

Rasgo	Polo Norte	Polo Sur	Zona Intermedia
Magnetismo	Atracción	Repulsión	Neutro
Característica	Positivo	Negativo	Neutro
Efectos	Frío	Calor	Neutro
General	Amor	Odio	Indiferencia
Atomicidad	Protón	Electrón	Neutrón
Planetas	Mercurio, Venus, la Luna	El Sol, Marte	Júpiter, Saturno
Elementos	Tierra, agua	Fuego	Aire, éter
Colores cósmicos	Verde, índigo, Naranja	Rojo, amarillo	Azul, violeta

Hasta el momento, la ciencia aún no ha podido determinar claramente la fuente permanente de energía de un imán, pero resulta asombroso analizar la forma en que los polos de una pieza metálica sin ningún tipo de vida pueden reconocer la amistad o enemistad de otros polos y adoptar un comportamiento infalible respecto a cada uno de ellos. Esto demuestra que la capacidad de reconocimiento inherente a todo imán es de carácter divino en su naturaleza.

Y es a causa del conjunto de todas estas propiedades que muchos reyes y reinas de la antigüedad acostumbraban llevar imanes en contacto con sus cuerpos: creían que usándolos, su divina fuerza mantendría su aliento vital, contrarrestaría el paso de los años, acrecentaría su belleza y evitaría a quien lo llevara un sinnúmero de enfermedades y problemas.

Parte IV

Capítulo 10 - Técnicas de aplicación de imanes
Capítulo 11 - Agua magnetizada

Capítulo 10

Técnicas de aplicación de imanes

Polos distintos provocan efectos diferentes

El uso terapéutico de los imanes se orienta básicamente hacia un aporte a la curación natural del cuerpo, y su aplicación médica tiende a restaurar en el organismo sus parámetros normales de salud. El tratamiento mediante imanes ejerce sus influencias principales a través del sistema circulatorio, aunque sus efectos abarcan también otros sistemas, como el digestivo, nervioso, respiratorio, urinario, etc.; también se aplica en medicina geriátrica, pediátrica y ginecológica. Existen diversos métodos de aplicación de imanes en distintas partes del cuerpo, para la curación de diferentes enfermedades, de los cuales en este capítulo analizaremos los más importantes.

La antigua literatura demuestra que ya las civilizaciones más remotas, como la china, egipcia y otras, utilizaron los imanes con fines curativos, aunque aquellos primeros magnetoterapeutas empíricos nunca pudieron explicarse cabalmente por qué los imanes no surtían efecto alguno en ciertas ocasiones, e incluso provocaban reacciones adversas en otras. Largas y penosas experiencias, aplicando polos e imanes diferentes en distintos pacientes, fueron necesarias para comprobar que los dos polos de un imán no actúan de la misma forma, ni tienen idénticas propiedades, características o efectos, cuando se los coloca en contacto físico con el cuerpo humano.

El polo norte, por ejemplo, propicia una acción de retardo, controla las infecciones bacteriales y el pus, y neutraliza -e incluso elimina- las células cancerosas. También alivia los efectos de pústulas y forúnculos, llagas, heridas y tumores cutáneos, etcétera.

El polo sur, por su parte, irradia potencia, proporciona calor y fuerza a la zona afectada, reduce la inflamación y alivia el dolor corporal. La falta de eficacia, o los efectos adversos notados por los antiguos científicos pueden haberse debido a la aplicación de imanes de baja potencia, períodos demasiado cortos o demasiado largos, o la elección de polos incorrectos para una afección determinada.

El magnetismo, independientemente de la manera en que se lo enfoque, es una forma de energía, y afecta igualmente a toda la humanidad, los animales, las plantas, y cualquier otro sistema viviente sobre la tierra. Las investigaciones efectuadas a este respecto demostraron que el magnetismo puede constituir un invalorable instrumento en manos de muchas profesiones, no sólo para contribuir al mejoramiento humano, neutralizando, controlando y erradicando diversas afecciones, mejorando la actitud mental, etcétera, sino también alterando y renovando todos los conceptos médicos conocidos sobre la curación de las enfermedades.

Modalidades de aplicación

Una de las teorías más difundidas entre los médicos e investigadores actuales, la teoría unipolar, propicia la aplicación de un único polo a la vez, aunque en ocasiones sugieren la aplicación del polo norte durante 10 minutos, e inmediatamente después el polo sur por el mismo tiempo, como se hace habitualmente con los contrastes entre calor y frío en Naturoterapia. El principio adoptado en este trabajo, sin embargo, auspicia el uso de un polo único solamente cuando la enfermedad se encuentra circunscripta a una región pequeña del cuerpo, y el uso de ambos polos cuando la enfermedad abarca una zona más amplia del organismo. La teoría de los polos únicos es una teoría relativamente antigua, mientras que las últimas experiencias parecen demostrar la mayor eficacia de las aplicaciones bipolares durante los tratamientos magnéticos.

Algunas técnicas unipolares

Uno de los defensores de la teoría unipolar, el Dr. Albert Roy Davis, de los Estados Unidos de Norteamérica, generalmente utiliza un imán de barra de 15 x 5 x 1,25 cm para el tratamiento de la mayoría de las enfermedades. A continuación resumiremos algunos de los casos enumerados por él en su libro "The Anatomy of Biomagnetism" (La anatomía del biomagnetismo):

Polo Norte (P.N.)

1) **Artritis**. La aplicación del P.N. disuelve paulatinamente las calcificaciones acumuladas en las articulaciones.
2) **Hemorragias**. Post-parto, o causadas por la debilidad de alguno de los órganos femeninos.
3) **Hemorragias externas**. Provocadas por heridas, cortes o raspaduras.
4) **Pústulas, forúnculos y cánceres**.

5) **Fracturas de huesos y articulaciones**. El Polo Sur (P.S.) sobre la porción superior, y el P.N. sobre la inferior aseguran un tratamiento óptimo.
6) **Quemaduras**. El P.N. sobre la porción quemada; una vez que disminuye el dolor, se cambia por el P.S. para fortalecer los tejidos y acelerar el crecimiento de tejido nuevo sobre la zona quemada.
7) **Hipertensión**. El P.N. bajo la oreja derecha, sobre la arteria.
8) **Infecciones, pus o supuraciones debidas a cualquier infección**. (El P.N. las contrarresta mientras la naturaleza las cura).
9) **Infección o cálculos renales**. (En algunos casos puede incluso recuperarse el funcionamiento de riñones parcialmente perdidos).
10) **Luxaciones y esguinces**. En la columna, tobillos, caderas, pies, piernas, etcétera.
11) **Dientes y encías**. Piezas dentales deterioradas, infecciones en las encías, inflamaciones, depósitos de pus, etcétera.
12) **Dolores de dientes y muelas**, con mal aliento, hemorragias y heridas.

Polo Sur (P.S.)

1) Todo tipo de dolores, rigidez y debilidad en los miembros delanteros, brazos, piernas, hombros, caderas, etc. El P.S. estimula y fortalece la vitalidad de los miembros.
2) El P.S. excita los impulsos vitales en todas sus formas, pero también agrava las infecciones.
3) Digestión deficiente, formación de gases. Provocados por una acidez estomacal excesiva.
4) Deficitaria producción de insulina.
5) Dilatación de la próstata. (Se incrementa la descarga de fluidos. Se requiere la administración de agua magnetizada (A.M.) cada 2 horas o menos).
6) Recoloración del cabello. El P.S. restaura el cabello a su color original en algunos casos, limitados a personas con buena salud. Una aplicación de 30 minutos en el momento de irse a la cama proporciona excelentes resultados.
7) Afecciones cardíacas. En primer lugar, es preciso asegurarse cuál es la verdadera causa, ya que existen diversas dolencias. Aplíquese P.S. en casos de corazones y músculos cardíacos débiles, soplos y reducción del ritmo cardíaco.
8) Neuralgias (Jaquecas). Deben investigarse las causas y aplicar el tratamiento adecuado. El P.S. puede aliviarlas si se aplica también debajo del lado izquierdo del estómago. (Se debe recomendar A.M. y dieta).

9) Debilidad muscular. Aplicaciones de P.S. durante 10 minutos por la mañana, y nuevamente el mismo tiempo por la tarde.
10) Debilidad al caminar. Idem que el punto 9) durante una semana o 10 días.

En su libro, el Dr. Davis proporciona algunos datos sobre el desarrollo de la magnetoterapia en Rusia y los Estados Unidos, afirmando que: "*...si la examinamos cuidadosamente, descubriremos que la magnetoterapia es una forma de estimular el sistema vital, mediante el uso de dos formas de energía separadas y diferentes: los dos polos del imán. De esta forma, podremos comprender mejor el efecto de cada uno de los polos del biomagneto, y los resultados combinados de ambos cuando se los aplica simultáneamente*".

De acuerdo con lo establecido en estas afirmaciones, y con el propósito de establecer una metodología más racional, en este trabajo hemos preferido adoptar el método de aplicar ambos polos a la vez, identificándolo bajo la denominación de "*tratamiento general acorde con la teoría bipolar*", que generalmente se lleva a cabo en dos formas:

a) local, y
b) general.

Tratamiento local

En esta modalidad, no es demasiado necesario recurrir a dos imanes, por ejemplo, para aplicar ambos polos simultáneamente. El polo elegido se aplica directamente sobre la parte afectada del cuerpo, junto a la piel, es decir en estrecho contacto con la piel desnuda -aunque también puede hacerse sobre una o dos capas de un género fino- sin ejercer presión alguna sobre el imán. El tratamiento local se recomienda particularmente cuando la dolencia o afección se encuentra localizada en una región específica del cuerpo; por ejemplo, en casos de forúnculos, parotiditis, inflamación de las amígdalas, o dolores provocados por heridas locales.

En el caso de enfermedades causadas por infecciones de origen bacterial, se debe aplicar el P.N., mientras que en caso de dolores o inflamaciones donde no se sospecha ninguna infección, se ha comprobado que resulta más recomendable el P.S. Esto demuestra la importancia de la selección del polo apropiado en los tratamientos magnéticos.

Tratamiento general

Se administra en aquellos casos de enfermedades que no se localizan en ninguna parte específica del organismo, sino que se extienden a áreas mayores, ocupando gran parte del cuerpo, o cubriéndolo por completo. Este tipo de tratamientos requiere la aplicación de dos polos distintos de otros tantos imanes de forma, tamaño y potencia similar.

Los lineamientos básicos para la aplicación de un tratamiento general son los siguientes: *si la enfermedad se radica en la mitad superior del cuerpo*, es decir, en las zonas por encima del ombligo, *los dos imanes deben colocarse en las palmas de ambas manos del paciente*; si por el contrario, la mayor parte de la enfermedad *se localiza en la mitad inferior* (por debajo del ombligo), *los imanes deberán ubicarse bajo las plantas de ambos pies*. En el caso de *enfermedades dispersas por todo el organismo*, el tratamiento puede administrarse *alternativamente en las palmas y bajo las plantas de los pies*, cambiando la aplicación día por medio, es decir un día en las manos, y otro día en los pies, o a la mañana en un punto, y a la tarde en el otro, si el tratamiento requiere dos aplicaciones diarias. Como punto complementario, el polo norte debe aplicarse en la mano o el pie derecho, y el sur en el miembro contrario.

La razón para esta distribución de los imanes reside en que la capacidad de tonificar y equilibrar el sistema vital del hombre radica precisamente en las palmas de las manos y en las plantas de los pies, haciendo de ellas la sede de la salud humana. Quizás resulte algo difícil comprender esta afirmación, pero la experiencia ha demostrado que ésa es la forma en que trabaja nuestro organismo.

El propósito primordial de este libro es ayudar al hombre común a recuperar y disfrutar de su salud por medios naturales; enseñarle a aliviarse de sus dolencias más frecuentes, y a acrecentar su bienestar. Por supuesto, nada más lejos de nuestra intención que incitar a cualquier lector a tratar a gente gravemente enferma, pero sí a procurar ayudar a quienes lo rodean para que aprendan a regular los distintos sistemas vitales que operan en sus cuerpos, mejorando consecuentemente su salud.

El cuerpo humano constituye una estructura maravillosa, con cada una de sus partes estrechamente conectada con las demás, directa o indirectamente, por medio de los sistemas circulatorio y nervioso.

Las extremidades del cuerpo, fundamentalmente manos y pies, poseen infinidad de "reflejos", distribuidos en distintas regiones de sus anatomías, que las ligan íntimamente con gran cantidad de órganos vitales de nuestro cuerpo. Si bien tanto la palma como el dorso de las manos poseen reflejos diferentes, todos ellos relacionados con distintas funciones del organismo, los reflejos de la palma se encuentran asociados a órganos más importantes, y lo mismo sucede con la planta y el empeine de los pies. Es por esta razón que se utilizan estos sectores como receptores de los tratamientos magnéticos generales, ya que de esa forma sus efectos alcanzan sin dificultades todos los puntos requeridos, por medio de las adecuadas conexiones internas.

Electricidad y magnetismo

Es un tema universalmente conocido que la electricidad y el magnetismo están estrechamente relacionados, como lo prueba el hecho de que exista un flujo magnético alrededor de los cables eléctricos, y que el magnetismo pueda producir electricidad -y viceversa- bajo ciertas condiciones; por lo tanto, ambos fenómenos están tan íntimamente interrelacionados, que no pueden desligarse uno de otro para su estudio.

Electropatía y magnetoterapia

En electricidad existen dos tipos de corrientes: positiva y negativa, mientras que, análogamente, en magnetismo podemos encontrar dos polos: norte y sur. Más aún; los dos tipos de corriente eléctrica se corresponden con las polaridades magnéticas, por lo que cualquier aplicación que pueda tener la corriente positiva en electricidad o electropatía, tiene su correlación con el polo norte en magnetoterapia; de la misma forma, toda aplicación de una corriente negativa, tiene su similar en el polo sur magnético, y viceversa.

En vista de esto, podemos deducir que la magnetoterapia trabaja sobre principios similares a la electropatía, es decir que los métodos aplicados por la última de estas ciencias tienen validez para la primera, aunque con ciertas modificaciones.

Técnicas de Guías Normalizadas para ECG

Las partes del cuerpo normalmente utilizadas para un electrocardiograma son las dos manos y la pierna (o el pie) izquierdo; estos miembros pueden combinarse en una de tres asociaciones distintas, cada una de las cuales se denomina "Guía". A su vez, cada una de estas "Guías normalizadas" utiliza dos electrodos, por lo que un ECG estándar es una combinación de dos trazos.

La guía I está compuesta por un trazado gráfico generado eléctricamente por la combinación de los impulsos transmitidos por los electrodos del brazo izquierdo y el derecho; la Guía II surge de los electrodos del brazo derecho y la pierna izquierda, y la Guía III de la pierna izquierda y el brazo del mismo lado. Ocasionalmente se ha intentado el uso de una cuarta Guía, denominada "Guía de tórax", cuyas lecturas se tomaban en diferentes partes del cuerpo, pero el procedimiento no arrojó resultados satisfactorios, así que las Guías de uso corriente son la I, II y III.

Figura 1

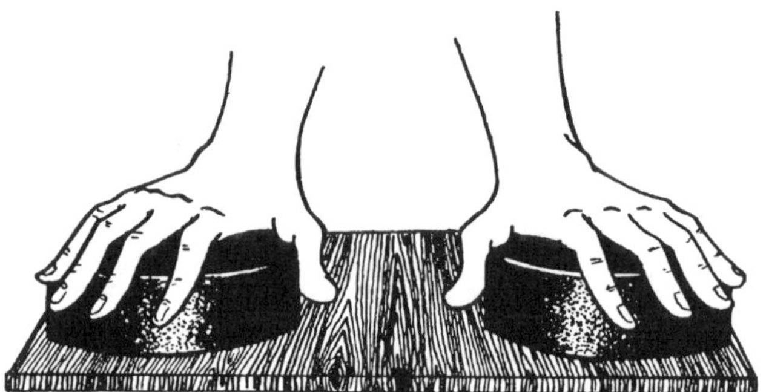

Método I: Polo Norte bajo la palma de la mano derecha y Polo Sur bajo la de la izquierda. Utilizado para el tratamiento de enfermedades de la parte superior del cuerpo, de la cintura para arriba, como artritis de las manos, artrosis de los hombros y codos, etcétera.

Un electrocardiograma grafica la representación de las fuerzas eléctricas generadas por el corazón. La aplicación de imanes, por su parte, opera a través de la sangre, y por su intermedio, actúa sobre el corazón. Si analizamos la aplicación de imanes en magnetoterapia, podemos ver que se utilizan las tres disposiciones de las Guías ECG, más dos métodos más. Los métodos adicionales son a) mano derecha/pie derecho, y b) pie derecho/pie izquierdo. De esta forma, los métodos principales de aplicación de imanes en los tratamientos generales llegan a cinco, descartándose la inversa de la Guía II (mano izquierda/pie derecho), que no se utiliza en ninguna de las dos disciplinas, aunque en magnetoterapia no existe impedimento alguno en adoptarla, si algún caso especial lo requiere. La relación entre los métodos magnetoterapéuticos y las Guías ECG, así como la disposición de los polos magnéticos, durante la aplicación del tratamiento general acorde con la teoría bipolar, son los siguientes:

Los cinco métodos de aplicación de imanes

Magnetoterapia		Electrocardiografía	
Nº de método	Polo del imán	Punto de aplicación	Guía ECG
I	norte	Mano derecha	I
	sur	Mano izquierda	
II	norte	Mano derecha	II
	sur	Pie izquierdo	
III	norte	Mano izquierda	III
	sur	Pie izquierdo	
IV	norte	Mano derecha	—
	sur	Pie derecho	
V	norte	Pie derecho	—
	sur	Pie izquierdo	

Aplicación lateral de los imanes

Además de los cinco métodos arriba mencionados, existen tres principios más para las aplicaciones magnetoterapéuticas.

Como hemos visto en el capítulo 3, el cuerpo humano se comporta en forma muy similar a un imán, y se considera que posee lados magnéticos; de acuerdo con este punto de vista, podemos establecer los tres principios: 1) el polo norte de los imanes debe colocarse sobre el costado derecho, y el polo sur sobre el costado izquierdo; 2) el polo norte debe ir sobre la mitad superior y el polo sur sobre la mitad inferior; 3) el polo norte sobre la parte del frente, y el sur sobre la parte dorsal.

Todas las reglas enunciadas hasta aquí están elaboradas para ser utilizadas como una orientación general para los practicantes del método, pero solamente como punto de partida para iniciar sus propias experiencias personales, de acuerdo con el caso que se está tratando, y pueden modificarse en función de los requerimientos del momento. De acuerdo con esto, el método de tratamiento debe elegirse para cada paciente en particular, adaptando las reglas mencionadas para ubicar los polos norte y sur según los lineamientos generales.

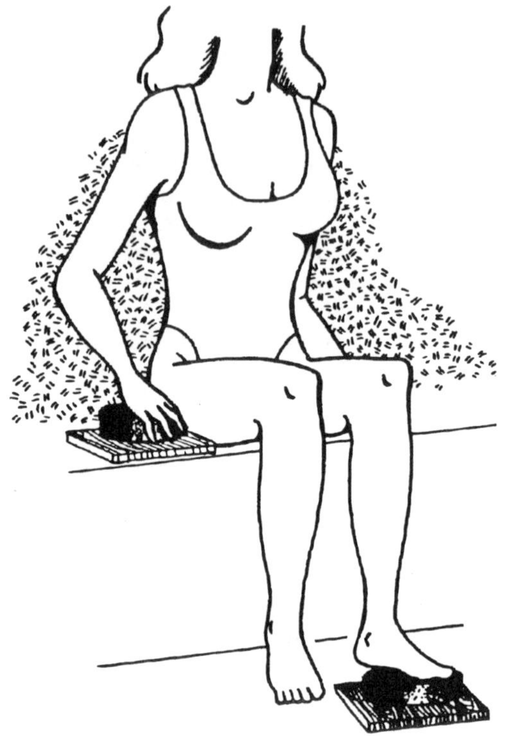

Figura 2

Método II. Polo Norte bajo la palma de la mano derecha, y Polo Sur bajo la palma del pie izquierdo. Esta aplicación diagonal beneficia el hígado, bazo, páncreas, estómago o intestinos, ejerce un efecto regulador sobre el aparato digestivo y cura gastritis, úlceras, y otros problemas intestinales crónicos y agudos.

Figura 3

Método III. Polo Norte bajo la palma de la mano izquierda, y Polo Sur bajo la planta del pie del mismo lado. Para el tratamiento de enfermedades lateralizadas sobre la izquierda, como ciertas parálisis, polio, dolores varios sobre ese lado, debilidad general, etcétera.

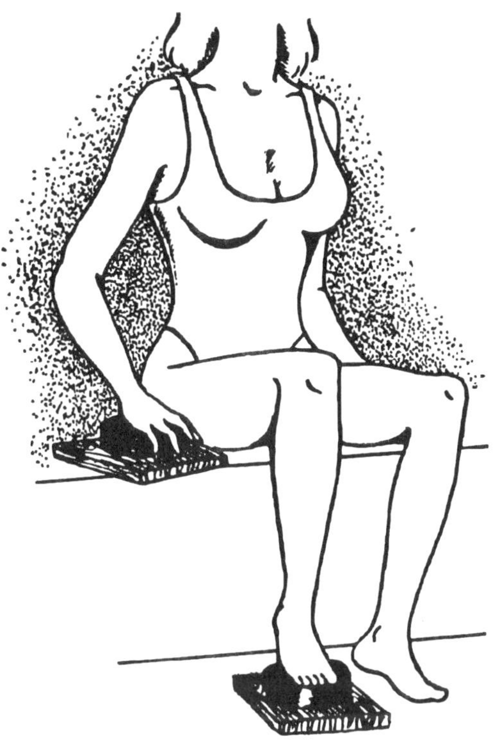

Figura 4

Método IV. Polo Norte bajo la palma derecha y Polo Sur bajo la planta del pie derecho. Se usa para el tratamiento de enfermedades lateralizadas sobre la derecha, como parálisis, polio, hemiplejias, etc., y se altera con el Método III en casos de debilidad general.

Figura 5

Método V. Polo Norte bajo la planta del pie derecho y Polo Sur bajo la del izquierdo. Se aplica en dolencias de la parte inferior del cuerpo (bajo abdomen, aparato genital, piernas, tobillos y pies). Entre estas dolencias pueden contarse la gota, circulación irregular o escasa en las piernas, calambres, esguinces, luxaciones, etc.

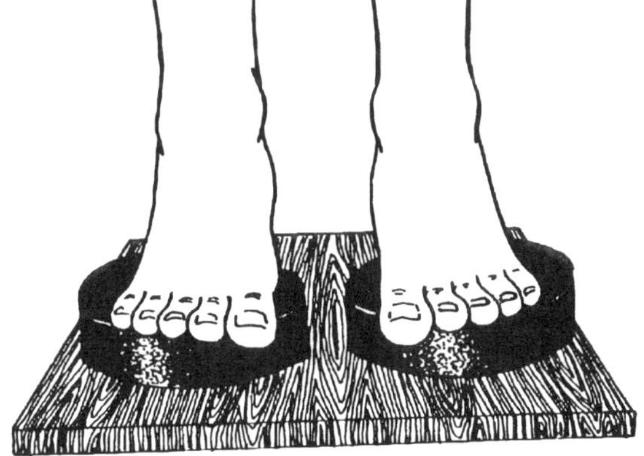

Por lo tanto, en caso de elegirse el método I, por ejemplo, debe ubicarse el polo norte a la palma derecha y el sur a la izquierda; si el elegido es el método II, el polo norte corresponde a la mano derecha y el sur a la planta del pie izquierdo, y así sucesivamente.

Resumiendo: sin medicinas, sin inyecciones, sin agujas, sin presiones, sin masajes, sin nada; simplemente ubicar las palmas o las plantas de los pies sobre los imanes, durante unos pocos minutos, y dejar que la naturaleza cumpla su función.

Técnicas de contacto con los imanes

Cuando se debe administrar un tratamiento mediante los métodos revisados anteriormente, es preciso utilizar dos imanes redondos, uno de ellos con su polo norte en el centro, y otro con su polo sur en ese lugar. Otros accesorios importantes son: un banco, silla o taburete de madera, y una tabla del mismo material, de alrededor de 1 pulgada (2,5 cm) de espesor, suficientemente grande como para que quepan ambos pies en ella.

Para aplicar el tratamiento por el método I, el paciente debe sentarse en el banco o taburete de madera, y colocar el imán que posee el polo norte en el centro frente a él, ligeramente desplazado hacia su costado derecho (puede ser sobre una mesa, pero debe ser de madera o tener una tabla sobre ella), y el restante en una posición simétrica con el eje del cuerpo, pero hacia la izquierda. A continuación, asegurándose de tener sus pies sobre la tabla de madera, apoyará su mano derecha sobre el imán de ese lado (polo norte en el centro), y su mano izquierda sobre el otro (polo sur en el centro). No será necesario ejercer ninguna presión sobre ellos; el simple contacto será suficiente, siempre que no se interrumpa durante la sesión; éste será el procedimiento a seguir en todo método en que se deban aplicar imanes en las manos.

Cuando se requiera la aplicación de imanes en los pies (como en el método V, por ejemplo), éste o éstos deberán colocarse sobre la tabla de madera, y luego posar sobre ellos la porción delantera de la(s) planta(s) del(los) pies.

Tanto en las aplicaciones en las manos como en los pies, deberán respetarse siempre las relaciones entre los polos centrales de los imanes, y la orientación de las polaridades del cuerpo (norte: mitad superior, costado derecho, frente, y sur: mitad inferior, costado izquierdo, dorso). Las figuras I a V ilustran los respectivos métodos de aplicación.

Algunas pruebas simples para percibir la fuerza magnética

Quizás algunos lectores duden de la posibilidad de que la fuerza magnética pueda pasar a través del cuerpo, ingresando por la mano o el pie que se encuentra en contacto con el imán; la siguiente prueba, sencilla y rápida de realizar, convencerá definitivamente a todo aquél que la haga:

Apoye la palma de su mano sobre un electromagneto, o un imán permanente de bastante potencia, y coloque algunos alfileres pequeños o limaduras de hierro sobre el dorso de aquélla; inmediatamente, las limaduras se adherirán entre sí, demostrando la continuidad del campo magnético a través de la palma, aunque la mano en sí no perciba ninguna señal de esa transmisión. Esto prueba que la fuerza magnética no sólo actúa sobre la palma y la mano, sino que también circula a través de ellas, y ejerce su efecto más allá de éstas; el magnetismo actúa en forma similar a través de las plantas de los pies.

Los campos magnéticos también atraviesan géneros, cristal, papel, goma, acero inoxidable, e incluso la madera. Esto puede comprobarse fácilmente mediante algunas pruebas similares a la efectuada sobre la mano:

a) Tome cualquier trozo de tejido de algodón, nylon, terylene o lana, coloque sobre él algunos alfileres, y pase un imán por debajo del género; los alfileres se adherirán entre sí, y se moverán sobre el tejido, siguiendo el desplazamiento del imán.

b) El mismo procedimiento puede efectuarse con una jarra de vidrio o de acero inoxidable, comprobando que los alfileres se mueven dentro de ella, siguiendo el recorrido del imán por el exterior, incluso subiendo por las paredes del recipiente. Si se desplazan más arriba del borde de la jarra, los alfileres salen de ella, adhiriéndose al imán.

c) Coloque algunos alfileres sobre una bolsa de agua caliente, o cualquier elemento plano de goma, y pase un imán por su cara inferior; al igual que en las pruebas anteriores, los alfileres se adherirán entre sí, y seguirán el desplazamiento del imán.

d) Algo similar sucede si efectuamos la misma prueba con una plancha de madera de unos 10mm de espesor; cabe destacar que en todos los casos se deberá utilizar un imán cuya potencia esté de acuerdo con el espesor del material utilizado, pero esto no se debe a la mayor o menor resistencia que pueda ejercer aquél, sino a la diferencia de separación de los alfileres con respecto al imán.

Todas estas pruebas sencillas demuestran fehacientemente que ninguno de los materiales mencionados intercepta las ondas magnéticas, sino que solamente debilitan la fuerza de atracción en función de la distancia objeto/imán.

En las aplicaciones terapéuticas, lo que en realidad sucede es que, al tocar los imanes con las palmas o las plantas de los pies, el efecto del magnetismo se extiende por todo el cuerpo hasta alcanzar la cabeza; esto se comprueba cuando el cuerpo se mantiene mucho tiempo en contacto con los imanes, ya que pueden producir cierta pesadez, jaquecas ligeras, bostezos, somnolencia, e incluso vértigo o mareos.

Los tratamientos magnéticos

Casi todas las enfermedades en las cuales aún no se han producido cambios o deterioros de los tejidos o de los órganos son susceptibles de mejoría mediante la magnetoterapia. En el Apéndice 1 el lector podrá encontrar una lista de 150 de las enfermedades más frecuentes, junto al método más indicado para su tratamiento, así como algunas características de cada enfermedad que puedan ayudar o acelerar su curación mediante esta disciplina.

Selección de los imanes

La forma, tamaño y diseño de los imanes utilizados en cada caso depende fundamentalmente de la conveniencia y la adaptabilidad a la zona específica del cuerpo donde deben ser aplicados. Existen partes del cuerpo a las que los imanes de gran tamaño no se ajustan adecuadamente, y otras en las que los imanes pequeños no resultan suficientes. Por ejemplo: si queremos aplicar un tratamiento local sobre un ojo, obviamente necesitaremos un imán pequeño, preferiblemente redondo, que pueda cubrir el ojo cerrado; un imán más grande no resultaría ni práctico ni recomendable para esta aplicación. Por otra parte, si el paciente sufre inflamación y dolores en una porción considerable del cuerpo, del tamaño de una mano, o aún mayor, un imán pequeño, como el que usaríamos para el ojo, quizás no resulte suficiente para el área afectada; en ese caso, un imán más grande, que pueda cubrir una superficie mayor de la zona dolorida, resultaría definitivamente más apropiado. Estos ejemplos demuestran que la utilización del mismo tipo de imán, con idéntica forma, tamaño y diseño, no resulta conveniente ni adecuada para su aplicación en distintas partes del cuerpo, ni para el tratamiento de enfermedades diferentes.

Algo parecido sucede con respecto a la potencia de los imanes; existen algunas zonas sumamente delicadas en el cuerpo humano -cerebro, ojos, corazón- donde no deben aplicarse imanes muy poderosos, ni dejar en contacto con ellas imanes de potencia media durante períodos demasiado prolongados. Como contrapartida, los imanes de bajo poder quizás no resulten suficientes para dolencias en zonas de músculos masivos o huesos grandes, como las caderas, los muslos, las rodillas, talones, etcétera.

Resumiendo, diremos que cuando se administra un tratamiento local, tanto la potencia, como la forma, el tamaño y el diseño de los imanes terapéuticos deben seleccionarse de acuerdo con la cronicidad y gravedad de la enfermedad, la parte del cuerpo afectada y la edad del paciente, así como su capacidad para resistir la intensidad de las emanaciones magnéticas. Conviene hacer extensivos estos conceptos a la selección de los imanes cuando se realizan tratamientos generales.

Cabe reiterar aquí que es la fuerza magnética la que alivia y cura las enfermedades, y no las dimensiones de los imanes; por lo tanto, en magnetoterapia puede utilizarse cualquier tipo de imán que haya sido diseñado para aplicaciones industriales, comerciales, médicas, o cualquier otro propósito, con una única condición: que responda a los requerimientos de forma, tamaño, diseño y potencia necesarios para su aplicación en la región afectada, y que resulte adecuado para la enfermedad a tratar.

Para finalizar este tema, diremos que la dirección hacia la cual se orienta un polo magnético ejerce una gran influencia sobre el esquema de líneas de fuerza que emanan de él. Cuando el polo norte de un imán, por ejemplo, se orienta hacia el Norte [1], de él emanan líneas de fuerzas paralelas y coheren-

[1] **N. del T.**: Para mayor claridad, cuando los términos "norte" y "sur" se refieren a los polos de los imanes, figuran con minúscula, mientras los puntos cardinales magnéticos aparecen con mayúscula.

tes, mientras que si se lo dirige hacia el sur, el este o el oeste, el esquema se distorsiona, y la cantidad de líneas de fuerza disminuye drásticamente. Lo mismo sucede en lo que respecta al polo sur.

La posición del paciente

Bajo la luz de los conceptos analizados en el Capítulo 3 (El efecto magnético de la Tierra sobre los seres humanos), vemos que la ubicación y la posición del paciente durante las terapias magnéticas cobran una importancia significativa. Bajo condiciones ideales, cuando se aplica un solo polo por vez (tratamiento unipolar, con un solo imán), el paciente debe sentarse de forma que el polo adosado al cuerpo quede orientado hacia su propio polo terrestre, es decir el norte hacia el Norte, y el sur hacia el Sur.

En el caso de los tratamientos generales bipolares con dos imanes simultáneos, el paciente debe sentarse mirando hacia el Oeste, de forma que su mano y su costado derecho se orienten hacia el Norte, y su mano y costado izquierdo hacia el Sur; en la práctica, los mismos imanes han demostrado mejores resultados, posiblemente porque en esta posición el magnetismo de los imanes se ve apoyado por el magnetismo terrestre.

Manifestaciones colaterales

Innumerables experiencias con tratamientos magnéticos han demostrado que la aplicación de imanes poderosos, en ocasiones genera algunas manifestaciones peculiares en ciertos pacientes. Algunos de ellos pueden sentir una ligera sensación de cosquilleo, como si una suave brisa, o invisibles olas estuvieran pasando sobre sus manos y pies. Otros experimentan leves calores, mareos, bostezos, somnolencia, una incipiente transpiración donde los imanes tocan su piel, o simplemente no manifiestan sensación alguna. Resulta difícil aventurar una explicación científica acerca de estas manifestaciones, pero lo que sí se sabe es que los tratamientos magnéticos funcionan, independientemente de que ellas se presenten o no.

Duración de las aplicaciones

En casos normales, la duración de los tratamientos magnéticos debe oscilar alrededor de los 10 minutos, una sola vez por día, pero en algunas dolencias crónicas, como la gota, parálisis, poliomielitis, reumatismo o artritis reumática, el tiempo de tratamiento puede aumentarse gradualmente, incluso hasta 30 minutos diarios, o a dos sesiones diarias de 15 a 20 minutos por vez. En casos pediátricos, sin embargo, el tiempo debe reducirse a no más de 5 minutos diarios, de acuerdo con la edad, el tipo de enfermedad, la zona de aplicación y la potencia de los imanes.

No existe un programa determinado, ni una duración límite para los tratamientos magnéticos; simplemente, deben continuar hasta que el paciente se encuentre definitivamente curado, y el tiempo transcurrido para ello puede variar considerablemente, dependiendo de la naturaleza de la enfermedad, la edad y estado físico del paciente, y la potencia de los imanes empleados.

La magnetoterapia corrige todos los desórdenes funcionales, aunque en algunas afecciones crónicas que han desafiado todos los tratamientos convencionales, y donde la enfermedad ha provocado modificaciones considerables en el organismo, el beneficio puede ser limitado, sobre todo cuando los cambios orgánicos ya se han establecido definitivamente.

Generalmente, los tratamientos magnéticos no provocan el agravamiento de ningún tipo de enfermedad, pero si a pesar de ello, algún dolor pareciera incrementarse durante las primeras etapas de las aplicaciones, esto puede deberse al hecho de que los imanes, en su proceso de eliminación del dolor, hacen que aflore desde las zonas internas del organismo, hacia la piel. En el improbable caso de presentarse, este incremento del dolor subsiste sólo por un corto tiempo, y no requiere ningún tratamiento complementario para contrarrestarlo.

Distintas tendencias en la aplicación de imanes

El Dr. Bhattacharya, ya mencionado anteriormente, comenta en su trabajo sobre "Magnetic Healing" (Curación magnética), que cuando se sostiene un poderoso imán de herradura en la mano izquierda, su campo magnético estimula el corazón, mientras que al sostenerlo en la derecha, el ritmo cardíaco disminuye. Bhattacharya menciona el caso específico de un paciente para demostrar su teoría, agregando que cuando la presión sanguínea es elevada, el funcionamiento del corazón puede ser retardado mediante un imán en la mano derecha, mientras que en casos de presión baja, debe colocarse en la mano izquierda, a fin de incrementar la actividad cardíaca.

El Dr. H. T. Bolakani ha diseñado un imán especial para ser usado en la muñeca izquierda, ante cualquier manifestación de cualquier enfermedad; el hecho de recomendar la mano izquierda surge de que se encuentra más cerca del corazón que la derecha. En su libro afirma haber aliviado o curado todos los casos de alta presión sanguínea que ha tratado por este método.

El Dr. R. S. Thacker, de Nueva Delhi, India, aconseja llevar a cabo el tratamiento contra la alta presión sanguínea mediante el método I, es decir aplicando un imán bajo cada palma; sin embargo, aclara que se debe tener cuidado de no utilizar potencias demasiado altas durante largos períodos, y recomienda aplicaciones de no más de cinco minutos diarios. Thacker basa este recomendación en que los imanes elevan la temperatura corporal, y que en los casos de hipertensión la temperatura ya está por encima de lo normal, y hay un aflujo excesivo de sangre al cerebro; sin embargo, para contrarrestar una eventual elevación excesiva de la temperatura sanguínea, basta con colocar una toalla mojada en la porción inferior de la columna vertebral, ya que esta zona se encuentra en contacto directo con la cabeza.

En los casos de baja presión arterial, Thacker recomienda un tratamiento con dos imanes bajo las manos del paciente durante sesiones de 10 minutos, complementándolos con un tercero de alta potencia sobre la parte baja de la columna. Esta variante del método I, de utilizar tres imanes simultáneamente, se corresponde con las aplicaciones efectuadas por el Dr. Mesmer a la dama mencionada en el Capítulo 5, aunque ambas estaban dirigidas a diferentes enfermedades. No es infrecuente que el Dr. Thacker aplique tres imanes simultáneamente, e incluso más, si considera que el paciente los necesita.

La Compañía Aimante Trading Co., de Tokio, Japón, ha diseñado una banda magnética curativa, cuyos fabricantes recomiendan para la rigidez de los hombros y la hipertensión arterial, y recomiendan que la banda se lleve puesta alrededor de cualquiera de los brazos en forma permanente, tanto de día como de noche. La banda magnética contiene entre seis y ocho imanes cerámicos pequeños, y tiene la apariencia exterior de una pulsera de reloj o un brazalete.

En vista del éxito obtenido por los terapeutas mencionados en el tratamiento de las mismas afecciones, pero con la aplicación de imanes de distintas potencias, en diferentes partes del cuerpo, puede deducirse que el magnetismo actúa sobre el organismo en forma global, independientemente del lugar donde se lo aplica. Esto permite afirmar que también posee efectos a distancia.

Lineamientos y precauciones para el uso de imanes

1) El momento más adecuado para administrar los tratamientos magnéticos es por la mañana, después de las rutinas excretoras habituales al levantarse, y de bañarse, pero antes de tomar el desayuno. En caso de no ser posible por alguna razón, pueden llevarse a cabo por la tarde, antes de la cena.

2) No debe ingerirse ningún alimento ni bebida fría hasta al menos media hora después de la aplicación de los imanes, ya que éstos generan una temporaria elevación de la temperatura corporal, y en esas condiciones podría ser perjudicial la ingesta de cualquier cosa fría. Los alimentos o bebidas calientes, como té, café, etc., pueden ingerirse inmediatamente después de las aplicaciones.

3) Tampoco deben tomarse baños hasta 2 horas después de las sesiones -especialmente si se utilizaron imanes potentes-, por la misma razón anterior; por eso es preferible hacer las aplicaciones después del baño matutino.

4) Las sesiones con imanes potentes no deben llevarse a cabo inmediatamente después de comidas copiosas, ya que su influencia puede inducir náuseas y/o vómitos en algunos casos.

5) No deben efectuarse aplicaciones de imanes potentes sobre mujeres embarazadas, niños, ni sobre puntos delicados del cuerpo, como el cerebro, los ojos, el corazón, etcétera.

6) Por lo general, las sesiones de magnetoterapia no tienen contraindicación alguna, aunque en algunas ocasiones las aplicaciones de imanes de alta potencia pueden desencadenar algunos inconvenientes, como pesadez, jaquecas, somnolencia, bostezos, hormigueos nerviosos, etc. En caso de sobrevenir alguno de estos síntomas, el contacto con los imanes debe suspenderse inmediatamente, y recomendar al paciente el mayor reposo posible.

7) Cuando los imanes han sido inadecuadamente seleccionados, los inconvenientes resultantes pueden neutralizarse en forma permanente, colocando las manos abiertas sobre una plancha de zinc por un período de media hora.

8) La preparación homeopática "Zincum Metallicum" actúa como un antídoto de los efectos de las medicinas preparados a partir de los imanes; como consecuencia, también puede utilizarse, en bajas potencias, como antídoto para cualquier efecto adverso que pueda provocar la administración de terapias magnéticas.

9) Es preciso tomar precauciones cuando se unen cara con cara dos imanes planos de alta potencia, ya que los dedos pueden resultar aplastados durante el proceso.

10) Es conveniente unir los polos opuestos de dos imanes con un "preservador'" cuando no se utilizan, de forma de conservar lo más posible su magnetismo.

11) No es necesario **ni recomendable** quitarse los adornos de oro u otros metales cuando se aplican imanes en las palmas de las manos.

12) Los imanes no deben ponerse en contacto directo con los relojes de pulsera, a menos que éstos sean antimagnéticos ("magnetic proof").

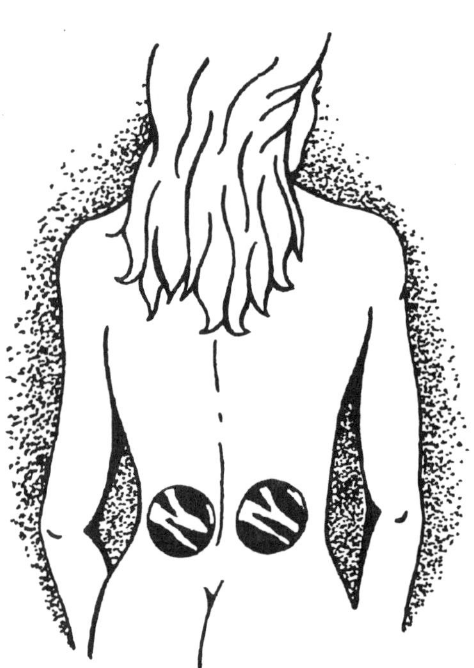

Figura 6

Imanes de alta potencia en la espalda: para casos de lumbago, desviaciones y hernias de discos. La disposición es: Polo Sur a la izquierda y Polo Norte a la derecha, inmediatamente sobre la cintura.

Técnicas de aplicación de imanes en el tratamiento de 150 enfermedades frecuentes

A fin de poder agrupar las distintas informaciones sobre las dolencias y sus tratamientos en forma de tabla alfabética por enfermedad, para una mejor consulta se utilizaron las siguientes abreviaturas:

AM	=	Agua Magnetizada
PN	=	Polo norte
PS	=	Polo sur (ambos de los imanes)
M-I a M-V	=	Métodos I al V
Esp.	=	Método especial
Loc.	=	Aplicación local
IB	=	Imán básico (ver Cap. 19)

Los conceptos incluidos son:

(1) : Tipo de dolencia;
(2) : Método básico a aplicar, y
(3) : Recomendaciones y métodos complementarios.

1. **Abscesos, furúnculos, golondrinos, cánceres, carbunclo**
   2. M-I o M-V 3. M-I si la afección está localizada en la parte alta del cuerpo; M-V si está en la parte baja. También se recomienda aplicar tratamiento local con PN en el lugar de la erupción.

1. **Acné**
   2. M-I 3. Tratamientos complementarios recomendados: local con PN y AM.

1. **Adenoides, pólipos nasales**
   2. M-I 3. Sin recomendaciones.

1. **Afonía, disfonía**
   2. M-I 3. Complementar con imanes de tipo medialuna sobre la garganta, y AM varias veces al día.

1. **Aftas, aftosa, úlceras en la boca**
   2. M-I 3. El AM puede ayudar, ya que generalmente estas afecciones se deben a desórdenes estomacales.

1. **Anemia**
   2. M-I 3. Debe complementarse con AM para regular y fortificar el normal funcionamiento del hígado.

1. **Apendicitis (no demasiado aguda)**
   2. Esp. 3. Tratamiento local con el PS de un imán potente, dos veces al día.

Figuras 7

Disposición netamente femenina: Soluciona problemas de dolores, inflamación y endurecimiento de la matriz, así como casos de dismenorrea, leucorrea, amenorrea y otros desórdenes genitales femeninos.

Figuras 8

Tratamiento específico para la espondilitis cervical: dos imanes de alta potencia, con un Polo Norte sobre la vértebra cervical afectada y un Polo Sur en el punto hasta el cual se extiende el dolor.

1. **Apetito, pérdida del**
   2. M-I 3. También debe administrarse AM.

1. **Artritis**
   2. M-I y M-V 3. Aplicar el tratamiento en días alternativos (uno sí y otro no) o mañana y tarde. El tiempo debe ir incrementándose gradualmente hasta 30 minutos en cada sesión. El AM puede ayudar, pero el tratamiento debe continuarse por largo tiempo.

1. **Asma**
   2. M-I 3. Imanes de media o alta potencia durante 10 minutos, complementados por AM diariamente. Debe aplicarse un tratamiento prolongado, de acuerdo con los siguientes parámetros:

a) Aplicación de un par de imanes de alta potencia bajo las palmas de las manos por 10 a 12' por la mañana, e igual tiempo por la tarde, de ser posible (PN bajo la mano derecha y PS bajo la izquierda). El contacto debe ser continuo aunque sin presionar; esto regula los sistemas circulatorio, nervioso y respiratorio, y resulta beneficioso en casos de asma y bronquitis, y alivia el dolor en el pecho y las dificultades respiratorias. En caso de no disponerse de imanes potentes, pueden usarse imanes medios o básicos (ver Cap. 19) prolongando el tiempo a 15/20'.

b) La aplicación de imanes cerámicos tipo medialuna (planchas curvas), resulta beneficiosa para los problemas nasales y de la garganta. El PN de estos imanes debe colocarse sobre la fosa nasal derecha, cubriendo todo el tabique nasal, durante 10', dos veces por día. Esto eliminará gradualmente los problemas de bloqueos, pólipos, mucosidad, etc., y permitirá al paciente respirar libremente por la nariz.

c) Los imanes cerámicos de este tipo pueden aplicarse también sobre la garganta, durante 10' una o dos veces al día. Esto reduce las expectoraciones, irritación, dolor y otros inconvenientes en la garganta, si los hubiera.

d) Se recomienda el uso de un collar magnético alrededor del cuello, en contacto con la parte superior del pecho. Este método ha demostrado gran efectividad en casos de asma y bronquitis. El collar puede usarse durante el día, excepto durante el baño, o por la noche.

e) De ser posible, debe administrársele al paciente AM preparada con imanes de alta potencia, de 3 a 4 veces al día, en dosis de 100 ml por vez. El AM no sólo elimina la congestión del pecho y los pulmones, la constipación y la formación de gases, sino que también ayuda a regular e incentivar el apetito y la digestión.

Figura 9

Problemas nasales y de las vías respiratorias superiores: Especialmente resfríos y catarros cronicos, inflamaciones de los senos frontales y paranasales, goteo nasal, pólipos, bloqueos, sinusitis, etc. Se utilizan imanes cerámicos curvos, de potencia mmedia, con un Polo Norte sobre la derecha y un Polo Sur sobre la izquierda de la nariz.

Figura 10

Disposición para los tobillos: doloridos, rígidos, hinchados o luxados. Polo Norte sobre el tobillo afectado y Polo Sur bajo el talón, en cualquier de ambos pies.

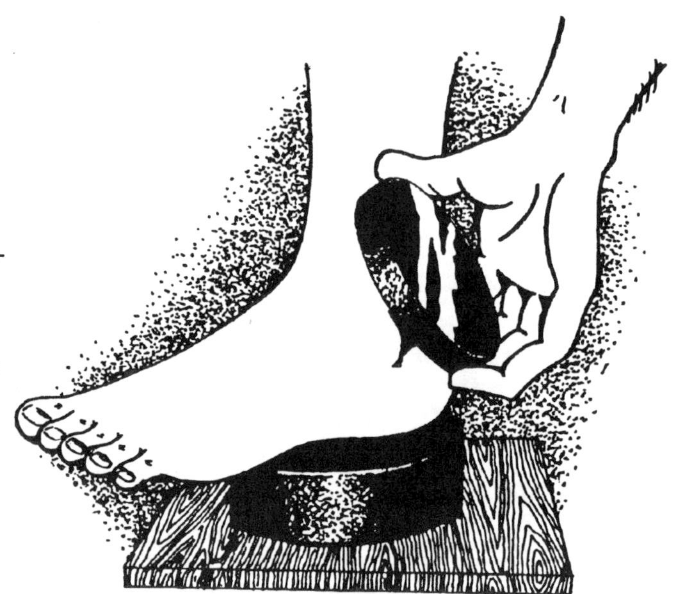

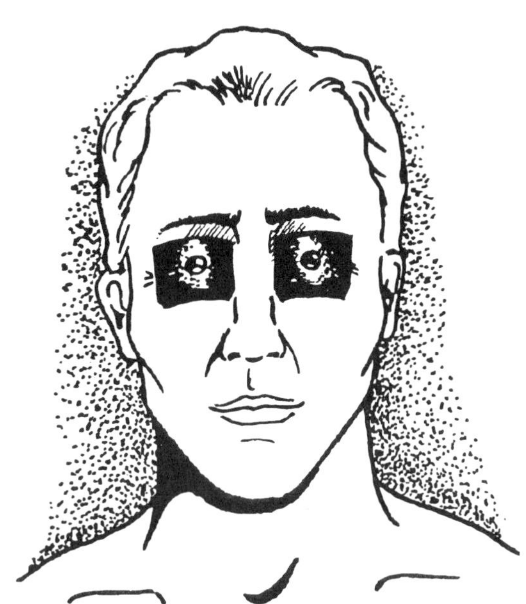

Figura 11

Imanes cerámicos sobre los ojos: para dolencias tales como dolor, enrojecimiento, lagrimeo, inflamación, conjuntivitis, etapas iniciales de cataratas y para corregir defectos de visión, como miopía, astigmatismo, etcétera.

f) Todos los tratamientos mencionados pueden combinarse con cualquier tipo de medicinas, ejercicios, etc., ya que, si bien resultan especialmente indicados para el asma y la bronquitis, también son efectivos para ciertos tipos de alergia y asma cardíaca o seca.

1. **Ataxia locomotriz**
   2. Esp. 3. PN en la parte superior de la columna vertebral, y PS en la inferior.

1. **Aumento del crecimiento**
   2. Esp. 3. PN de un imán tipo medialuna sobre la frente, y PS de otro similar en la nuca. Al día siguiente el PN debe ser desplazado sobre la oreja derecha y el PS sobre la oreja izquierda. Esto proporciona energía a la glándula pituitaria, que es la que controla el crecimiento. El tratamiento puede prolon-garse mucho.

1. **Bazo excesivamente dilatado**
   2. M-I 3. Tratamiento local con PS y AM.

1. **Biliosidad**
   2. Esp. 3. PN debajo del hígado y PS opuesto a él, sobre la espalda. Puede complementarse con aplicaciones según el M-I, y debe administrarse AM.

1. **Bocio**
   2. M-I 3. Los imanes de media potencia, o del tipo medialuna pueden ser excelentes auxiliares, si se los aplica localmente sobre la glándula tiroides inflamada. También deben administrarse bananas y AM. El tratamiento puede prolongarse bastante.

1. **Bronquitis, bronconeumonía**
   2. M-I 3. El tratamiento debe comenzar con 5' diarios, incrementándolo gradualmente hasta 10', y complementándolo con AM. Véanse también las instrucciones para el asma.

1. **Caída del cabello y encanecimiento**
   2. M-I. 3. Complementar con imanes de baja potencia sobre las sienes. Administrar AM y evitar el uso de jabones.

1. **Cálculos en la vesícula**
   2. M-I 3. Puede apoyarse con un PN sobre la región del hígado y AM varias veces al día. Tratamiento local con imanes si existe dolor.

1. **Cálculos renales**
   2. M-V 3. Apoyar con AM y PN sobre la zona dolorida, si la hubiera.

1. **Callosidades en los pies**
   2. M-V. 3. AM y PN localmente pueden ayudar.

1. **Caspa**
   2. M-I. 3. Puede complementarse con el PN de imanes pequeños sobre la cabeza.

1. **Cataratas y glaucoma**
   2. Esp. 3. Pueden aplicarse imanes cerámicos de tipo medialuna cubriendo ambos ojos. Si esto no soluciona el problema, remitirse al tratamiento recomendado para los problemas oculares. Estas enfermedades sólo pueden aliviarse cuando se las ataca en sus etapas iniciales.

1. **Ciática**
   2. M-V 3. Tratamiento local sobre la porción dolorida. Alternativamente, puede aplicarse un PN en la cadera afectada, y un PS bajo el mismo pie.

1. **Cólico renal**
   2. M-I 3. Debe aplicarse imprescindiblemente un tratamiento local complementario con AM, para facilitar la afluencia de orina.

1. **Cólicos**
   2. M-I 3. Tratamiento local complementario con PS y AM.

1. **Colitis**
   2. Esp. 3. Aplicación de imanes de alta potencia sobre el punto afectado y AM varias veces al día.

1. **Constipación**
   2. M-II 3. El efecto magnético diagonal elimina la constipación al cabo de cierto tiempo. Debe administrarse AM varias veces al día.

1. **Convulsiones y calambres**
   2. M-I o M-V 3. Recomendaciones similares a las de los sabañones.

1. **Corazón (angina, taquicardia, debilidad)**
   2. M-I 3. Puede complementarse con un imán pequeño aplicado cerca del área cardíaca por 5' solamente, y bajo observación constante. Desde ningún punto de vista deben aplicarse imanes potentes en la áreas de la cabeza y el corazón.

1. **Coriza, catarro nasal**
   2. M-I 3. Complementar con tratamiento local sobre la nariz, y AM.

1. **Cortes, heridas sangrantes**
   2. M-I y M-V 3. Complementar con tratamiento local con PN sobre el punto afectado.

1. **Cuerpos extraños en el organismo y/o los tejidos**
   2. Loc. 3. En el caso de haberse introducido en el cuerpo agujas, alfileres o cualquier otro objeto punzante, se deben aplicar inmediatamente imanes potentes sobre el punto de ingreso, de manera de extraerlos por atracción. Si ya han profundizado mucho enel cuerpo, no queda otra opción que la cirugía, previa búsqueda por Rayos-X.

1. **Culebrilla, serpigo**
   2. M-I o M-V 3. Aplicados en forma similar a los de los abcesos y eczema, con las mismas recomendaciones.

1. **Diabetes**
   2. M-I. 3. Si no se experimenta mejoría en unos pocos meses complementar con un PN sobre el páncreas y un PS detrás de él sobre la espalda, y AM. El tratamiento debe continuarse durante largo tiempo.

1. **Diarreas y disentería**
   2. M-I. 3. AM cada dos horas, y tratamiento local si el paciente experimenta dolores.

1. Discos vertebrales desviados

2. Esp. 3. PN sobre la porción superior de la columna vertebral donde comienza el dolor, y PS sobre el lugar donde el dolor es más severo o en la región lumbar, o PN en el lado derecho de la espalda, y PS en el izquierdo.

1. Dispepsia

2. M-I. 3. Complementar con tratamiento local y AM varias veces al día.

1. Eczema, herpes

2. M-I o M-V 3. Recomendaciones como en Abscesos. En caso de supuración, puede colocarse un pañuelo sobre el área afectada, y colocar otro imán sobre el pañuelo.

1. Encías sangrantes

2. Esp. 3. Imanes de baja potencia colocados sobre las piezas dentarias afectadas, desde fuera de la boca.

1. Epilepsia

2. M-I. 3. Complementar con un PN sobre el abdomen y un PS sobre la espalda, y AM varias veces al día. El tratamiento puede ser muy prolongado.

Figura 12

Imanes cerámicos sobre la frente (Polo Sur): se utilizan principalmente para inducir al sueño, media hora antes de acostarse.

Figura 13

Enfermedades de la garganta: irritaciones, tos, tonsilitis, paperas, amigdalitis, etc. Se aplican dos imanes cerámicos a ambos lados del cuello: un Polo Norte a la derecha y un Polo Sur al lado opuesto.

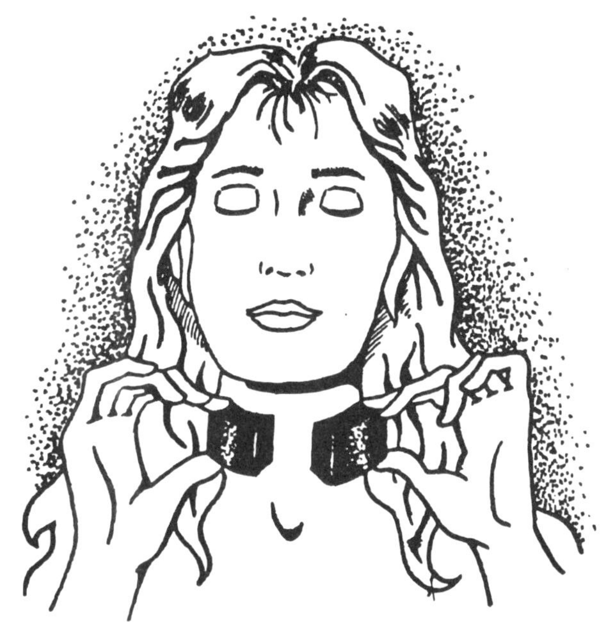

1. **Espalda (dolores)**
   2. Esp. 3. Si el dolor se extiende en forma horizontal, aplicar el PN sobre el extremo derecho, y el PS sobre el izquierdo; si es vertical, el PN en el extremo superior, y el PS en el inferior.

1. **Estómago (todas las dolencias)**
   2. M-II 3. El efecto diagonal del magnetismo alivia todos los problemas y afecciones abdominales, incluyendo el hígado, estómago, bazo, intestinos, etc. Debe acompañarse con AM, durante cierto tiempo.

1. **Faringitis, tonsilitis**
   2. M-I 3. Tratamiento local sobre la garganta, de ser posible con imanes tipo medialuna. Deben evitarse los alimentos y bebidas frías y/o amargas.

1. **Fiebres (distintas causas)**
   2. M-I. 3. Complementar con imanes de potencia media en dos sesiones de 5' cada una (mañana y tarde), y AM bebida cada dos horas.

1. **Fiebre tifoidea**
   2. M-I. 3. Recomendaciones iguales a las de las fiebres comunes.

1. **Fístulas**
2. M-V. 3. De ser posible, complementar con el PN de un imán pequeño aplicado o atado sobre la fístula.

1. **Fisuras**
2. M-V 3. Puede complementarse con pequeños imanes apoyados o atados sobre las fisuras, durante la noche.

1. **Flatulencias**
2. M-I 3. Pueden agregarse imanes de potencia media sobre el abdomen si existe dolor. El AM es imprescindible en estos casos. También se puede administrar gran cantidad de jengibre (adrak) y evitar los alimentos y bebidas que produzcan gases.

1. **Glándulas linfáticas inflamadas**
2. M-I y M-V 3. Complementados por tratamiento local sobre las glándulas inflamadas y AM.

1. **Gota**
2. M-I o M-V 3. El método se elige de acuerdo con la ubicación, o en forma alternativa, un día uno y al otro día el otro. También se puede aplicar el tratamiento dos veces al día, alternando los métodos, y continuarlo mientras sea necesario.

1. **Gravela (depósitos en la orina, rojos o blancos)**
2. M-V 3. AM varias veces al día, durante tanto tiempo como tome limpiar los depósitos y cálculos de la vejiga y los riñones. Puede agregarse un tratamiento local si el dolor lo exige.

1. **Gripe, influenza**
2. M-I 3. Recomendaciones similares a las de la fiebre.

1. **Hemorroides**
2. M-V 3. Se debe administrar AM en forma continuada, y de ser posible, sentar al paciente sobre un par de imanes potentes.

1. **Hepatitis**
2. M-I 3. Tratamiento local complementario con un PS y AM.

1. **Heridas**
2. M-I o M-V 3. De acuerdo con la ubicación; pueden complementarse con PS en tratamientos locales, siempre que se apliquen de inmediato. En ese caso se aplicarán los imanes después de vendar la herida, para evitar eventuales infecciones. Se deben proporcionar al paciente alimentos y bebidas calientes, y evitar los fríos.

1. **Hernia**
   2. M-I 3. Complemento similar a la hepatitis.

1. **Hidrocele**
   2. M-V 3. El AM es esencial, acompañada por un tratamiento local con un PS.

1. **Hidropesía**
   2. M-I o M-V 3. Se aplicará el Método I si la enfermedad se localiza en la parte superior del cuerpo, y el Método V si se presenta en la parte inferior. El AM también puede ayudar.

1. **Hígado dilatado**
   2. M-I 3. Como complemento, puede usarse el PS de un imán pequeño sobre el sitio, y AM.

1. **Hiperacidez**
   2. M-I y M-II 3. Complementados con tratamiento local con ambos polos y AM en cantidad necesaria.

1. **Hipo**
   2. M-I 3. Puede reemplazarse por la aplicación del PN de un imán potente sobre el abdomen y un PS en el punto opuesto sobre la espalda, además de AM.

1. **Hipocondría**
   2. M-I 3. AM varias veces al día.

1. **Histeria**
   2. M-II 3. PN sobre el útero, PS debajo de él y AM.

1. **Ictericia**
   2. M-I 3. Debe administrarse AM, apoyada por un tratamiento local con imanes pequeños o IB. Entre los alimentos apropiados está la papaya, y los jugos de rábano y caña de azúcar.

1. **Incremento de la inteligencia**
   2. M-I 3. Complementado con un imán pequeño, preferiblemente PS, del tipo medialuna, sobre la frente.

1. **Inflamación de piernas y pies**
   2. M-V 3. El AM es imprescindible, y se debe continuar la ingesta durante largo tiempo. También se debe minimizar el uso de la sal.

1. **Insomnio**
   2. M-V 3. La aplicación debe efectuarse por la noche, acompañada de un imán pequeño, preferiblemente un PS, en el centro de la frente, antes de acostarse.

1. **Insuficiencia o debilidad sexual (en los hombres)**
   2. M-V 3. Debe complementarse con un PN debajo del ombligo y un PS debajo de él, sobre el órgano sexual. El paciente también debe sentarse sobre los imanes colocados uno junto a otro.

1. **Jaquecas de cualquier tipo**
   2. Esp. 3. Los tratamientos deberán hacerse de acuerdo con las causas del dolor, a saber:

   a) Indigestión. Método I, y Am.
   b) Toxemia.
      (i) ictericia, Método I;
      (ii) nefritis, Método V;
      (iii) sinusitis, imanes cerámicos sobre la nariz; tonsilitis, imanes sobre la garganta.
   c) Fiebre. Método I y AM cada dos horas.
   d) Problemas de oído u oculares. Tratamientos específicos recomendados para esas dolencias.
   e) Tensión mental, stress o preocupaciones. Método I por 15 a 20', y AM.
   f) Heridas. Tratamiento local sobre la porción lesionada.
   g) Causas no-conocidas. Imanes cerámicos sobre la frente. PN sobre el lado derecho, y PS sobre el izquierdo, y AM.

1. **Leucoderma**
   2. M-I o M-V 3. De acuerdo con la ubicación de la afección. Si se tratara de sólo uno o dos manchas puede aplicarse un tratamiento local con PS.

1. **Lumbago**
   2. M-V 3. Complemento: un imán potente (PS) sobre la región dolorida.

1. **Malaria, paludismo**
   2. M-I 3. Recomendaciones como en el caso de fiebre.

1. **Memoria débil**
   2. M-I 3. Tratamiento similar al caso de incremento de la inteligencia.

1. **Meningitis**
   2. M-I 3. Complementar con tratamiento local a ambos lados del cuello.

1. **Migrañas**
   2. M-I 3. Imanes de baja potencia sobre los arcos superciliares, o también sobre las sienes.

1. **Nefritis**
2. M-V 3. Tratamiento local sobre los riñones, y frecuentes dosis de AM, que son imprescindibles en esta enfermedad.

1. **Neumonía**
2. M-I 3. Complemento similar al de la fiebre, más pequeños imanes aplicados sobre las partes doloridas, si las hay.

1. **Neuralgias, neurastenia, neuritis**
2. M-I 3. Tratamiento local con PS cuando la localización de la dolencia lo permite. El AM también puede ayudar.

1. **Obesidad**
2. M-I y M-V 3. En este caso se puede optar por la colocación de cuatro imanes de alta potencia simultáneamente, cubriendo ambos métodos, o dos primero bajo las palmas (Método I), y luego bajo las plantas de los pies (Método V). Paralelamente se debe mantener una dieta estricta, restringiendo severamente las grasas, y administrar abundante AM.

1. **Oídos (cualquier afección)**
2. Esp. 3. Puede colocarse el PS de un imán potente bajo la palma de la mano derecha durante 10' y el PN de un imán de media o baja potencia cerca del oído afectado. Si el problema afecta a los dos oídos, el imán pequeño debe alternarse 5' en cada uno.

1. **Ojos (cualquier desorden funcional)**
2. Esp. 3. Aplicación del PS de un imán potente bajo la palma de la mano derecha durante 10', apoyado por el PN de uno de baja potencia sobre cada ojo por 5'. El tratamiento es independiente del tipo de afección, ya sea conjuntivitis, visión defectuosa, inflamaciones de los párpados, heridas en los globos oculares, iritis, lacrimación, supuraciones purulentas, miopía, astigmatismo, dolores, manchas ante los ojos, estrabismo, etcétera.

1. **Orquitis**
2. M-I 3. Apoyar con tratamiento local mediante PS.

1. **Osteo-artritis**
2. M-I y M-V 3. También se requiere tratamiento local sobre el punto afectado, durante largo tiempo.

1. **Paperas**
2. M-I 3. Complementar con tratamiento local mediante imanes de tipo medialuna, mañana y tarde, durante algunos días.

1. **Parálisis facial**
2. Esp. 3. Se recomienda la aplicación de imanes potentes sobre el lado afectado de la cara, de una duración de 15', con ingestión de AM.

1. **Parálisis varias**
2. M-I y M-V 3. Aplicar ambos Métodos en días alternativos si se trata de una parálisis total. En caso de haber tomado solamente el lado derecho, aplicar Método IV; si fue el lado izquierdo, Método III. El tiempo puede ser aumentado gradualmente hasta 30', o en dos sesiones diarias de 15' cada una. El tratamiento puede resultar largo, y debe complementarse con AM administrada regularmente.

1. **Parásitos**
2. M-II 3. AM 3 o 4 veces por día.

1. **Picaduras de insectos**
2. Esp. 3. PN sobre la parte afectada.

1. **Piorrea**
2. M-I 3. Véanse también las recomendaciones contra las encías sangrantes.

1. **Pleuresía**
2. M-I 3. AM en forma continua, durante un período largo.

1. **Poliomielitis**
2. M-V 3. Tratamiento local mediante un PN sobre la cadera, y PS bajo la planta del pie. Véanse las recomendaciones contra la parálisis.

1. **Poluciones nocturnas, espermatorrea**
2. M-V 3. Recomendaciones similares a las de insuficiencia o debilidad sexual.

1. **Presión sanguínea (alta o baja)**
2. M-I 3. En el caso de hipertensión, conviene aplicar tratamientos de 5'. En caso de que la presión sanguínea suba demasiado, puede colocarse una almohadilla de género húmeda sobre la zona baja de la columna vertebral. En casos de baja presión, se pueden efectuar aplicaciones de 15 a 20', acompañadas por un imán potente sobre la parte baja de la columna, y administrar al paciente AM varias veces al día.

1. **Próstata excesivamente dilatada**
2. M-V 3. Tratamiento local durante el tiempo necesario, con PS y AM en forma regular.

1. **Pústulas, erupciones supurantes**
2. M-I 3. Ver varicela.

1. **Resfrío de cabeza**
   2. M-I 3. Administrar AM cada dos horas. Debe evitarse la ingestión de alimentos o bebidas frías.

1. **Retraso mental**
   2. M-I 3. Tratamiento como en el caso de incremento de la inteligencia.

1. **Reumatismo**
   2. M-I y M-V 3. Tratamientos complementarios similares a los de la parálisis, también de larga duración.

1. **Rigidez en el cuello**
   2. Esp. 3. PN sobre la parte posterior del cuello, y PS sobre el otro extremo de la zona rígida.

1. **Sabañones**
   2. M-I o M-V 3. Si se trata de sabañones en las manos, utilizar el M-I, si se trata de los pies, M-V. En caso de darse en manos y pies simultáneamente, aplicar ambos métodos en días alternativos, o uno durante la mañana y el otro por la noche.

1. **Sarampión**
   2. M-I 3. Recomendaciones como en el caso de Fiebre.

1. **Sífilis y gonorrea**
   2. M-V 3. AM mezclada con igual cantidad de agua común. El tratamiento debe continuar hasta bastante tiempo después de la desaparición de los síntomas.

1. **Sinusitis**
   2. Loc. 3. Aplicar dos imanes de tipo medialuna a ambos lados de la nariz, o sobre el lugar dolorido.

1. **Sistema urinario (todas las afecciones)**
   2. M-V 3. En casos de orina escasa, o retención, administrar una combinación de AM y agua común (50 cc de cada una), a razón de una dosis cada 5' durante una hora o dos, hasta que el paciente comience a expeler la orina.

1. **Taquicardia (palpitaciones)**
   2. M-I 3. Recomendaciones como en el caso de problemas cardíacos (corazón), más la ingestión de AM.

1. **Tortícolis**
   2. Esp. 3. Se deben aplicar dos imanes localmente, sobre el cuello torcido.

1. **Tos (seca o con flemas)**
   2. M-I 3. Puede complementarse con imanes pequeños aplicados locamente sobre la garganta.

1. **Tuberculosis**
 2. M-I 3. El AM es esencial.

1. **Ulceras gástricas, pépticas o duodenales**
 2. M-I 3. Debe administrarse AM cada dos horas, y evitar los alimentos y bebidas frías. Un tratamiento local también puede ayudar.

1. **Uretritis**
 2. M-V 3. Complementar con un PN sobre la uretra y AM varias veces al día.

1. **Urticaria**
 2. M-I y M-V 3. Deben utilizarse imanes de potencia media o alta, complementados por AM.

1. **Varicela, viruela, pústulas supurantes**
 2. M-I 3. Complementar con AM cada dos horas.

1. **Vértigo, vahídos**
 2. M-I 3. El AM puede ser de gran ayuda.

1. **Venas (inflamación o várices)**
 2. M-I o M-V 3. De acuerdo con la localización del problema. Puede apoyarse con tratamiento local.

1. **Vesícula (distintas afecciones)**
 2. Esp. 3. PN hacia el lado derecho del abdomen, y PS hacia el izquierdo, sobre la vejiga.

1. **Vómitos**
 2. M-I 3. AM cada media hora aproximadamente.

Enfermedades femeninas

1. **Amenorrea (menstruaciones tardías o escasas)**
 2. M-V 3. Debe complementarse con AM, y continuar el tratamiento durante largo tiempo.

1. **Dismenorrea (menstruaciones dolorosas)**
 2. M-V 3. También deben aplicarse imanes sobre el abdomen y AM 3 o 4 veces al día.

1. **Dolores de parto (o después de ellos)**
 2. M-I 3. Resulta beneficioso complementar con tratamiento local y AM en forma regular.

1. **Histerismo (afección del útero)**
 2. M-V 3. PN sobre el útero, y PS debajo, en caso de que también se produzcan desórdenes menstruales.

1. **Inflamaciones de útero y/u ovarios**
   2. M-V 3. Acompañar con tratamiento local y AM en forma regular, 3 o 4 veces por día.

1. **Leucorrea**
   2. M-I y M-V 3. Aplicar ambos métodos en forma alternativa, (un día uno al siguiente el otro), administrando AM 2 o 3 veces al día.

1. **Mastitis (inflamación del parénquima mamario)**
   2. M-I 3. Complementar con PS sobre el pezón afectado.

1. **Menopausia (enfermedades asociadas)**
   2. M-V 3. Recomendaciones similares a las de la amenorrea.

1. **Pérdida de los deseos sexuales**
   2. Esp. 3. Recomendaciones similares a las del histerismo.

1. **Pezones hipersensibles, doloridos o inflamados**
   2. M-I 3. Imanes de baja potencia sobre el o los pezones afectados.

1. **Prolapso del útero**
   2. M-V 3. Puede complementarse con un PS debajo del ombligo, y AM 3 o 4 veces por día.

1. **Pruritis vulvae**
   2. M-V 3. Pueden aplicarse imanes sobre los dos lados externos del útero.

1. **Quistes o inflamación**
   2. M-I o M-V 3. Complementar con tratamiento local y AM.

1. **Tumores de mama**
   2. Loc. 3. Se debe aplicar un PS sobre el tumor, pero sólo en caso de que no haya infección.

1. **Tumores o quistes de ovario**
   2. Loc. 3. PN sobre el lado derecho del abdomen, y PS sobre el izquierdo.

Enfermedades pediátricas

1. **Atrofia, consunción, extenuación**
   2. M-I y M-V 3. Aplicar ambos métodos en forma alternativa, uno cada día o uno por la mañana y otro por la tarde. Debe administrarse AM para mejorar la salud general.

1. **Catarros nasales**
   2. Esp. 3. Tratamiento similar al de la picazón en la nariz.

1. **Coágulos de leche en las deposiciones y/o vómitos**
2. M-I 3. Recomendaciones similares a las del cólera y diarreas.

1. **Cólera, diarreas**
2. M-I 3. AM cada media hora aproximadamente.

1. **Crusta lactea**
2. M-I 3. Puede apoyarse con imanes pequeños sobre la cabeza.

1. **Dentición demorada o problemática**
2. M-I 3. Recomendaciones similares a las de la atrofia o consunción.

1. **Estrabismo**
2. Esp. 3. Deben aplicarse dos imanes del tipo medialuna, uno sobre cada ojo, con el PN sobre el derecho y el PS sobre el izquierdo. Si este tratamiento no progresa satisfactoriamente, aplíquese el recomendado en el caso general de ojos.

1. **Gases, flatulencia**
2. M-I 3. Imanes cerámicos sobre el abdomen y AM 3 o 4 veces por día.

1. **Hemorragia o inflamación umbilical**
2. M-I 3. Complementar con un PN en el ombligo en caso de hemorragia, y un PS en caso de inflamación.

1. **Incontinencia nocturna**
2. M-V 3. Aplicación normal del método.

1. **Oclusión nasal**
2. M-I 3. Sin especificaciones adicionales.

1. **Pesadillas aterradoras**
2. M-I 3. Recomendaciones similares a las de la atrofia y consunción.

1. **Picazón en la nariz**
2. Esp. 3. Aplicación de imanes cerámicos del tipo medialuna a ambos lados de la nariz.

1. **Prolapsus ani**
2. M-V 3. Se puede complementar sentando al niño sobre un par de IB.

1. **Raquitismo**
2. M-I 3. Complementar con AM 3 o 4 veces por día.

1. **Romadizo (catarro de la membrana pituitaria)**
2. Esp. 3. Tratamiento similar al de la picazón en la nariz.

1. **Tos convulsa, coqueluche**
   2. M-I 3. Imanes cerámicos debajo de la garganta, dos, tres e incluso más veces por día.

1. **Vómitos**
   2. M-I 3. AM cada media hora a una hora.

Veamos ahora algunas pautas para un óptimo aprovechamiento de estas recomendaciones:

a) Los casos de enfermedades que no han sido mencionadas en esta lista deberán tratarse sobre las bases de los lineamientos generales, y de acuerdo con la localización de las dolencias o afecciones que indiquen sus síntomas.

b) En forma similar, las enfermedades femeninas y pediátricas que no figuren en las listas específicas, pueden tratarse según las pautas de la lista de enfermedades general.

c) Los tratamientos magnéticos no muestran el mismo nivel de mejoría en distintos casos de la misma enfermedad; la respuesta difiere de acuerdo con la duración previa y la gravedad de la dolencia, y la edad y vigor del paciente.

d) Casi todas las enfermedades pueden ser curadas, o al menos aliviadas, por la magnetoterapia, siempre que no intervenga en ella algún defecto o falencia orgánica. Sin embargo, la mejoría no sigue un curso firme en las enfermedades crónicas, sino que pueden existir altibajos por varias razones, pero por lo general el grado de mejoría y la duración de sus efectos se incrementa con el paso del tiempo, hasta transformarse en una cura definitiva.

e) Merece destacarse aquí que los lineamientos y las precauciones señaladas en este capítulo deben seguirse lo más cuidadosamente posible, tanto antes como después de la aplicación de imanes potentes.

f) Todas las reglas y métodos mencionados en las listas son solamente generalizaciones, y pueden existir excepciones en algunos casos. Por lo tanto, los magnetoterapeutas deben ejercitar su propia percepción para adaptar estas instrucciones generales a los requerimientos de cada caso en particular, y así tomar la decisión adecuada con respecto a la potencia, forma y tiempo de aplicación de los imanes a utilizar.

Capítulo 11

Agua magnetizada

Características del agua

El agua es un fluido transparente, incoloro, inodoro e insípido por sí mismo, que como todos los líquidos adopta la forma del recipiente que lo contiene, y el color, olor y sabor de otros componentes eventualmente mezclados con ella. Sin embargo, no son éstas las únicas características químicas y/o físicas que el agua puede asimilar de otros elementos, ya que cuando se la pone en contacto continuo con un imán durante un tiempo relativamente prolongado, el agua se magnetiza a su vez, y si en esas condiciones se la administra oralmente al paciente durante cierto tiempo, muestra efectos beneficiosos en casi todas las afecciones humanas.

Influencia de los campos magnéticos en las propiedades del agua

Las investigaciones han demostrado que un campo magnético influye sobre los procesos de cristalización, incrementando considerablemente el número de los centros de cristalización. También se ha logrado establecer que muchas de las propiedades físicas y químicas del agua sufren un cambio cuando se la somete -incluso por fracciones de segundo- a la influencia de un campo magnético débil. Estos cambios se manifiestan particularmente en la temperatura de ebullición, densidad, conductividad eléctrica, tensión superficial y viscosidad, y las nuevas propiedades se mantienen durante varios días.

Algunos resultados útiles de experiencias con agua magnetizada

En Rusia se han llevado a cabo numerosos experimentos con agua magnetizada, obteniéndose resultados sumamente útiles en diversos campos de la ciencia y la tecnología; a continuación describiremos brevemente algunas aplicaciones prácticas del agua magnetizada en distintos procesos industriales.

Es sabido que cuando el agua fluye a lo largo de un caño, o un acueducto, sobre las paredes interiores de éste se adhieren ciertos depósitos que provocan innumerables problemas, ya que interfieren con la correcta operatividad de la maquinaria, y reducen su eficiencia. Estos depósitos también resultan altamente nocivos para los motores de combustión: una cobertura de 1,5mm de espesor reduce en 5 caballos de fuerza la potencia de un motor común de automóvil; en consecuencia, se incrementa notablemente el gasto de combustible y lubricantes, y se reduce el rendimiento mecánico de todas las partes del motor.

Por el contrario, si se coloca una sección de un caño que conduce agua dentro de un campo magnético, en sus paredes aparece un polvo amarronado, en lugar del clásico depósito duro que se forma normalmente. Este polvo puede removerse con mucha más facilidad, tanto de las paredes de los conductos, como de los accesorios, calderas, etc., sin necesidad de detener el proceso tecnológico a que están afectados.

Esta propiedad del agua magnetizada la hace particularmente indicada para los radiadores de los automóviles, ya que impide la formación de depósitos, e incluso destruye antiguos depósitos de sales en las caños y encamisados del block. Otra de las propiedades del agua magnetizada es la de desprender las llamadas "piedras de agua" de las cañerías y accesorios de las calderas y cañerías domiciliarias.

El agua magnetizada ha demostrado asimismo su utilidad en la industria del petróleo, eliminado las adherencias salinas que se forman en las tuberías que conducen el petróleo a la superficie. El proceso de limpieza se logra colocando varios juegos de imanes a lo largo de las paredes de los caños, que provocan el desprendimiento de las sedimentaciones, con el correspondiente incremento de rendimiento y duración.

Una de las aplicaciones quizás más efectivas del agua magnetizada es en la industria de la construcción, donde se ha demostrado que la solidez de las muestras de cementos pesados hechas con ella superan en un 20 a un 35 por ciento la de las preparadas con agua común, mientras que algunos cementos livianos llegan incluso a incrementar su consistencia hasta en un 50%. Naturalmente, esto redunda en una notable reducción en los costos de construcción.

El agua magnetizada también se utiliza en tareas de riego, con lo cual las plantas aceleran su crecimiento en un ritmo de entre un 20 y un 40% más que su desarrollo normal.

De esta forma, el tratamiento magnético del agua reduce los costos de producción en diversos procesos, no sólo por el aumento de rendimiento de los distintos elementos y materiales, y la prolongación de su vida útil, sino también por la reducción de horas de trabajo, y ha sido exitosamente aplicada en muchas industrias de la Unión Soviética.

Efectos beneficiosos en el ser humano

Los tejidos vivos están compuestos en su mayor parte por soluciones coloidales, por lo que los científicos han llegado a la conclusión de que los campos magnéticos pueden influir notablemente sobre los procesos biológicos.

Las experiencias reseñadas en los capítulos anteriores demuestran fehacientemente que el magnetismo ejerce una gran influencia sobre los organismos vivientes, y que su fuerza invisible puede transmitirse a algunas otras sustancias capaces de absorberla. Si posteriormente, se administra esa sustancia magnetizada a cualquier organismo vivo, y es asimilada por él, esa incorporación provoca efectos de mayor o menor grado en ese organismo.

Cuando se mantiene un imán permanente en contacto continuo con el agua, durante un tiempo considerable, no sólo influye sobre ella su campo magnético, sino que la magnetiza a su vez, y le transmite sus propiedades magnéticas. El agua en estas condiciones ejerce diversos efectos sobre el cuerpo humano cuando se la ingiere, generalmente por períodos bastante prolongados.

El agua magnetizada alivia todas las enfermedades

La experiencia con usos prolongados de agua magnetizada, preparada a partir de las vibraciones curativas de imanes permanentes, ha demostrado, más allá de toda duda, que alivia casi todas las dolencias humanas, y resulta particularmente beneficiosa en la curación de desórdenes en los sistemas digestivo, nervioso y urinario.

El uso continuado de agua magnetizada mejora notablemente el proceso digestivo, incentiva el apetito y reduce el exceso de ácidos y bilis; también regula el movimiento intestinal y elimina las toxinas, las sales indeseadas, y en general todos aquellos elementos que puedan resultar nocivos para el organismo. Otras de sus propiedades le permiten facilitar la normalización de los períodos menstruales en la mujer, ayudar a la limpieza de arterias obturadas y/o congestionadas, normalizar la circulación sanguínea y regular el funcionamiento cardíaco.

El agua magnetizada proporciona alivio a los problemas renales, ayudando a normalizar la función excretora de la orina; en caso de suspensión de dicha función, puede recuperarse rápidamente, administrando al paciente 8 o 10 dosis de 300 cc de agua magnetizada, mezclada con igual cantidad de agua común, en rápida sucesión, cada 5 a 10 minutos. En un caso tratado en una clínica de Leningrado, se administró agua magnetizada a un paciente afectado por cálculos renales y vesiculares, logrando que expulsara naturalmente de su organismo todas las sales y formaciones nocivas. Otro de los efectos colaterales, detectado por científicos rusos, indica que el agua magnetizada incentiva notablemente los sentidos físicos del ser humano.

Todo tipo de fiebres, así como dolores diversos, asma, bronquitis, resfríos, tos, jaquecas, etcétera, se ven rápidamente aliviados por la ingestión de algunos centímetros cúbicos de agua magnetizada; en resumen, sus propiedades resultan indicadas para cualquier tipo de dolencia, afección o desorden orgánico.

Como puede apreciarse, el uso del agua magnetizada es económico, seguro y simple, y puede prepararse en cualquier hogar en que se disponga de un imán; sus efectos benéficos pueden ser aprovechados también por personas sanas, para mejorar y regular la digestión, y eliminar la debilidad y el cansancio provocados por el trabajo cotidiano.

El Dr. Bolakani, en su libro "Secrets of Magnet Therapy" (Secretos de la terapia por imanes) consigna que muchos europeos concurren anualmente a un lugar denominado "Evian", en Francia, en busca de alivio para diferentes afecciones renales, agotamiento, gota y obesidad, así como para evitar un envejecimiento prematuro. Todos estos tratamientos se basan en el agua de Evian, de la cual se dice que resulta beneficiosa para la alimentación de los niños, como diurético y desintoxicante, y para el alivio de problemas renales, artritis, gota, obesidad y desórdenes urinarios. Actualmente, el agua de Evian

Figura 14

Agua Magnetizada: colocar cada envase sobre un polo distinto, y luego administrarlo de acuerdo al texto. Resulta muy conveniente para incentivar el apetito, regular o reducir las constipaciones y flatulencias y controlar la formación y excreción de orina. También ayuda a contrarrestar los cálculos renales y de vesícula

se vende embotellada en toda Francia, y comparte las mesas de los hogares y los restaurantes con otras aguas minerales no menos famosas; al igual que ellas, procede de una vertiente, pero aparentemente fluye naturalmente magnetizada por algún proceso desencadenado en la región.

Algunos investigadores han informado que numerosos pacientes en Gran Bretaña, Dinamarca, Noruega y Suecia han confirmado que la ingesta de agua magnetizada, o incluso cerveza tratada mediante un acondicionador magnético, han mejorado visiblemente su salud. No en vano los rusos llaman "Agua Maravillosa" al agua magnetizada.

La leche magnetizada aumenta su potencial

Si se mantiene durante cierto tiempo un vaso de leche tibia sobre el polo sur de un imán permanente encerrado en un marco redondo o cuadrado, de unos 8 o 10 cm de diámetro, o si se colocan alrededor del vaso, en estrecho contacto con él, dos imanes permanentes en forma de media luna de unos 5 cm de longitud, durante 20 a 30 minutos antes de beber la leche, este hábito constituye una dieta altamente beneficiosa, especialmente en períodos de recuperación o convalecencia, ya que acrecienta el potencial general, así como el sexual.

Tanto el "Times" de la India, como el "Hindustan Times", ya en agosto de 1975, publicaron las siguientes noticias:

> "Nueva Delhi, agosto 20; investigadores soviéticos han descubierto que las vacas proporcionan más leche cuando se las magnetiza. De acuerdo con la información proporcionada por la agencia de noticias soviética APN, las

experiencias de varios científicos rusos han demostrado que los imanes pueden incrementar la producción de leche, así como elevar el tenor graso de la misma. Los investigadores han informado que el tratamiento magnético cura y/o previene simultáneamente una enfermedad conocida como "mastitis".
El agua magnetizada también ha sido utilizada para curar enfermedades humanas. En las clínicas soviéticas se la administra como analgésico, para reducir las inflamaciones, y para la remoción y prevención de los cálculos renales.
Algunos científicos rusos sostienen que todos los efectos del magnetismo sobre los seres vivientes pueden ejercerse por medio del agua." -PTI.

Magnetización del agua

Existen diversos puntos de vista con respecto a la preparación de agua magnetizada, de los cuales mencionaremos algunos de los detalles más importantes de los métodos más difundidos y efectivos:

Limpiar cuidadosamente un imán de aleación de hierro, de una sola pieza y con una potencia de elevación de un cuarto kilogramo de hierro, removiendo totalmente cualquier rastro de pintura u otra sustancia que pueda cubrir su superficie.

Llenar una jarra o recipiente de boca ancha con aproximadamente un litro de agua potable, y sumergir en ella el imán, cubriendo luego la jarra y manteniéndola en reposo en un lugar tranquilo. Este proceso puede ser llevado a cabo por la tarde, ya que el agua se magnetiza rápidamente; no obstante, el imán debe permanecer dentro de la jarra durante no menos de doce horas, para que el líquido asimile la totalidad de las emanaciones magnéticas. A la mañana siguiente, el agua magnetizada puede filtrarse, si se desea, y transferirla a una botella transparente y perfectamente limpia para su uso.

Algunos magnetoterapeutas sostienen que si se emplea un imán del mismo tipo, pero más grande, con una potencia de elevación de alrededor de un kilogramo de hierro, se puede utilizar un recipiente de vidrio o de porcelana de mayor capacidad, con 2 o 3 litros de líquido. El método de preparación permanece constante en ambos casos, y el agua del recipiente mayor puede trasvasarse a varias botellas después del filtrado, y compartirse entre varias personas, o por una misma durante muchos días. El tiempo de permanencia del imán dentro del recipiente también permanece constante.

Una variante de este método consiste en mantener el imán dentro del agua durante 24 horas, pero en este caso se corre el riesgo de que con el tiempo el imán se oxide, con la consiguiente contaminación del agua. Por esta razón, es de vital importancia que tanto el recipiente como el imán se limpien cuidadosamente cada vez que se va a comenzar la magnetización.

En caso de notarse cualquier tipo de depósito rojizo, tanto en la jarra, como en las botellas donde se almacena el agua ya magnetizada y filtrada, puede utilizarse para el consumo humano el líquido hasta uno o dos centímetros del fondo, y descartar la porción inferior rojiza, o utilizarla para riego; en este caso, con más razón, antes de reiniciar otro proceso de magnetización, se deben lavar cuidadosamente, tanto el recipiente como las botellas de almacenaje. Cabe reiterar que, si bien no existe ninguna contraindicación, no tiene sentido mantener el imán dentro del agua más de 24 horas, ya que ese tiempo es más que suficiente para magnetizar completamente el agua, y se corren los riesgos de oxidación y contaminación ya mencionados.

Otra variante, destinada a erradicar completamente toda posibilidad de oxidación del imán, y contaminación del agua, es mantenerlo fuera de ella, aunque en estrecho contacto con el recipiente por su parte exterior, como se mencionó para el caso de la magnetización de la leche. Para este propósito puede utilizarse un imán similar o algo mayor en forma y potencia que en los casos anteriores, ya que, como mencionamos en una oportunidad previa, el magnetismo atraviesa perfectamente el cristal de la jarra, y la leche, agua, vino jugos, etcétera, asimilan sus efectos, aunque el imán esté colocado en la parte exterior; sin embargo, es preciso asegurarse de que el contacto entre el imán y la jarra sea lo más completo posible.

Cuando se utiliza este método, el imán puede permanecer junto al recipiente, o debajo de él las 12 o 24 horas requeridas para la magnetización, sin ningún riesgo de oxidación. Sin embargo, la práctica recomienda apoyar la jarra sobre el imán, y colocar a éste bajo una cubierta plana, circular o cuadrada y de 5 a 7 cm de diámetro, de forma que la jarra pueda apoyarse firmemente sobre ella, y las emanaciones magnéticas lleguen al líquido a través de todo el fondo del recipiente.

Personalmente, me inclino por el sistema mencionado en último término, es decir, mantener los imanes fuera del recipiente, y no en contacto directo con el agua; el método, en la práctica, es el siguiente:

a) Se toman dos imanes redondos, cuyos polos centrales sean opuestos, encerrados en dos coberturas de superficie plana, redondas o cuadradas, de 7 a 10 cm de acuerdo con el diámetro de los imanes, y dos recipientes de vidrio, o botellas. Cabe destacar que los imanes utilizados en este método son los mismos que se emplean para los tratamientos magnéticos bajo las palmas o las plantas de los pies, aunque en esta oportunidad encerrados en cajas metálicas de 10 cm de diámetro, de superficie plana. De esa forma, los recipientes de magnetización pueden mantenerse sólidamente asentados sobre ellos, sin peligro de caerse, y las emanaciones magnéticas pueden pasar libremente a través del metal y el vidrio.

b) Se llenan las jarras o botellas con agua potable, y se colocan en el centro de cada imán, y se cubren las bocas de los recipientes; es preferible iniciar este proceso por la tarde, ya que de esa forma, el agua podrá magnetizarse durante la noche, y tenerla lista por la mañana.

c) Como precaución extra, el agua puede hervirse, e incluso cocerse, antes de llenar los recipientes de magnetización.

d) Luego del proceso, el agua se trasvasa a los recipientes de uso, donde el agua magnetizada está lista para su ingestión. Mediante este proceso, el líquido está totalmente libre de contaminación por oxidación de los imanes.

Los imanes que utilizo personalmente para magnetizar agua son los mismos que empleo para los tratamientos generales bajo las palmas y las plantas de los pies, es decir, imanes redondos, encerrados en cajas metálicas de alrededor de 10 cm de diámetro, donde las botellas o jarras pueden mantenerse en pie perfectamente, mientras que las emanaciones magnéticas atraviesan toda la superficie del fondo de los recipientes.

Dosis y posología

La dosis de agua magnetizada para adultos oscila alrededor de los 50 cc cada vez, y es preferible ingerirla por la mañana, antes del desayuno, y al término de cada una de las comidas mayores. Para los niños, la dosis puede reducirse a la mitad, tres veces por día, y en el caso de los infantes, un par de cucharadas de té, también tres veces por día.

Durante una crisis febril, el agua magnetizada rinde sus mejores resultados con una frecuencia de una dosis cada dos horas; sin embargo, debe recordarse que el agua con propiedades magnéticas es una medicina, y que no debe ser ingerida en cantidades excesivas.

El método ruso de magnetización

De acuerdo con uno de los métodos quizás más curiosos, los magnetoterapeutas rusos magnetizan el agua suspendiendo un recipiente con una canilla en su parte inferior, que permite el flujo de líquido hacia un recipiente a menor nivel. Como principio básico, este flujo debe efectuarse gota a gota, los más rápido posible, pero sin transformarse en un chorro. El segundo paso consiste en colocar un imán de herradura, de forma tal que las gotas pasen entre los dos polos (los dos extremos) en su caída hacia el recipiente inferior. Este método confirma los principios del mencionado anteriormente; es decir, que el líquido reciba la influencia de ambos polos a la vez.

El método estadounidense de magnetización

A pesar de coincidir plenamente en que las propiedades del agua cambian visiblemente cuando se la polariza o magnetiza, y reconocer que los médicos rusos han estado utilizando agua magnetizada en sus hospitales desde hace varios años, los científicos norteamericanos difieren de los rusos en sus métodos para magnetizar el agua. Sus procedimientos consisten en hacer pasar el agua a través del polo norte de un imán de barra, o cilíndrico, y utilizan esta agua magnetizada mediante un solo polo para aliviar las escoriaciones dérmicas provocadas por largas permanencias en cama, lavando las ulceraciones con ella todos los días.

Posteriormente, descubrieron un método mucho mejor y más sencillo de polarizar el agua: tomando un bidón de plástico de cinco litros (1 galón), con tapa hermética, se llena con agua corriente de red, y se adosa el polo norte de un imán de barra, o cilíndrico, de 1.000 gauss, contra el costado del bidón, durante un lapso entre 20 y 30 minutos; de esa forma simple obtienen en una sola operación cinco litros de agua tratada magnéticamente. Otro de los descubrimiento norteamericanos es que dejando el imán junto al bidón durante las 24 horas del día, y agregando agua a medida que la van consumiendo, disponen de una fuente de agua continua y tan efectiva como la tratada por cualquier otro método.

Los científicos estadounidenses han informado que, de acuerdo con sus experiencias, los cambios registrados en el agua en el momento de magnetizarse son los siguientes:

a) El nivel de oxígeno encontrado en la composición del agua tratada es menor que en la del agua común.

b) Se produce una alteración en el comportamiento electrónico de los iones de hidrógeno, hasta el punto de mostrar un grado de actividad notablemente superior al de antes de polarizarse.

c) La aceleración de la actividad eléctrica del hidrógeno en el agua magnetizada ha podido ser plenamente demostrada, e incluso se han hecho sugerencias respecto a que la polarización podría incentivar aún más esa actividad, si se inducen campos magnéticos más potentes.

d) El agua tratada con polos individuales, ya sea norte o sur, resulta más segura para el consumo humano, incluso en aquellos casos en que debe ser congelada, hervida o conservada durante largo tiempo.
Todos estos puntos han sido comprobados a lo largo de innumerables experiencias, arrojando invariablemente los mismos resultados.

El aporte japonés

Algunos científicos japoneses han informado que los fluidos pierden peso en el momento de magnetizarse; sin embargo, la razón para esta reducción aún no ha sido establecida, y está siendo investigada.

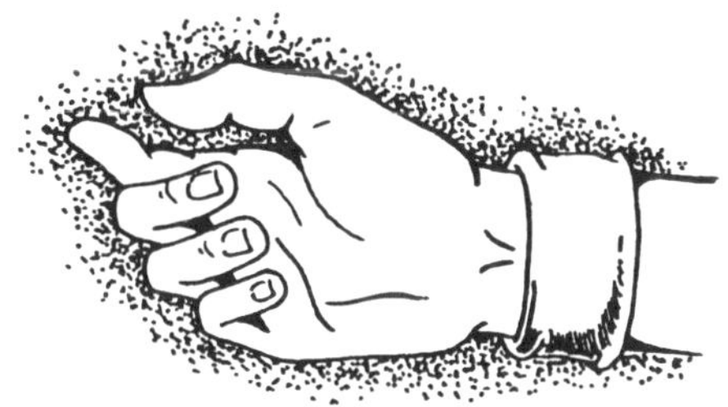

Pulseras magnéticas para control de la presión sanguínea

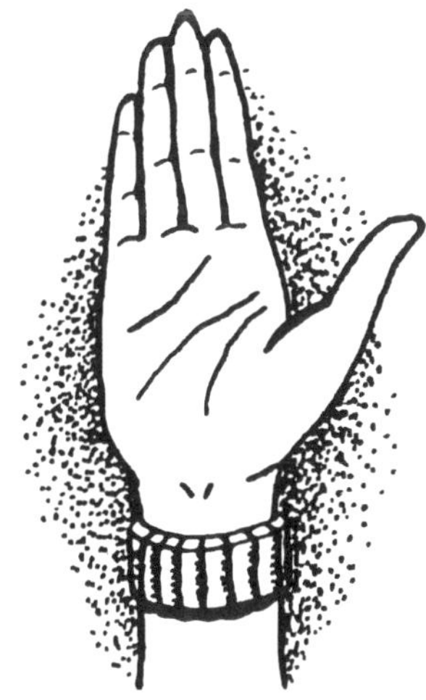

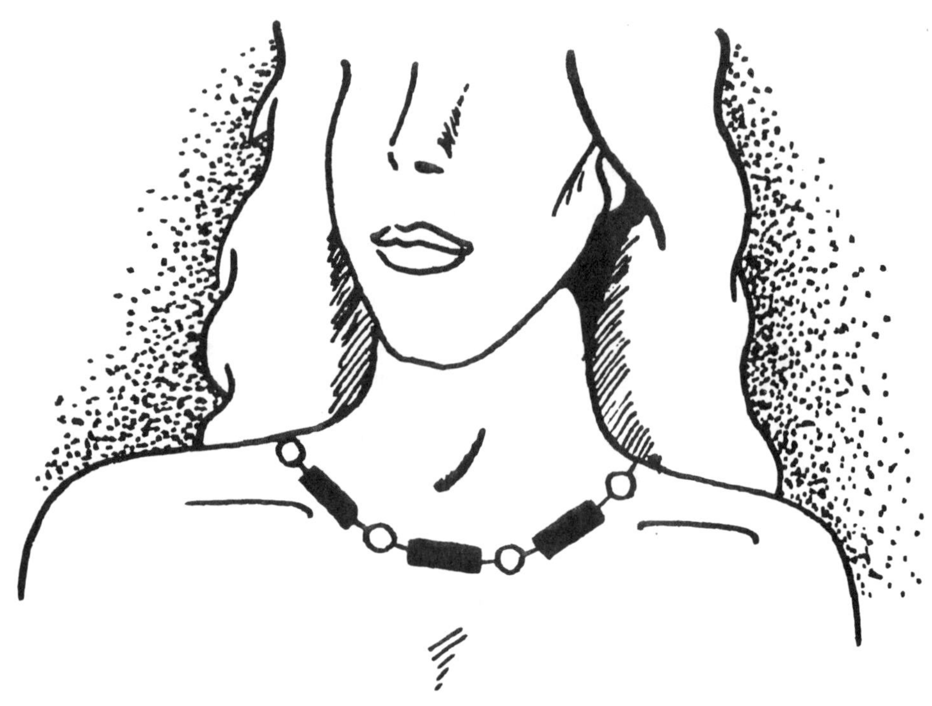

Collar magnético diseñado
en forma de ornamento
para aliviar dolores de
cuello y hombros

Parte V

Capítulo 12 - Ventajas de la magnetoterapia
Capítulo 13 - El imán como instrumento de prevención

Capítulo 12

Ventajas de la magnetoterapia

Medicinas potentes generan reacciones potentes

Es bien conocido el hecho de que las poderosas medicinas de la era moderna desencadenan en los pacientes reacciones sumamente enérgicas, que en ocasiones pueden desembocar en un desenlace fatal. Son solamente aquellos métodos de tratamiento basados en leyes y principios naturales, los que no muestran efectos colaterales perniciosos.

Los terapeutas de todos los sistemas médicos conocidos aducen y enfatizan que mientras el paciente se encuentra bajo su cuidado, y está tomando sus medicinas, no debe aplicársele ningún otro método terapéutico paralelo. La mag-netoterapia es una de las pocas (si no la única) especialidad que no sigue esa convención general.

La magnetoterapia como tratamiento natural

La terapia por imanes se encuentra totalmente basada en leyes naturales, trabaja en un todo de acuerdo con ellas, y su principio fundamental no consiste en curar las enfermedades por sí misma, sino en ayudar y potenciar los procesos naturales de curación. Por lo tanto, sus aplicaciones carecen absolutamente de contraindicaciones que puedan poner en peligro la salud o la vida del paciente.

El segundo principio de la magnetoterapia indica que puede aplicarse sola, o en combinación con cualquier otro tipo de tratamiento, ya que no interfiere con ninguna otra especialidad; por el contrario, acelera e incentiva la acción de todas las medicinas cuyo efecto se base en procedimientos naturales para reintegrar el organismo enfermo a su normal estado de salud.

Los campos magnéticos aceleran la circulación sanguínea

El contacto continuo de los imanes durante cierto tiempo genera calor en el organismo, activa en forma global sus sistemas operativos, y acelera la circulación de la sangre. Por lo tanto, proporciona energía y tonifica el cuerpo como un todo, ayudando al paciente a recuperarse con mayor rapidez de las afecciones, el cansancio y la debilidad, acortar los períodos de convalecencia, y reducir el dolor y las inflamaciones en todas las regiones del cuerpo.

La magnetoterapia resulta beneficiosa, tanto para dolencias leves, como para enfermedades graves

Más que a la curación de la enfermedad, los tratamientos por imanes tienden fundamentalmente a ayudar a todo aquél que no se encuentre satisfecho con su vida, apoyar a los que desean algo más de ella, y elevar el espíritu de quienes viven en una apagada depresión, pero sienten que pueden aspirar a una vida mejor. En el otro extremo, la magnetoterapia también aporta serenidad al ejecutivo, tenso y apresurado tras sus negocios; al ama de casa, nerviosa y preocupada por sus quehaceres; a muchos niños, presas de continuos berrinches y rabietas injustificadas; a los adictos, hombres o mujeres, que no pueden abandonar el alcohol o las drogas; a los hipocondríacos, con su carga de enfermedades imaginarias, y a los solitarios, que no pueden soportar su aislamiento. Todos ellos descubrirán en la magnetoterapia una generosa fuente natural de auto-satisfacción que elevará sus vidas a un nivel más gratificante.

Sin embargo, la magnetoterapia no sólo se limita al tratamiento de afecciones de índole espiritual, como las mencionadas, sino que también ha curado un gran número de casos de enfermedades orgánicas realmente serias, que habían sido consideradas incurables, y hasta terminales por eficientes especialistas. Entre las primeras pueden contarse casos de hipertensión, eczemas, dilataciones prostáticas, poliomielitis, reumatismo, insomnio, etc.; un caso frecuente y clásico en la magnetoterapia es el de los dolores dentales, que pueden aliviarse rápidamente, en un par de sesiones de diez a quince minutos cada una. Entre las enfermedades graves y terminales figuran casos de artritis crónicas muy avanzadas, afecciones cardíacas y renales, y distintos tipos de cáncer, especialmente de hígado y de piel. Todos estos ejemplos están tratados en detalle en los capítulos 14 y 15.

Rápido alivio para todas las edades y ambos sexos

Los tratamientos por imanes resultan tan sencillos que pueden ser administrados o recibidos en cualquier momento, lugar y zona del cuerpo, y pueden aplicarse sobre cualquier persona, sin distinción de sexo ni de edad.

Los beneficios de la magnetoterapia han demostrado ser tan positivos, y sus efectos tan inmediatos en la mayoría de los casos, que en algunas ocasiones sólo se requiere una única sesión, como sucede a menudo con los casos de afecciones leves recientes, especialmente en el caso de jaquecas o dolores articulares, como luxaciones y esguinces.

Sin preparativos

Quizás una de las ventajas más notorias de esta especialidad sea que no requiere ningún tipo de preparativos para administrar o recibir los tratamientos, ya que basta con tocar los imanes durante cierto tiempo, para que ellos cumplan con su función. Con respecto a la duración y frecuencia, salvo casos especiales, las sesiones oscilan alrededor de los 10 a 15 minutos, y generalmente es suficiente con una sola aplicación al día.

Tampoco hace falta disponer de un consultorio o un sitio en especial, ya que los imanes pueden guardarse en cualquier armario de la casa, o llevarse al lugar de trabajo, o incluso en viajes largos, donde el tratamiento puede efectuarse en cualquier habitación donde se pare.

El tratamiento no requiere ningún complemento, como agua, leche, té, ni nada similar para llevarse a cabo, ya que no se debe ingerir medicina alguna.

Con respecto a los imanes, pueden usarse los mismos para muchos pacientes, o muchas aplicaciones, sin más que una ligera limpieza, sin lavados complejos ni desinfecciones. Por otra parte, todas las enfermedades utilizan los mismos imanes, mientras que la forma, el tamaño, el diseño y la potencia sean los requeridos para la zona del cuerpo donde van a ser aplicados, y para la dolencia a tratar.

Ahorro de tiempo y dinero, sin adicciones

Una vez adquiridos los juegos de imanes, no es necesario efectuar ninguna reposición, ni gastos extra, por lo que el método resulta tan económico como sencillo.

Algo parecido sucede con el tiempo, pues el tratamiento magnético no exige interminables esperas en hospitales, sanatorios o terapeutas particulares, como exigen algunas terapias convencionales, e incluso varias alternativas. Las aplicaciones magnéticas, por el contrario, ahorran tiempo en dos sentidos: no ocupan más de 10 o 15 minutos al día, y sus efectos persisten durante largos períodos, sin tener que reforzarlas o renovarlas. Esto último sucede porque los campos magnéticos actúan directa y simultáneamente sobre todos los sistemas corporales, corrigiendo sus funciones en forma natural.

Por otra parte, estos tratamientos, sea cual sea la potencia de los imanes, no provocan ningún tipo de adicción o hábito, como suele suceder con algunas medicinas convencionales. El paciente tratado por magnetoterapia puede dejar de usar los imanes durante unos días, semanas o meses, sin sentir ninguna urgencia por volver a aplicárselos.

Lozanía, energía y juventud

El uso diario de los imanes, cualquiera sea su aplicación, mientras sea en modalidad general, mantiene al usuario -hombre, mujer o niño- correctamente energizado, aumentando así su vida útil y ayudándolo a mantenerse lozano y encantador físicamente.

No importa la zona del cuerpo donde se apliquen los imanes: su influencia se hará sentir en todo el organismo, a través de los sistemas circulatorio y nervioso. Este resultado se hace sentir en forma casi inmediata, especialmente en los puntos de aplicación de los imanes.

Los campos magnéticos como analgésico

Cada enfermedad se encuentra asociada con un tipo particular de dolor, y la magnetoterapia tiene la propiedad de aliviarlos, e incluso erradicarlos a todos, ayudando al organismo humano a volver a su estado natural de salud. Esto amplía enormemente el campo de acción de los imanes sobre todas las enfermedades, y puede corregir los desórdenes funcionales del cuerpo, haciendo desaparecer el dolor y generando un efecto sedante ante cualquier enfermedad.

Como consecuencia, el tratamiento magnético resulta particularmente beneficioso en aquellas afecciones que provocan mayores dolores físicos; paralelamente, al no provocar ningún tipo de shock o agravamiento temporal, como suele observarse con otros tratamientos, puede aplicarse en cualquier momento, y bajo cualquier circunstancia.

Uso preventivo y profiláctico de los imanes

La aplicación de imanes, ya sea diaria u ocasional, resulta altamente beneficiosa también para los individuos clínicamente sanos, como una medida precautoria contra eventuales afecciones que puedan ingresar al organismo, y especialmente contra el nerviosismo, tensión y fatiga acumulados a lo largo de la jornada de trabajo.

Entre estas medidas profilácticas, el tratamiento magnético resulta ideal para prevenir infecciones tales como el sarampión, varicela, gripe, y en general, todas las enfermedades de origen virósico o bacterial, especialmente si se lo complementa con la ingestión de agua magnetizada en forma regular. Esta combinación aporta sus mejores resultados durante las epidemias, disminuyendo notablemente las posibilidades de contagio; en caso de que ya se haya contraído la enfermedad, la severidad y duración de ésta se verán sorprendentemente reducidas. Para la preparación de agua magnetizada en el hogar, debe consultarse el capítulo anterior.

Efectos colaterales

El Dr. A. K. Bhattacharya, en su ya mencionado libro "Magnet and Magnetic Field", recopila un informe sobre biomagnetismo emitido por los laboratorios Delaware, de Oxford, Inglaterra, donde se consigna que no se ha detectado ningún efecto colateral nocivo a lo largo de ninguna de las series de experiencias llevadas a cabo en esa especialidad. No obstante el informe menciona algunas probables consecuencias secundarias positivas y negativas que merecerían una investigación más profunda:

a) Cansancio al término de la primera sesión, pero no después de las subsiguientes.

b) Diuresis inmediatamente después de las aplicaciones, pero sin continuidad.

c) Regularización positiva de la función intestinal en pacientes anteriormente afectados de constipaciones periódicas.
d) Curación más acelerada de pequeños cortes y abrasiones, y mayor rapidez en la reducción de las inflamaciones.
e) Efectos benéficos en jóvenes con acné.
f) Algunas pacientes mujeres señalaron una ligera pérdida de peso, y una reducción del tejido adiposo (células grasas) en la región de los muslos.

Como puede apreciarse sólo el primer efecto puede considerarse decididamente negativo, pero sólo presentó consecuencias temporarias al cabo de la primera sesión, sin repetirse en las siguientes. Todos los demás muestran un carácter definitivamente positivo.

Al considerar los efectos colaterales benéficos de los tratamientos magnéticos, cabe reiterar los informes del Dr. Maclean, de Nueva York, respecto a la restauración de la pigmentación del cabello en muchos de sus pacientes, ya mencionada en el capítulo 8.

El magnetismo y los humores orgánicos

Con respecto a los humores corporales, vale la pena destacar aquí las afirmaciones del gran médico y físico Paracelso, extractadas de algunos de sus escritos actualmente disponibles:

> *"Existe un sinfín de cualidades en un imán, pero quizás la más importante de ella sea la de atraer todos los humores marciales que circulan por el cuerpo humano.*
>
> *Las enfermedades marciales son aquéllas que provienen y se expanden desde el centro hacia afuera, pero al mismo tiempo aferrándose a su punto de origen; en otras palabras, las que emanan desde un cierto sitio, y extienden su influencia sin desprenderse de su lugar de procedencia.*
>
> *En estos casos, el imán debe colocarse justo sobre el punto de origen, para que de esa forma atraiga hacia allí toda el aura afectada, circunscribiendo y localizando la enfermedad hasta que llegue a ser reabsorbida por el centro, y de esa forma destruir el grupo de virus y curar al paciente.*
>
> *El imán, por lo tanto, resulta ideal para todo tipo de inflamaciones, lesiones supurantes y úlceras, así como en desórdenes intestinales y uterinos, tanto internos como externos".*

El concepto "humores marciales" involucra, como ya vimos anteriormente, a todas aquellas sustancias líquidas y semilíquidas (fluidos) que circulan por el cuerpo, y que contienen hierro en distintas proporciones. Los cuatro fluidos principales que la medicina actual reconoce en el organismo humano son: sangre, flema, bilis (bilis amarilla o colérica) y atrabilis (bilis negra o melancólica), que coinciden con los cuatro que en la antigüedad se suponía que constituían el cuerpo. Todos estos fluidos contienen diversas proporciones de hierro, lo que sustenta la teoría de Paracelso de que los imanes influyen, no sólo sobre la sangre, sino también sobre las principales sustancias líquidas y semilíquidas del cuerpo.

Según algunos autores, la combinación, en proporciones mayores o menores, de los cuatro fluidos corporales, determina la complexión, disposición anímica, temperamento y características físicas y mentales del individuo. La predominancia de cada uno de ellos genera caracteres diferentes, que dependen de la proporción: expansivo o sanguíneo (sangre), resignado o flemático (flema), violento o colérico (bilis) o triste y melancólico (atrabilis).

Hace siglos ya, los antiguos médicos Unani habían elaborado una teoría que explicaba la génesis de la salud y la enfermedad en función de los humores corporales. Los rasgos más sobresalientes de esta teoría se basaban en los cuatro fluidos mencionados, a los que aplicaban los siguientes nombres: Khoon (sangre); Halgham (flema); Safra (bilis), y Sauda (atrabilis). Esta teoría basada en los fluidos orgánicos aún mantiene una firme posición entre los actuales médicos Unani de la India, quienes creen que cuando los cuatro humores se encuentran en la proporción adecuada en cuanto a cantidad e intensidad, la persona goza de perfecta salud, pero cuando esa proporción se altera, el individuo enferma. La siguiente tabla determina las funciones orgánicas de los cuatro humores Unani, y su influencia sobre la personalidad:

Humor: Sangre. (Khoon)
Color y sabor: Rojo. Dulzón
Características físicas: Cálida (temperatura corporal) y húmeda (Danwi mizaj)
Funciones: Proporciona nutrición al organismo, promueve el crecimiento durante la adolescencia y contribuye al mantenimiento de la temperatura corporal aportando el combustible requerido (oxígeno).
Personalidad: Tipo sanguínea o pletórica. Complexión física rojiza. Buen apetito. Activos, tensos, robustos u obesos. Orina color rojiza.

Humor: Flema (Balgham)
Color y sabor: Blancuzco. Puede transformarse en sangre.
Características físicas: Frío y húmedo (Balghami mizaj)
Funciones: Supervisa la nutrición de órganos como el cerebro y el encéfalo; lubrica las articulaciones; mantiene la humedad en órganos y tejidos para un movimiento más suave.
Personalidad: Tipo pasiva o flemática. Somnolientos. Cabello delgado y piel blanco-lechosa. Complexión obesa. Ingesta de líquidos escasa. Actividad y movimientos perezosos. Orina incolora.

Humor: Bilis amarilla o colérica (Safra)
Color y sabor: Rojo ocre (azafrán). Amargo, pungente
Características físicas: Cálida y seca (Safrawi mizaj)
Funciones: Permite a la sangre nutrir adecuadamente aquellos órganos que necesitan humor biliar (pulmones, etc.). Aligera la sangre, de forma que pueda alcanzar los capilares más delgados. Limpia los residuos alimenticios y los humores flemáticos

de las paredes de los intestinos. Colabora en la digestión y elimina parásitos intestinales a causa de su sabor amargo.

Personalidad: Tipo colérica o violenta (biliosa). Cuerpo velludo y cetrino, de complexión enjuta. Se encoleriza rápidamente. Orgullosos y vengativos. Energéticos, inteligentes y astutos. Experimentan sensaciones de cosquilleo y pellizcos en el cuerpo. Orina amarilla y ardiente.

Humor: Atrabilis o bilis negra (Sauda)
Color y sabor: Marrón oscuro, con sedimentos sanguíneos.
Características físicas: Fría y seca.
Funciones: Nutre algunos órganos, como los huesos, y controla la densidad y consistencia de la sangre. Activa la boca del estómago, despertando el apetito.
Personalidad: Tipo melancólica o triste. Morenos, enjutos, con vasos sanguíneos muy delgados. Muestran signos de insomnio. Orina oscura o rojiza subida.

Las afirmaciones de Paracelso, por lo tanto, implican que el tratamiento con imanes influye sobre todos los fluidos, y por ende sobre todas las personas con las características antedichas; en otras palabras, sobre la gran mayoría de la humanidad.

Es un hecho perfectamente conocido que la respiración ingresa al cuerpo fría, pero se exhala caliente, debido a su paso por lugares templados del cuerpo. De la misma forma, el aire se inhala seco, y se expele del cuerpo húmedo; en caso de producirse una pérdida de calor (hipotermia), o exceso de humedad en el organismo, se recomienda la aplicación de imanes en alguna de las modalidades generales, ya que su contacto continuado durante cierto tiempo regula eficientemente ambos parámetros y eleva la temperatura corporal.

Todos los análisis efectuados hasta el momento demuestran que los imanes poseen múltiples cualidades, y que vale la pena conservar un par de ellos en el hogar, aunque sólo sea porque constituyen una verdadera unidad integral médico/medicina. Esto hace casi imperativo -o al menos muy conveniente- que cada familia conserve un juego de imanes en su casa, y que aprenda sus aplicaciones básicas, al menos en las afecciones y dolencias más frecuentes. Al igual que en la India, en todos aquellos países pobres en que los pueblos carecen de dinero para adquirir alimentos, y mucho menos medicinas cuando caen enfermos, la magnetoterapia puede significar la diferencia entre la salud y el sufrimiento, a un costo nulo o sumamente bajo. Una de las posibilidades es la apertura de "centros magnetoterapéuticos" gratuitos para la atención de los más pobres y necesitados; estos institutos podrían solventarse con escasas o nulas inversiones por parte de los gobiernos o los filántropos, iniciándose simplemente con unos pocos pares de imanes, y el deseo sincero de ayudar a los que sufren.

Capítulo 13

Los imanes como instrumentos de prevención

La salud es el más preciado regalo de Dios

La carta constitucional de la Organización Mundial de la Salud, institución que nuclea gran cantidad de países, ha definido la salud como "***un completo estado de bienestar físico, mental y social, y no meramente la ausencia de enfermedades u otros padecimientos orgánicos***".

Una buena salud es la mayor bendición en la vida, y el más preciado de los dones que Dios puede concedernos. Un hombre no puede alcanzar la felicidad, ni disfrutar realmente de ella, si su salud se ve constantemente amenazada, y en ese caso su vida se transforma en un verdadero tormento. Por lo tanto, el deber natural y sagrado de cada uno de nosotros es hacer todos los esfuerzos posibles para preservar la salud, y evitar que pueda verse amenazada en el futuro. Según palabras de Harvey W. Wiley, "*Debemos preservar cuidadosamente esa vida que el Creador nos concedió, pues no es en absoluto un don inútil*".

La ciencia médica puede proporcionarnos la ausencia de enfermedad, pero no puede asegurarnos una buena salud, de la misma forma que alguien podría regalarnos una casa, pero no podría hacer de ella un hogar para nosotros. Esto significa, en otras palabras, que **la salud no depende de las atenciones físicas, sino de nuestro propio Yo**. Y el Yo sólo puede ser protegido de la enfermedad mediante el cuidado y la prevención.

Prevenir es mejor que curar

La prevención de la enfermedad es definitivamente más efectiva y económica que cualquier cura, pero una salud positiva es aún mejor que ambas soluciones anteriores. Si mediante una habitación saludable, una nutrición correcta, aire fresco y algún tipo de ejercicio natural, podemos evitar desde el mismo comienzo las condiciones que provocan la mayoría de las dolencias actuales, entonces no necesitaremos costear onerosos tratamientos para aliviar, curar y/o erradicar la enfermedad.

Un médico de primera clase es aquél que no sólo puede curar las enfermedades, sino también prevenirlas. Esperar que una persona esté enferma, para luego curarla, es la peor política que podemos seguir. Administrar medicinas para enfermedades que ya se han declarado, es como reducir motines que ya han estallado; es comparable a la actitud de alguien que comienza a cavar un pozo recién cuando descubre que tiene sed. Esta es la razón por la que la primera disposición sanitaria de un gobierno debe ser, por sobre todas las cosas, tomar las medidas preventivas necesarias; por ejemplo, contra las enfermedades más comunes y que pueden erradicarse por tratamientos comunitarios, como la viruela, sarampión, poliomielitis, etcétera.

Con mucha frecuencia, la gente no está realmente enferma, pero se siente en un estado por debajo de lo que cree que debería ser su salud ideal. Este es un estado pre-clínico de enfermedad, en el que deben tomarse todas las precauciones posibles para prevenir cualquier eventual enfermedad. Si en esta etapa se trata adecuadamente a esa persona, no sólo se logrará erradicar esa desagradable sensación de fatiga, desazón, etc., sino que también evitaremos cualquier posible desequilibrio orgánico real.

Padres saludables engendran hijos saludables, y los niños en estas condiciones incuban menos enfermedades en su vida posterior, y disfrutan de una perspectiva psicológica más equilibrada. Si un adulto que fue robusto cuando niño, llega a enfermar, su curación será mucho más rápida y efectiva que la de una persona que nació débil, o que estuvo enferma durante los primeros años de su vida.

El hombre medio actual bebe alcohol en cantidades desmesuradas, lleva una vida irregular y poco natural, y se entrega a excesos sexuales, con lo que lo único que logra es agotar su fuerza vital. Está desperdiciando su energía en forma irracional, buscando únicamente placeres y satisfacciones físicas. Todas estas acciones y actitudes están en contra de las leyes de la naturaleza, y por esa causa el promedio de vida útil comienza a decaer. En la actualidad, la gente sólo alcanza una edad media inferior a la mitad de los cien años estipulados por los antiguos libros religiosos, antes de comenzar a mostrar signos de deterioro físico. Mantener los hábitos personales dentro de un nivel moderado, y realizar algunos ejercicios naturales, es la única manera de vivir sano durante largo tiempo.

El gran astrónomo, matemático y filósofo francés, Renée Descartes (1596-1650) afirmó: "*Si existe algún medio posible de incrementar la sabiduría del hombre común, y la capacidad de la humanidad, éste medio debe buscarse dentro de la medicina*"; confirmando el hecho de que a la medicina se la denomine también "la ciencia de la humanidad y la vida". Cabe recordar aquí lo dicho por el Dr. F. V. Broussais, de Francia, quien afirmó que "*si las posibilidades del magnetismo se cumplen, la medicina sería un absurdo*". Mientras tanto, gran cantidad de científicos, a través de innumerables experimentos desarrollados en todo el mundo, han logrado demostrar, más allá de toda duda, que el magnetismo es una ciencia en toda la extensión de la palabra.

Los imanes como instrumentos de prevención

Analicemos ahora las posibilidades de los imanes como instrumentos de prevención de la enfermedad. Está plenamente confirmado que cuando surge algún peligro que amenace su existencia, el ser humano, por instinto, adopta una de dos actitudes: huye del motivo de riesgo, o trata de levantar tantas barreras como pueda para impedir que lo alcance. Sin embargo, el hombre no puede huir de una enfermedad que se arrastra insidiosamente dentro de su propio cuerpo físico; por lo tanto, sólo le resta el recurso de crear defensas internas y externas que lo protejan de la enfermedad que lo amenaza. Para una protección adecuada, ambos tipos de defensas deben tener como meta primaria un incremento de la resistencia natural del organismo; existen dos métodos para levantar esas defensas:

a) Limpiando el organismo de cualquier acumulación indeseable, removiendo obstáculos y regularizando el funcionamiento de la maquinaria humana.

b) Proporcionando nueva vitalidad y estímulo a las energías corporales.

Los campos magnéticos inducidos por los imanes constituyen el agente ideal para abordar simultáneamente los dos objetivos mencionados, ya que han demostrado ser una excelente protección contra todas las enfermedades, y son magníficos energizantes, por lo que resultan un dispositivo de prevención altamente confiable.

En los sistemas homeopáticos de tratamiento, las medicinas curativas también suelen utilizarse como preventivos, y lo mismo ocurre con los imanes; esto sucede porque el magnetismo opera sobre el principio de acelerar la resistencia innata (no la superficial) y el dinamismo natural del cuerpo físico.

La magnetoterapia rechaza el recurso de introducir en el organismo agentes o elementos ajenos a él para luchar contra la enfermedad; de allí que la aplicación preventiva o precautoria del magnetismo sea esencialmente beneficiosa, y libre de cualquier efecto colateral nocivo.

Puede decirse sin temor a equivocarse, que la aplicación regular de imanes de una potencia aconsejable es capaz de reemplazar a los ejercicios matinales y vespertinos, al menos desde el punto de vista del plano puramente físico. Por supuesto que no debemos olvidar los beneficios en los planos psicológico y natural que aportan los ejercicios, especialmente para la juventud, pero el uso regular de los imanes puede transformarse en una ayuda adicional para la salud de los jóvenes, y una más que importante asistencia para la gente de mayor edad y los ancianos. En otras palabras, esto significa que el uso de imanes en forma regular preserva y mejora nuestro estado natural de salud, especialmente para aquéllos que no tienen tiempo para otros ejercicios, o para caminar.

En el capítulo 8 hemos visto que los imanes actúan sobre el organismo de muy diversas formas, pero que la principal de ellas es su efecto sobre el sistema circulatorio. Ahora bien: si nuestro torrente sanguíneo se mantiene limpio de depósitos e impurezas, nos habremos salvado de numerosas enfermedades que podrían afectarnos por su culpa, y el uso regular del magnetismo es el instrumento ideal para esa limpieza. La aplicación de imanes ha demostrado ser un recurso curativo en el caso de gente enferma, restaurativo en los convalecientes y preventivo en las personas saludables.

Si se desea mantener un nivel de salud estable, es preciso reforzar regularmente el magnetismo de nuestro cuerpo, mediante la alimentación por alguna fuente externa al organismo. Todos los elementos y sistemas internos que conforman nuestro cuerpo responden naturalmente a las emanaciones magnéticas, y muestran invariablemente resultados positivos. El flujo magnético vigoriza y acelera los agentes autopreventivos y autocurativos de nuestro organismo, y a través de su acción sobre la sangre, los nervios, las células y las hormonas, incrementa dinámicamente las energías física y mental -y consecuentemente la psicológica- del hombre, disminuyendo el agotamiento y el deterioro físico, y prolongando la vida. Por lo tanto, podemos decir que la magnetoterapia está íntimamente ligada a la preservación de la salud y a la prevención contra la amenaza de la enfermedad.

Aplicaciones preventivas y curativas

El magnetismo posee un efecto sumamente penetrante sobre todos los sistemas operativos del cuerpo humano, por lo que resulta beneficioso para todo tipo de afecciones o falencias funcionales que puedan surgir en el organismo. Como resultado, cualquier enfermedad que pueda curarse mediante la aplicación de imanes, también puede prevenirse por su intermedio.

En vista de los múltiples efectos benéficos de los tratamientos magnéticos, tanto curativos como preventivos, cabe recordar el consejo del Dr. R. S. Thacker, el gran magnetoterapeuta de Nueva Delhi, quien recomendaba ponerse en contacto diariamente con un par de imanes de diferente polo, para mantenerse saludable.

En otras palabras, y resumiendo lo analizado en las páginas previas, es evidente que el uso regular de un par de imanes puede mantenernos más jóvenes, y permitirnos vivir más tiempo; es algo así como obtener el máximo de rendimiento físico con el mínimo de esfuerzo, tiempo y dinero.

Parte VI

Capítulo 14 - Experiencias de magnetoterapeutas hindúes
Capítulo 15 - Informes clínicos de países extranjeros

Capítulo 14

Experiencias de magnetoterapeutas hindúes [1]

La magnetoterapia está considerada como un sistema de tratamiento relativamente nuevo, aunque como hemos visto en el capítulo 2 esto no sea del todo cierto, ya que ha sido utilizada en la antigüedad, aunque fuera en forma empírica. En la actualidad, el magnetoterapeuta contemporáneo más antiguo de la India es el Dr. R. S. Thacker, de Nueva Delhi, quien si bien en su vida profesional es un prominente hombre de negocios, ha estado administrando tratamientos magnéticos gratis a todo tipo de público, durante tres horas por la mañana, desde hace más de 20 años. En ese lapso ha curado muchos miles de casos de diferentes enfermedades, tanto agudas como crónicas, cientos de los cuales eran considerados terminales, y habían sido desahuciados por médicos y hospitales convencionales. No es posible en este libro proporcionar una relación completa de todos los casos tratados con éxito por el Dr. Thacker, por lo que a continuación suministramos una lista de 25 casos tomados al azar de sus archivos de pacientes.

Dr. R. S. Thacker

1.- **Eczema**. *Sr. K. C. Gupta (alrededor de 52 años)*. Alto funcionario del gobierno de la India, recibió un pinchazo de una espina en el dorso de la mano, mientras cuidaba unas plantas florales en su jardín. A los pocos días comenzó a formarse una ampolla en el lugar del pinchazo, que pronto se convirtió en

[1] **N. del T.**: Los siguientes casos del presente capítulo están comentados directamente por los responsables de los tratamientos, de allí la personalización.

una eczema supurante. Con el tiempo, la eczema se extendió por todo el cuerpo, y la supuración comenzó a brotar de todos los miembros. Los médicos de los dispensarios gubernamentales, incluidos los dermatólogos más conocidos de la India trataron de curarlo, pero ninguno de ellos logró siquiera aliviar la afección cutánea. La enfermedad transformó la vida de Gupta en una tortura, y nada lograba aliviarlo, hasta que se le aconsejó que probara con algunas sesiones de magnetoterapia. Así fue como se acercó al Dr. Thacker, y comenzó con él su tratamiento, que consistió en la aplicación de los métodos generales I al V en forma alternativa, con imanes potentes, una vez por día, por la mañana, durante diez minutos todos los días. Al cabo de tres o cuatro sesiones de iniciado el tratamiento, las heridas comenzaron a secarse, y en un lapso de 3 semanas su eczema estaba completamente curada, sin haber recibido ninguna medicina.(2)

2.- **Accidente (I).** *Sr. Avinash Kumar Shukla.* Sufrió un accidente motociclístico, chocando contra un automóvil, en el que recibió heridas relativamente grandes, que debieron ser suturadas. Se quejaba de agudos e intolerables dolores, pero al cabo de la primera sesión, aplicada de urgencia, éstos habían desaparecido, y durmió perfectamente por la noche. Al día siguiente pudo concurrir a su trabajo caminando normalmente, aunque las puntadas aún estaban allí; caminaba erguido y sin renquear, y dijo sentirse "como si no le hubiera pasado nada".

3.- **Accidente (II).** *Rajeev Jain*; un estudiante de Nueva Delhi, recibió un golpe con la pelota jugando al cricket (3) que le produjo una herida cortante en el labio inferior, interesándole hasta 6 mm dentro de la boca. Sanó completamente en 3 días de sesiones, y posteriormente escribió que "consideraba el tratamiento magnético lo más maravilloso que había visto hasta el momento".

4.- **Artritis en las rodillas.** *M. A. Shandara.* Esposa de Gupta, padecía de artritis muy avanzada en las rodillas desde bastante tiempo antes de comenzar sus sesiones de magnetoterapia. La enfermedad hacía que cada movimiento de sus piernas le causara terribles dolores, y tenía grandes dificultades para levantarse y caminar. La señora Shandara se había sometido a diversos tratamientos, entre los que se contaba un largo proceso alopático y uno Unani, que no habían dado resultado alguno. Sin embargo, cuando comenzó las sesiones de magnetoterapia respondió magníficamente bien, y al poco tiempo experimentó un gran alivio en sus dolores, y recuperó casi toda la sensibilidad en sus piernas.

---

(2) **Nota del autor**: Debo destacar que fue al enterarme de esta sorprendente curación que decidí interiorizarme sobre este maravilloso sistema terapéutico, que luego adopté definitivamente como un medio de beneficiar al público en general.

---

(3) **N. del T.**: la pelota de cricket es similar a la de béisbol o hockey sobre césped, con su interior compuesto por un centro de madera dura rodeado por capas de corcho envueltas en hilo, y finalmente cubiertas por cuero retobado, con un peso de 325 gramos.

5.- **Quemaduras.** *La cuñada del Dr. Thacker*; esposa de su hermano, un juez de la ciudad de Simla, recibió quemaduras muy severas en el lado derecho del tórax, que le ocasionaron profundas escaras supurantes, cuyo dolor era tan intenso que no le permitía dormir por las noches. Los mejores tratamientos alopáticos disponibles en su ciudad de residencia no lograban aliviar sus padecimientos, y la paciente no podía ser trasladada, así que el Dr. Thacker decidió tratarla allí mismo, y viajó expresamente a Simla, llevando consigo algunos juegos de imanes potentes.

Para comenzar, aplicó dos imanes a sus manos en dos sesiones de 15 minutos, y la mujer reconoció haber sentido la influencia del campo magnético, pero el dolor de las heridas no se alivió. Ante esto, el Dr. Thacker suspendió un imán del techo de la habitación, la hizo sentar en una silla de madera, y le ordenó que mantuviera el imán en estrecho contacto con las heridas, dos veces por día durante 15 minutos cada vez. Al cabo de pocos días de tratamiento, las llagas comenzaron a secarse y el dolor menguó notablemente. La razón para colgar el imán del techo -explicó posteriormente el Dr. Thacker- fue para que la mujer no sintiera su peso sobre las escaras en carne viva.

6.- **Corea (Mal de Parkinsons)** [4]. *Sr. Brindaban Sharma (alrededor de 60 años)*. Sus manos sufrían estremecimientos desde hacía ya 8 o 10 años, cuando el Dr. Thacker le aplicó un tratamiento con el Método I, una vez al día por la mañana, logrando la cura total de la enfermedad, ya crónica, en un lapso de menos de un mes.

7.- **Diabetes (I).** *Sr. Sharma (alrededor de 45 años)*. Acusando una diabetes avanzada, se acercó al Dr. Thacker en busca de alivio, y recibió un tratamiento magnético por el Método I, en el curso del cual debió efectuar un impostergable viaje a Cachemira. Para no interrumpir el tratamiento, llevó consigo dos de los imanes del Dr. Thacker, y los usó allí y durante el viaje; cuando regresó, al cabo de 2 meses, pudo devolver los imanes, pues su diabetes había desaparecido.

(II). *El padre del Sr. Sharma (70 a 75 años de edad)*. También sufría de diabetes, por lo que solicitó la atención del Dr. Thacker, quien le aplicó un tratamiento similar al de su hijo, curándolo totalmente en alrededor de dos meses.

8.- **Consecuencias de una herida.** Una joven de 20-21 años había estado sufriendo una serie de ataques que en ocasiones le provocaban desmayos, desde los 5 años de edad, en que cayó desde el techo de su casa. Se le administró un tratamiento por el Método I, y en un lapso de dos meses su ataques disminuyeron notablemente, a no más de uno por semana, en lugar de uno o dos diarios como anteriormente; en dos o tres meses más se encontraba totalmente libre de ellos.

---

[4] **N. del T.**: Se conoce como "corea" una enfermedad convulsiva que afecta especialmente a los niños, llamada también "Mal de San Vito" porque se invocaba a este santo para su curación.

9.- **Hernia**. Ante una hernia umbilical pronunciada, una mujer de alrededor de 40 años consultó a varios cirujanos y médicos alopáticos, que aconsejaron cirugía, pero el miedo de la mujer le hizo consultar al Dr. Thacker, quien le aplicó simultáneamente cuatro imanes: dos debajo de sus pies, de acuerdo con el Método V, un tercero (polo norte central) en el abdomen, sobre el ombligo, y el cuarto (polo sur central) en la espalda. La hernia se resumió en algo más de 3 meses, sin medicinas ni cirugía.

10.- **Hipo**. Una dama mayor trajo a su nuera recién casada al consultorio del Dr. Thacker, para que la tratara de un hipo ocasional, pero reiterativo, que la joven sufría desde hacía ya varios años; la dama sostenía que si hubiera sabido que la joven padecía aquellos ataques, jamás hubiera permitido el casamiento con su hijo. Para tranquilizarlas, el Dr. Thacker les aseguró que la joven se curaría de su enfermedad, y aplicó el polo norte de un imán potente sobre la región superior del ombligo, y el polo sur de otro imán igual en la espalda, justo en el punto opuesto. Al cabo de un tratamiento de una sesión matinal diaria, la enfermedad de la joven desapareció en sólo una semana.

11.- **Un caso desesperado**. La madre de un empleado del negocio de artículos de platería del Dr. Thacker, Mistri Zia-uddin, se encontraba gravemente enferma; todos los médicos que la habían atendido la habían desahuciado, y lo único que podían hacer sus allegados era esperar su muerte. Zia-uddin comentó el caso con el Dr. Thacker, y vista la imposibilidad de llevar a la paciente a la clínica, éste accedió a atenderla en su casa. Allí, el doctor aplicó a la enferma dos imanes, de acuerdo con el Método II, y esta expulsó una gran deposición con un intolerable olor ácido y pungente, y se sintió mejor inmediatamente después. Al cabo de cierto tiempo, la anciana regresó a su hogar en Moradabad, en lugar de tener que ocupar una tumba en Nueva Delhi.

12.- **Heridas en las piernas (I)**. *Sr. C. R. (55).* Sufrió un accidente frente a su negocio, con serias heridas en sus miembros inferiores. Se le administraron en primer lugar medicinas indígenas, y ante las respuestas negativas se lo puso bajo un tratamiento alopático, al que tampoco respondió satisfactoriamente. Sufría de constantes y terribles dolores en las piernas, hasta que se acercó renqueando hasta la clínica del Dr. Thacker, quien lo trató con dos imanes, según el Método V. En la primera sesión se comenzó por un período de 30 minutos, extendiendo luego ese tiempo hasta 90, y el hombre experimentó tanto alivio con este tratamiento, que regresó a su casa caminando casi normalmente.

13.- **Heridas en las piernas (II)**. *El hermano menor del Dr. Thacker (de alrededor de 40 años).* Sufrió una caída que le produjo serias lesiones en su pierna derecha; no existía fractura, pero el dolor le impedía prácticamente caminar. Con grandes dificultades se llegó hasta la clínica de su hermano, quién le aplicó un par de imanes de potencia media bajo las plantas de ambos pies, durante 45 minutos. Al cabo de los primeros 15, le agregó otros dos imanes muy potentes -con una fuerza de elevación de más de 20 kilogramos de hierro- sobre el lugar lesionado, manteniéndolos allí durante una hora. El dolor y la inflamación desaparecieron rápidamente, sin necesidad de administrarle medicina alguna.

14.- **Falta de menstruación**. Frente a una falta total de menstruación, una joven de 21 años fue tratada por el Dr. Thacker mediante la aplicación de dos imanes potentes, ambos con el polo sur en el centro, colocados en ambas manos. El tratamiento se prolongó durante 20 a 25 días, hasta que la muchacha tuvo su primera menstruación, que se repitió regularmente de allí en más.

15.- **Retraso mental**. A un niño de Nueva Delhi (12 años), mentalmente disminuido, se le aplicó un imán de media potencia sobre su frente, durante 5 minutos al día, complementando el tratamiento con ingesta de agua magnetizada. Las sesiones se prolongaron por 3 meses, al cabo de los cuales el niño se había recuperado notablemente.

16.- **Enfermedades mentales**. *Sardar B. S. (27 años de edad).* No podía realizar ningún trabajo mental, era silencioso y taciturno, y solía perder el sentido con bastante frecuencia. Su tratamiento duró seis meses, durante los cuales se le suministró agua magnetizada; al término de aquél, no sólo actuaba y se desempeñaba en forma normal, sino hiperactiva, y en la actualidad maneja un exitoso negocio.

17.- **Obesidad (I)**. El compromiso matrimonial de una joven amenazaba con fracasar por culpa de su obesidad, pero mediante un tratamiento magnético continuado logró bajar 4 kilogramos en 2 meses, con lo cual se reanudaron las relaciones con su prometido, y finalmente se concretó el casamiento.

(II). Un lechero de Nueva Delhi, (de alrededor de 55 años) pesaba casi el doble de un varón normal de su edad, lo que le acarreaba serias dificultades en su trabajo, y hasta para caminar. Como tratamiento se le aplicaron dos imanes potentes en las manos, otros dos bajo las plantas de los pies, y un quinto sobre la parte inferior de la columna vertebral, todos ellos simultáneamente. Las sesiones comenzaron con una duración de 10 minutos, que luego se incrementaron a razón de 5 minutos por día hasta llegar a los 45 minutos por sesión. Al cabo de un mes, el hombre había perdido mucho peso recuperado gran parte de su actividad, así que compró dos imanes y siguió aplicándoselos en su casa durante 4 meses más; en ese período eliminó tanto de su exceso de peso, que muchos de sus antiguas relaciones, que no lo habían visto durante ese período, no lograban reconocerlo cuando lo volvían a encontrar.

18.- **Dolores en los brazos**. En una oportunidad, el mismo Dr. Thacker comenzó a experimentar un fuerte dolor en la parte superior de su brazo derecho, y se aplicó el polo sur de un imán potente sobre la porción dolorida. Al hacerlo, el dolor se trasladó hacia una zona más baja, cerca del codo, por lo que Thacker repitió la operación en esa zona. Nuevamente, el dolor se desplazó más abajo, hasta su muñeca, pero esta vez, al colocar allí el imán, el dolor volvió a subir por su brazo, hasta que al fin, al seguirlo más arriba, el dolor desapareció, y no volvió a recurrir jamás.

19.- **Dolores de espalda**. Un niño de alrededor de 10 años de edad sufría un agudo dolor en la columna vertebral, justo debajo del cuello; lo había padecido durante más de dos semanas, y lloraba casi continuamente. Cuando lo llevaron a la clínica del Dr. Thacker para su tratamiento, y se le aplicó durante 15 minutos el polo sur de un imán sobre el área dolorida, el dolor se trasladó a otro lugar. Al colocar el imán sobre el nuevo punto, el dolor volvió a moverse, pero al cabo de media hora se había desvanecido completamente, y el niño volvía a sonreír por primera vez en varias semanas; había llegado a la clínica llorando, y se marchaba de ella charlando y riendo con su padre.

20.- **Parálisis**. Una niña de alrededor de 4 años llegó a la clínica en brazos de sus padres, afectada por una parálisis reciente, declarada hacía sólo 8 o 10 días. Se le aplicó un tratamiento por los métodos I y V, a razón de 10 minutos diarios, complementado con ingesta de agua magnetizada, y la pequeña se recobró completamente en poco más de un mes.

21.- **Poliomielitis (I)**. Luego de un ataque de poliomielitis, una niñita de apenas un año de edad fue tratada en un hospital gubernamental y en otros nosocomios, pero sin resultado alguno. Finalmente, la magnetoterapia aplicada por el Dr. Thacker logró el milagro: la niña se curó completamente, y al poco tiempo caminaba sin impedimento alguno.

(II). Miss Barkha, Nueva Delhi; tras un ataque de polio, fue tratada por varios médicos, sin ningún progreso. Unicamente el tratamiento magnético aplicado por el Dr. Thacker logró finalmente restaurar su salud.

22.- **Tuberculosis pulmonar**. *Smt. D. S. (40)*. Padecía una aguda crisis de tuberculosis pulmonar. Se encontraba tan débil que no podía siquiera levantarse de la cama sin ayuda, y mostraba los habituales síntomas de fiebre, tos, flemas, etc. A pesar de que los médicos alópatas la habían declarado terminal, se le administró un tratamiento magnético de 10 minutos por sesión según el Método I, 4 veces por día, complementado con agua magnetizada; como la paciente no podía concurrir a la clínica, los imanes eran aplicados por su hijo, en su propia casa. En alrededor de dos meses, la paciente podía pararse por sus propios medios, y su apetito se había incrementado considerablemente.

23.- **Incapacidad de movimientos**. *Smt. S. D. (70)*; despertó una mañana con los pies y la parte inferior de las piernas entumecidos, sin poder pararse, y mucho menos caminar. Sus hijos debieron llevarla en brazos hasta la clínica, donde el Dr. Thacker le aplicó dos imanes potentes bajo las plantas de los pies (Método V). Al término de una sesión de 90 minutos, la mujer no sólo fue capaz de pararse sobre sus pies, sino también de caminar por la habitación sin ninguna clase de apoyo. El problema no volvió a repetirse, y no fue necesario ningún otro tratamiento posterior.

24.- **Afecciones dérmicas**. *Sr. R. Aggarwal, de Nueva Delhi*. Se acercó a la clínica afectado por una enfermedad crónica de la piel que padecía ya desde hacía ya más de 8 años, y que seguía incurable a pesar de haber consultado a los mejores dermatólogos del país. Se sintió sorprendido al advertir resultados positivos en solamente 10 días, dentro de los cuales se hicieron evidentes grandes cambios, como un gran alivio de los síntomas, y la desaparición de la mayoría de los signos exteriores de la enfermedad.

25. **Problemas de garganta.** *Sr. V. K. Nayyar*. Escribió en una carta al Dr. Thacker que su madre, Smt. Rajinder Pal Nayyar, había sufrido algunos desórdenes en la laringe, y había quedado prácticamente sin habla. Se le habían aplicado todo tipo de tratamientos, entre ellos alopáticos, homeopáticos y ayurvédicos, sin que hubiera podido notarse una recuperación apreciable. Pocos días después, luego de aplicarle el tratamiento magnético programado para ella, Nayyar volvió a escribir a la clínica, agradeciendo al Dr. Thacker, y comentando que su madre se encontraba en perfecto estado de salud, y ya conversaba normalmente.

Otro de los logros del Dr. Thacker fue incrementar la altura de varios jóvenes en 2 o 3 cm, mediante la aplicación de magnetos, complementada con la ingesta de agua magnetizada. En su informe consta que el tratamiento arrojó un resultado igualmente efectivo para ambos sexos, y en jóvenes entre 12 y 25 años.

Una de las experiencias quizás más importantes en la carrera terapéutica del Dr. Thacker, fueron los servicios prestados (en forma humanitaria y gratuita) en el Hospital Militar de Nueva Delhi. Su dedicación lo hizo sumamente popular entre los jóvenes soldados allí internados, por los excelentes resultados logrados con sus tratamientos magnetoterapéuticos, aplicados durante 6 meses al término de la guerra contra Pakistán.

Testimonios de algunos casos tratados por el autor

Espondilitis cervical crónica

He logrado mis mejores resultados en tratamientos magnéticos en los casos de espondilitis cervical, es decir, inflamación y dolores en cualquiera de las vértebras superiores (cervicales) de la columna vertebral. Esta dolencia se caracteriza por sus agudos dolores, que impiden el movimiento del cuello hacia los lados o hacia arriba y abajo, y aún no se ha registrado un tratamiento efectivo y permanente para ella, ni en la medicina alopática, ni en ninguna de las terapias alternativas conocidas. En medicina convencional se suelen recomendar sesiones de diatermia, tracción, baños de cera, fisioterapia y algunas veces ultrasonidos, y se sugiere la conveniencia de usar un collar de sujeción, pero todos estos tratamientos sólo proporcionan un alivio transitorio de una horas o unos pocos días, y luego retornan los dolores, de modo que el paciente puede tomar estos tratamientos durante años enteros, sin experimentar una cura verdaderamente definitiva.

Esta enfermedad generalmente deviene de posturas erróneas, especialmente la posición de sentado con la espalda doblada hacia adelante, o inclinada hacia uno de los laterales; posteriormente, el dolor se extiende hacia uno de los hombros y el brazo correspondiente, o los dos, llegando en ocasiones hasta la región lumbar, es decir, el extremo inferior de la columna vertebral.

Es una enfermedad esencialmente difundida entre los empleados de oficina, recrudecida actualmente por el auge de las computadoras personales; afortunadamente, he logrado más de un 95% de éxito en el tratamiento de esta dolencia, como se podrá apreciar en las historias clínicas subsiguientes.

Fundamentos técnicos del tratamiento

Mi procedimiento personal comienza por revisar la región cervical del paciente mediante una placa radiográfica o una sesión de Rayos X, para determinar con exactitud qué vértebra o vértebras son las más afectadas; por lo general se trata de dos o tres de ellas situadas en forma consecutiva, aunque en ciertos casos he llegado a determinar hasta cinco dañadas simultáneamente.

El siguiente paso consiste en ubicar el polo norte de un imán de alta potencia (1.000 gauss o más) sobre la vértebra afectada, y el polo sur en dirección al lugar hacia el cual el dolor se expande, independientemente de que sea hacia la derecha o la izquierda, o incluso hacia la región lumbar. Ambos magnetos deben colocarse en posición simultáneamente, y mantenerse así durante no menos de 10 o 12 minutos, aunque en los casos crónicos este lapso puede prolongarse gradualmente, a razón de un minuto por día, hasta llegar a los 20. Estas sesiones pueden repetirse mañana y tarde, en caso necesario, y durante su aplicación conviene evitar la ingesta de líquidos o alimentos fríos, que pueden provocar escalofríos, y sobre todo las bebidas gaseosas.

1. *Sr. S. K. B. (45 años)*. Un funcionario del gobierno, que había estado padeciendo esta enfermedad durante dos años, sufría de agudos dolores en la parte izquierda de la región cervical, que abarcaban el hombro y el brazo del mismo lado impidiéndole levantarlo y moverlo libremente. Se le habían aplicado los mejores tratamientos alopáticos disponibles, incluyendo fisioterapia y tracción, pero ninguno de ellos aportó un resultado permanente. Finalmente, la magnetoterapia le proporcionó la curación definitiva, al cabo de sólo un mes de tratamiento.

2. *Sra. P. G. Gokhale, de Nueva Delhi*. Al cabo de dos años de sufrimientos, en que no podía dormir por los dolores, el caso se agravó con la paralización casi completa de las manos, particularmente el brazo y la mano izquierdos. Comenzado el tratamiento magnético hacia mediados del mes de febrero, finalizó en marzo, logrando la curación total en un lapso de sólo 35 días.

3. *Sr. B. D. Nagpal, de Nueva Delhi*. De cuarenta años de edad, había padecido la enfermedad desde 1972, y permanecido en tratamiento alopático durante más de un año y medio, sin resultados positivos. Finalmente se puso en contacto con el Centro, donde solucionó su problema en poco tiempo.

4. *Sr. K. P. Agarwal, de Nueva Delhi*. Ejecutivo de Relaciones Públicas de varias grandes empresas de Bombay, comenzó con un severo dolor en su hombro izquierdo, que rápidamente se extendió hacia el brazo y la mano del mismo lado, impidiéndole prácticamente el uso de ese miembro. Al consultar a varios especialistas del corazón, incluyendo al médico de cabecera del

presidente de la India, todos los facultativos coincidieron en que se trataba de una espondilitis cervical, previniéndole que hasta ese momento no existía un tratamiento cien por ciento efectivo para esa dolencia. Sin embargo, Agarwal había escuchado ciertos comentarios de personas que habían curado de la misma enfermedad mediante la magnetoterapia, de modo que adoptó este tratamiento, que lo liberó de sus dolores en corto tiempo y sin efectos colaterales.

5. *Dr. Gulsan Virmani.* Padeció durante más de un año de un disco intervertebral prolapsado, que le provocaba agudos dolores en la espalda y ambos hombros. Se le aplicaron varios tratamientos actuales de medicina convencional sin resultado, hasta que decidió consultar con el Centro, donde se le aconsejó que probara con un tratamiento magnético por unas pocas sesiones, lo que hizo durante una quincena; al cabo de ese tiempo su dolor había remitido notablemente.

6. *Mayor D. S. Cheema, militar, de 45 años de edad.* Padeció la enfermedad durante más de cuatro años, por lo que inició un tratamiento estimado inicialmente en dos meses de duración. Sin embargo, al cabo de tres semanas su progreso era notable, y al finalizar el tiempo previsto su mejora era del 90%, sin rastros de dolores ni rigidez en las zonas afectadas.

De la gran cantidad de casos atendidos en este Centro por problemas de espondilitis cervicales, algunos de ellos combinaron la magnetoterapia con medicinas homeopáticas, sin notarse una diferencia demasiado evidente con los que no lo hicieron.

Existe asimismo otro tipo de espondilitis, conocida como espondilitis anquilosante, que es aún más difícil de curar por tratamientos convencionales, e incluso la magnetoterapia no puede asegurar resultados definitivos. Sin embargo, mediante la aplicación de imanes, los dolores se ven drásticamente reducidos, y disminuyen las inflamaciones y los dolores en las zonas afectadas.

Cabe destacar que tanto en esta especialidad, como en la espondilitis cervical, los resultados positivos son doblemente importantes, ya que la medicina alopática convencional aún no dispone de tratamientos efectivos contra esta enfermedad.

Los mencionados son sólo algunos de los numerosos casos de los distintos tipos de espondilitis que han acudido al Centro en busca de alivio, mejorando notablemente en uno o dos meses escasos de tratamiento. Desafortunadamente, hemos tenido que contentarnos con mencionar sólo unos pocos, debido a la falta de espacio, pero deseamos sinceramente que estas referencias hayan demostrado a los lectores de los beneficios que la magnetoterapia puede aportar a sus vidas en muchos casos de enfermedad y desórdenes funcionales.

Apendicitis

7. *Kumari U. M., de 40 años de edad.* Al comenzar a sufrir fuertes dolores en la región del apéndice, se le aplicó sobre la zona afectada un imán potente, encerrado en una caja metálica, en sesiones de 10 a 15 minutos, durante unos pocos días. El dolor desapareció antes de cumplirse una semana de tratamiento.

Asma

8. *Sr. Pramod Prakash Tyagi, de Nueva Delhi.* Escribió al Centro, solicitando alivio para un asma que duraba ya quince años. Indicaba que los ataques comenzaban sistemáticamente los primeros días de octubre de cada año, y continuaban sin disminuir a lo largo de todo el invierno. Con mi consejo, comenzó a utilizar imanes para lograr un cierto alivio durante las crisis, y continuó el tratamiento en forma regular, durante todo el invierno, sin sufrir un solo ataque ese año. Posteriormente, volvió a escribir, comentando que durante el tratamiento había experimentado una sensación particular, como si durante la temporada en que se aplicaba los imanes su cuerpo desarrollara alguna actividad especial.

9. *Sra. Ganga Devi, de 56 años.* Cuando comenzó el tratamiento padecía de asma hacía ya 25 años, severas jaquecas hacía 6, y agudos dolores en las rodillas en los últimos 2 o 3. Con el uso continuado de los imanes durante tres meses, sus problemas desaparecieron casi totalmente, aunque como medida precautoria decidió adquirir un par de imanes y aplicárselos personalmente cada tanto, de forma de no tener recaídas en su vejez.

10. *R. R. Bahl, un joven de 27 años.* Sufría periódicos ataques de asma invariablemente al comienzo de todos los veranos, a tal punto que debía dejar de concurrir a su trabajo durante los meses de abril y mayo de cada año. Al término de uno de estos períodos comenzó un tratamiento magnético, y lo continuó durante algunos meses, con un resultado tal que no padeció un sólo ataque en todo el verano siguiente, y no tuvo que descuidar sus deberes laborales. El tratamientos se desarrolló de acuerdo con el Método I, posando las palmas de las manos sobre dos imanes de alta potencia durante 10 minutos cada 24 horas.

Forúnculos

11. *Sr. R., maestro de escuela de 45 años.* Habiendo padecido durante seis meses de forúnculos recurrentes en las nalgas, fue intervenido quirúrgicamente en un par de ocasiones, pero sin resultado. Incluso las operaciones parecieron recrudecer la enfermedad, impidiéndole casi sentarse o andar en bicicleta. Se le administró un tratamiento magnético por imanes bajo las plantas de los pies, logrando que algunos de los diviesos se abrieran, mientras otros se resumían sin madurar; la curación total de la dolorosa enfermedad insumió tres meses de sesiones diarias.

12. *Sr. P. D. Srivastava, entomólogo de Nueva Delhi*; se enteró de las posibilidades de la magnetoterapia a través de las páginas de un periódico, y decidió tratar a varios miembros de su familia, en el siguiente orden:

a) En primer lugar se trató su esposa de sus dolores de ciática, enfermedad que padecía desde hacía ya 4 años, curándose totalmente en 4 meses de tratamiento.
b) Su hija de 24 años, que hacía ya 4 que usaba anteojos, comenzó un tratamiento por imanes, y al cabo de 6 meses dejó de necesitarlos.
c) Su otra hija, de 14 años de edad, había padecido de dolores reumáticos en su cadera derecha durante los dos últimos años, y

al ver los resultados obtenidos por su familia decidió utilizar los imanes, y sus dolores desaparecieron en corto tiempo. Pocos meses después contrajo manchas leucodérmicas en su mano derecha, y adoptó un tratamiento magnético similar, eliminándolas casi completamente.

d) Su hijo menor comenzó también a utilizar los imanes cada vez que padecía una jaqueca, obteniendo un alivio total en pocos minutos de aplicación.

Eczema

13. *Sr. S. K., abogado de la Suprema Corte de Justicia.* Sufrió de eczema supurante en sus pies durante más de 35 años, lo que le provocaba insufribles picazones, ardores y ennegrecimiento de la piel. Se le administró un tratamiento mediante el Método V con sesiones de 10 minutos diarios durante un mes y medio; la picazón y los ardores remitieron casi inmediatamente, y la piel de los pies recobró su estado habitual en el tiempo mencionado.

14. *Sr. Suraj Narain, de Nueva Delhi.* (Otro caso de eczema en los pies) se encontraba bajo la atención de un dermatólogo, quien le informó que la alopatía no tenía remedio conocido para esa enfermedad. En consecuencia, el paciente decidió intentar un tratamiento magnético en este Centro, logrando su curación completa, con la única excepción que la piel de los pies permaneció ligeramente rugosa después del tratamiento.

15. *Sr. N. Krishnamurthy, de 21 años.* Acudió al Centro con su esposa, que había padecido de eczema en su palma derecha durante los últimos 3 años, habiéndose sometido en vano a todos los tratamientos convencionales conocidos. Al contactarse con el Centro, se le aconsejó un tratamiento por imanes durante quince días, y ante el evidente progreso se continuaron las aplicaciones dos meses más, al cabo de los cuales se encontraba totalmente curada, transformándose en una ferviente difusora de la magnetoterapia.

16. *Sr. S. S. Madan.* Padecía de un tipo altamente virulento de eczema en un área de casi 45 cm² de su pie y pierna derechos, que se había ido extendiendo por más de 20 años, con frecuentes supuraciones de pus, y una intensa picazón que algunas veces iba acompañada de hemorragias locales. Su vida se había tornado miserable ante la idea de que su enfermedad era incurable, ya que había intentado todos los métodos terapéuticos conocidos sin resultado alguno. Finalmente intentó un tratamiento magnético, durante el cual suspendió todo medicamento convencional interno o externo. El resultado fue excepcional, y las mejoras obtenidas en corto tiempo confirman que su recuperación fue debida exclusivamente a la magnetoterapia, ya que no intervino ningún otro factor médico adicional. El mismo paciente afirmó posteriormente que el tratamiento por imanes "constituía una bendición para todos aquellos enfermos desilusionados a causa de sus enfermedades crónicas".

Afecciones oculares

17. *Sr. Suresh Prakash, de Nueva Delhi.* Escribió indicando que su

esposa, la Sra. Kiran Kumari, de 37 años había venido sufriendo diferentes problemas oculares a lo largo de los 2 últimos años, para los cuales se le habían recetado anteojos de una muy alta graduación. Ante una solución que no terminaba de convencerlo, su esposo se contactó con el Centro, donde se le proporcionaron dos imanes cerámicos pequeños, para aplicar sobre ambos ojos. Para sorpresa de la familia, la mujer experimentó un tremendo alivio al cabo de sólo una semana de tratamiento; todos los problemas oculares desaparecieron, dejó de necesitar los anteojos, y pudo leer los periódicos, incluso por la noche, hecho que antes le resultaba muy dificultoso, aún con lentes.

Bocio

18. *Srta. B. B., de 20 años de edad.* Sufrió de bocio durante un año, por lo cual se sometió a un tratamiento magnético regular de aproximadamente 4 meses. Se le aplicaron dos imanes potentes bajo las palmas de las manos (Método I), y a continuación dos cerámicos, del tipo media luna, sobre la inflamada glándula tiroides, en sesiones diarias de 10 minutos cada par. En el período mencionado la inflamación perdió su dureza y se redujo considerablemente, pero la joven debió interrumpir su tratamiento a causa de su matrimonio.

Jaquecas

19. *Sr. Radhey Shyam.* Padeció una jaqueca prácticamente continua del lado derecho de la cabeza, por más de cinco años. Es casi imposible describir su dolor, su ansiedad y su agonía ante el hecho de que ningún tratamiento resultaba efectivo, e incluso llegó a experimentar problemas renales provocados por los continuos sufrimientos. Finalmente se sometió a tratamiento magnético, aplicándosele pequeños imanes sobre el cráneo, y dos de alta potencia bajo las plantas de los pies (Método V). En poco tiempo, su salud mejoró notablemente, y sus dolores remitieron casi por completo.

Hernia

20. *Un bebé varón de apenas 10 meses de edad.* Contrajo una hernia inguinal del lado izquierdo, por la cual asomaba el intestino, en ocasiones hasta el nivel del abdomen, cuando el niño hacía algún esfuerzo, o simplemente lloraba. El tratamiento magnético consistió en aplicar localmente el polo sur de un imán cerámico sobre el punto de la hernia, durante 5 a 10 minutos por la mañana; al cabo de un mes cesaron las protrusiones sin ningún inconveniente ni secuelas para el bebé.

Esguince

21. *Dr. M. T. S., de 35 años de edad.* Tuvo un accidente mientras abordaba un ómnibus, que le produjo una severa luxación en su tobillo izquierdo; el dolor y la inflamación eran tan insoportables que no le permitían siquiera caminar. Se le aplicó el polo sur de un imán potente encerrado en una caja metálica por un lapso de 20 minutos, y al cabo de dos de tales aplicaciones el dolor y la inflamación se aliviaron lo suficiente como para permitirle caminar casi normalmente.

Insomnio traumático

22. *Sr. P. D., de 60 años de edad.* Luego de un serio accidente, a raíz del cual se le debió enyesar la totalidad de la pierna derecha, el paciente quedó sumamente dolorido, y no podía conciliar el sueño. El problema se solucionó aplicándole un imán sobre la frente a las 10 de la noche aproximadamente, durante algunos días; a la segunda aplicación comenzó a recuperar el sueño, y a los pocos días dormía normalmente.

Lagrimeo de un ojo

23. *Srta. P. D. (40 años).* El lagrimeo constante de su ojo derecho, sin causa aparente -el proceso ya había durado dos años- fue solucionado aplicándole un imán potente encerrado en una caja metálica bajo la palma de la mano derecha, y uno pequeño redondo sobre el ojo afectado. Este tratamiento continuó aproximadamente durante un mes y medio, hasta que el lagrimeo cesó por completo.

Mejoras en la menstruación

24. *Sra. J. K. de 40 años de edad.* Acudió al Centro en procura de un tratamiento para sus dolores de espalda, que habían venido atormentándola durante varios años, para lo cual se le aplicaron dos imanes en cajas bajo las plantas de ambos pies (Método V). Al cabo de 15 días comentó que, no sólo se sentía mejor de sus dolores, sino que el tratamiento también había regulado y mejorado notablemente sus menstruaciones.

Pólipos nasales

25. La *Sra. Gauri Shankar Lakotia*, afectada por pólipos, además de desviaciones en los cartílagos de ambas fosas nasales, experimentaba grandes dificultades en sus funciones respiratorias, hasta el punto que varias veces en la noche debía sentarse en la cama, jadeante, y sonarse la nariz para poder recuperar el aliento. Se le aplicaron diversos tratamientos alopáticos y ayurvédicos que no lograron aliviarla, hasta que finalmente los médicos recomendaron como último recurso una intervención quirúrgica, a la que la paciente no accedió, iniciando en cambio un tratamiento magnetoterapéutico en este Centro. A las pocas sesiones, los pólipos y el cartílago dilatado fueron remitiendo gradualmente, liberando lenta pero constantemente las fosas nasales, y permitiéndole respirar con total normalidad.

Obesidad

26. *Sra. Joginder Kaur, de Nueva Delhi.* Con una altura de 1,57m, y un peso de 66 kilogramos, comenzó en el Centro un tratamiento magnético para reducir su peso extra, que duró exactamente desde el 3 de junio hasta el 2 de julio del mismo año, disminuyendo su peso a 60 k, sin experimentar ningún efecto colateral, como debilidad o agotamiento, sino que, por el contrario, afirmaba sentirse más activa y fresca que nunca. En esos 30 días, el tratamiento se llevó a cabo una vez por día, en sesiones de 10 minutos durante la tarde, 5' bajo las palmas de las manos, y 5' bajo las plantas de los pies; uno de los comentarios adicionales de la paciente, fue que el tratamiento, en vez de debilitarla, hacía desaparecer el cansancio y eventuales dolores provocados

por el trabajo diario, y que su efecto había durado bastante tiempo después de finalizadas las aplicaciones.

Cabe destacar que este fue un caso atípico de disminución de peso en tan poco tiempo, y que no todos los pacientes pierden peso a este ritmo; por lo general, el promedio de adelgazamiento con este tratamiento es de alrededor de 500 gramos a 1 kg por mes, y debe prolongarse algún tiempo más para lograr el efecto requerido.

27. *Srta. S. M., 20 años*; altura 1,50 m y peso 65 kg. Inició un tratamiento magnético para adelgazar, y perdió 500 g de peso en 20 días, tras lo cual debió abandonar el tratamiento por tener que mudarse a otra ciudad.

28. *Srta. A. S. 16 años*; altura 1,65 m y peso 70 kg. Al igual que el caso anterior, perdió 500 g en poco menos de un mes, pero también debió abandonar el tratamiento por razones personales.

En los dos últimos casos el tratamiento aplicado fue llevado a cabo mediante cuatro imanes potentes, dos bajo las palmas de las manos y otros dos bajo las plantas de los pies, simultáneamente. El efecto del campo magnético así generado reduce el exceso de grasas -y consecuentemente el exceso de peso- sin reducir la actividad, la atención ni la energía; tampoco es necesario complementar el tratamiento con ningún tipo de dietas ni medicinas adicionales.

Orquitis

29. *Un niño de seis años*. Padeció durante varios años de severas inflamaciones recurrentes en el testículo derecho, con una dilatación escrotal de más de 2,5 cm con respecto al izquierdo, un brillo inusual y un color amoratado totalmente anormal. Los médicos habían recomendado una intervención quirúrgica, pero ante la reticencia de los padres se comenzó un tratamiento magnético mediante la aplicación diaria del polo sur de un imán de tipo media luna sobre el lugar afectado, en sesiones de 15 minutos diarios durante 6 meses. En ese tiempo, el tamaño del escroto se redujo a las tres/ cuartas partes, y la piel recuperó su color normal.

Dolores

En los brazos

30. *Una niña de aproximadamente 10 años*. Fue traída al Centro por su madre, quejándose de intolerables dolores en su brazo izquierdo. Se aplicó sobre la región dolorida el polo sur de un imán de alta potencia, encerrado en una caja metálica, y al cabo de una sola sesión de 15 minutos de este tratamiento local, el dolor desapareció casi por completo.

En los dedos

31. *El Dr. T. N. G., un homeópata de 65 años*. Acusaba un serio dolor en el dedo índice de su mano derecha, sin ninguna causa aparente para ello. Se le aplicó el polo sur de una imán de barra sobre el dedo afectado, 3 o 4 veces al día, durante 10 minutos cada vez, y el dolor remitió completamente en 2 o 3 días.

En las manos

32. *Una joven de 24 o 25 años.* Comenzó repentinamente a experimentar un insoportable dolor en su mano derecha, localizado entre el pulgar y el índice. Cuando llegó al Centro traía su mano derecha sujeta con la izquierda, pues no podía dejarla caer libremente a causa del dolor; su rostro mostraba un gesto de agonía, y lloraba continuamente. Inmediatamente se le colocaron dos imanes -uno con el polo norte, y otro con el polo sur en el centro- encerrando la zona afectada, y la joven regresó a su casa sonriente y sin sufrimiento alguno.

En la mandíbula

33. *Sra. T., 55 años.* Un agudo dolor que había sentido durante varios años en su mandíbula comenzó a extenderse hacia el oído derecho y la parte superior del cráneo. La condición, que había aparecido como consecuencia de la extracción de tres piezas dentales, provocaba a la mujer grandes dificultades para abrir la boca, con el consiguiente problema de masticación y deglución, que a pesar de haber sido tratado por numerosos especialistas, no mostraba signos de progreso. Durante el tratamiento en el Centro se le aplicó a la paciente el polo sur de un imán de barra en el punto de mayor dolor durante 15 minutos todos los días, y uno de alta potencia en una caja metálica una vez por semana. Al cabo de un mes y medio de tratamiento, el dolor y los problemas de movimiento de la mandíbula habían desaparecido por completo.

Figura 15

Ciática sobre el lateral izquierdo. Polo Norte sobre la cadera izquierda y Polo Sur bajo la planta del pie del mimo lado. Se puede repetir esta posición sobre el lado derecho, en diánticas condiciones cuando la enfermedada ha tomado ese costado.

En la rodilla

34. *Sr. S. N. Sharma, 78 años.* A raíz de una caída, adquirió un agudo dolor en la rodilla derecha, que al término de tres meses los médicos comenzaron a considerar crónico, ya que ningún tratamiento convencional conseguía erradicarlo. En el tratamiento magnético se le sujetó un pequeño imán cilíndrico a la rodilla enferma, en sesiones de media hora por día durante tres días. El dolor decreció gradualmente, y al cuarto día había remitido totalmente.

Psoriasis

35. *Srta. Km. V. K., 24 años.* Contrajo la enfermedad a la edad de 8 años, tras una inyección contra unos forúnculos estacionales. La paciente tenía manchas en la piel, de un centímetro de diámetro, a lo largo de todo el cuerpo (excepto en la cara), que con frecuencia se transformaban en escamas secas que se desprendían. A pesar de que la muchacha no pudo completar su tratamiento en forma regular y continua, al cabo de un mes la mayoría de las manchas pequeñas habían desaparecido, y las más grandes se habían reducido considerablemente.

36. *Sra. Subhadra Singhal, de Nueva Delhi.* La psoriasis de su pie comenzó a extenderse alarmantemente al cuero cabelludo, la espalda, las manos y las piernas en menos de dos meses, poniéndola en serios problemas estéticos y físicos, ya que prácticamente la confinó a la cama durante la mayor parte del tiempo. Cuando se le comentó acerca de las posibilidades de los tratamientos magnéticos en las afecciones dérmicas, adquirió dos imanes y comenzó a aplicárselos, logrando que en poco tiempo la enfermedad se desvaneciera prácticamente por completo.

Reumatismo

37. *Sra. K. M., de 62 años.* Para combatir el reumatismo que afectaba sus dos rodillas, se le aplicaron dos imanes potentes bajo sus pies, en sesiones de 15 minutos diarios. Al término de dos meses, su renguera había desaparecido totalmente, junto a los dolores y la rigidez de las articulaciones.

38. *Sra. Kamala Gosh (50 años).* Cuando comenzó a recibir tratamiento magnético ya había padecido dolores reumáticos y ciática durante más de 12 años. La aplicación de imanes se centró en sus rodillas, la cintura y la cadera, y continuó por tres meses, hasta que los dolores hubieron desaparecido. Aún hoy, al cabo de dos años, no se produjo recaída alguna.

Dolores dentales severos

39. *Sra. V. (33 años).* Padeció agudos dolores dentales durante 6 años, sin causa aparente alguna, hasta que se hicieron insoportables, momento en que se decidió a extraerse 5 o 6 piezas dentales a la mañana siguiente. Su esposo la acompañó al Centro esa noche, en busca de alguna medicina que le permitiera dormir algunas horas, y se le aplicaron dos imanes cerámicos en la parte exterior de la mandíbula. Al marcharse, se le recomendó que continuara con el tratamiento, y que postergara las extracciones durante dos o tres días. La mujer accedió, repitiendo las aplicaciones durante 15 minutos

por día, y al cabo de 3 días se sintió tan bien que abandonó la idea de las extracciones. Posteriormente continuó el tratamiento por un mes, y los dolores desaparecieron definitivamente.

Rigidez del cuello

40. *Srta. P. A., de 15 años de edad.* Se despertó una mañana con un inexplicable dolor en el cuello, que al volver de la escuela había aumentado considerablemente, y amenazaba con extenderse. Por la tarde se había tornado insoportable, y le impedía mover el cuello y la cabeza, así que sus padres la trajeron al Centro para iniciar un tratamiento. Se le aplicó al cuello el polo sur de un imán durante una hora, y el dolor y la rigidez se aliviaron hasta el punto de permitirle volver a mover la cabeza; en la segunda sesión, a la mañana siguiente, el dolor remitió completamente.

Acidez estomacal y formación de gases

41. *Capitán Ragbhir Singh, de Nueva Delhi.* Padeció de acidez estomacal y gases durante 7 años, para lo cual se sometió a tratamientos enzimáticos alopáticos, remedios homeopáticos y medicinales ayurvédicas, sin solución a su dolencia. Posteriormente comenzó un tratamiento magnético en este Centro, complementado con la ingestión de agua magnetizada varias veces al día, y en un mes el 75% de sus problemas se habían desvanecido.

Inflamación en las rodillas

42. *Sr. T. C. J. (56 años).* La inflamación y el dolor en sus rodillas había durado ya cuatro meses cuando se le sujetó un imán cilíndrico sobre el sitio dolorido, dejándolo allí durante toda la noche. Tanto la inflamación como el dolor habían desaparecido al cabo de dos días de tratamiento.

Cansancio y debilidad generalizados

43. *Sr. Balkrishan Agarwal, de Lucknow.* Había viajado a Nueva Delhi por negocios, y esa noche nos reunimos para cenar, pero durante la reunión manifestó sentirse muy cansado por el trabajo del día. Sentía como si el salón girara a su alrededor, así que le proporcioné dos imanes para que los colocara bajo sus pies. Luego de 15 minutos su cansancio se había desvanecido, y se mostraba nuevamente fresco y activo como siempre. Al día siguiente se repitió la sensación de agotamiento, y de nuevo la aplicación de los imanes volvió a causar el mismo efecto vigorizante de la noche anterior.

Amígdalas y paperas

44. Los imanes cerámicos de tipo media luna son particularmente indicados para aliviar inflamaciones, irritación y dolor en casos de amígdalas y paperas; también resultan aplicables contra accesos de tos con origen en la garganta, y en general en todo tipo de inflamaciones e hinchazones en esa zona. Gran cantidad de casos de amigdalitis han sido curadas de esta forma, sin necesidad de intervención quirúrgica.

Dolores de dientes

45. Existen en los registros del Centro varias decenas de casos de dolores dentales que han sido aliviados, e incluso erradicados en sólo una o dos sesiones de magnetoterapia. En todos estos casos, los imanes se aplicaron

sobre la parte exterior de las mejillas, logrando una rápida reducción de dolores e inflamaciones.

Los casos mencionados hasta aquí son sólo ejemplos de los cientos de casos de diversas enfermedades que han sido tratadas exitosamente por medio de la magnetoterapia; en algunos de ellos los médicos recomendaron tratamientos quirúrgicos, pero los imanes evitaron las intervenciones, salvando a los pacientes de los dolores y la traumática experiencia del bisturí. Personalmente, mis experiencias más satisfactorias en los tratamientos por imanes se produjeron en los casos de eczema, espondilitis y dolores dentales.

Testimonios de un oncólogo hindú respecto al cáncer y la magnetoterapia

El Dr. Pesothan Mehta, quien ha conducido innumerables investigaciones sobre el cáncer en instituciones tan prestigiosas como el Swedish Hospital, el St. Francis Hospital y el Fred Hutchinson Centre de los Estados Unidos de Norteamérica, comenta en su libro "*The Continuing Education in Oncology*" *(El permanente aprendizaje en oncología)*, que él considera "que el cáncer no es una enfermedad, sino simplemente un proceso evolutivo", y sostiene firmemente que "*...las drogas contra el cáncer y los tratamientos por irradiación dañan seriamente las células, y pueden matar al paciente con mayor rapidez que el mismo cáncer*". También afirma -opinión compartida por muchos oncólogos de todo el mundo- que "*...cuanto más radical es la operación de eliminación de un proceso cancerígeno, tanto menores son las posibilidades de supervivencia del paciente*".

De acuerdo con Pesothan, "*...la magnetoterapia es la única cura racional contra el cáncer. Bajo condiciones normales de salud, todas las células de un organismo vivo vibran en una frecuencia particular uniforme, mientras que las células cancerosas lo hacen en una frecuencia excesiva con respecto a las normales; aplicándoles un campo magnético, la frecuencia incorrecta puede restaurarse a la normalidad*". En la actualidad se están realizando experiencias sobre este campo en particular en diversos nosocomios de todo el mundo.

Testimonios del Dr. M. T. Santwani, homeópata y magnetoterapeuta de Nueva Delhi

Parálisis

1. *Mi suegra, de 65 años de edad*, sufrió un repentino ataque de hemiplejia, que le paralizó todo el costado derecho del cuerpo. Las partes afectadas estaban frías, y presentaban una falta de sensibilidad casi total, por lo que la mujer no podía abandonar el lecho, y era necesario llevarla alzada cuando debía trasladarse al baño. Como tratamiento, se le aplicó un imán de alta potencia bajo cada uno de los pies, una vez al día por la mañana, durante 15 minutos (Método V), y uno bajo cada palma (Método I), el mismo tiempo, por la tarde. Transcurridos aproximadamente tres meses, la paciente era capaz de incorporarse por sí misma, sentarse y desplazarse hasta la cocina y el baño, con la sola ayuda de un bastón.

Reumatismo

2. *Una mujer de 60 años de edad* acudió a mí en busca de un tratamiento para el reumatismo que afectaba sus dos rodillas; solía experimentar intensos dolores, especialmente durante los días lluviosos, y debía ser trasladada cuando deseaba hacer sus necesidades, etc. También se quejaba de una salivación demasiado profusa, especialmente por la noche, con el inconveniente de que debía levantarse frecuentemente para limpiarse la boca. Su tratamiento consistió en la aplicación de dos imanes medianos bajo las plantas de los pies (Método V), durante media hora diaria por la mañana, y dos veces por semana bajo las palmas de las manos (Método I). Al cabo de dos meses y medio de tratamiento experimentó una recuperación asombrosa, aliviándose de los dolores, y la salivación se normalizó totalmente.

Dolores en los brazos

3. *Otra mujer, esta vez de 52 años*, sufrió un repentino dolor paroxismal en su brazo derecho, sin causa aparente, quejándose al mismo tiempo de insensibilidad y rigidez en su pierna izquierda, en la que sentía como si gotas de agua cayeran continuamente desde su rodilla. Se le aplicaron diariamente dos imanes de alta potencia, Nº 3, bajo su palma derecha y su planta izquierda, durante media hora por sesión; luego de sólo dos sesiones, experimentó un 75% de alivio en el dolor de su brazo, y al terminar la semana se sentía perfectamente bien.

Jaquecas

4. Quince años de jaqueca e insomnio, y un sinfín de tratamientos infructuosos decidieron a una mujer de 54 años a solicitar ayuda alternativa para sus problemas, y se le aconsejó que durmiera con la cabeza orientada hacia el norte y los pies hacia el sur, en consonancia con el eje del magnetismo terrestre. Como complemento, se le indicó que colocara dos imanes cerámicos sobre su cabeza, dos veces al día, todos los días, por la mañana y por la tarde. A los 30 días de aplicaciones regulares, comentó que se sentía mucho mejor de sus jaquecas, y que sus sueños ya eran casi normales.

Inflamación y hemorragia en las encías

5. *Un joven de 35 años.* Llegó a nosotros con un diagnóstico de inflamación, dolor y hemorragia en las encías; el examen reveló que sus encías estaban afectadas por un agudo caso de gingivitis. Como primera medida, se le aplicaron dos imanes medianos por la parte exterior del rostro, y al cabo de 20 minutos el dolor había menguado hasta hacerse soportable. Al finalizar el tratamiento recomendado de 15 días, la inflamación, los dolores y las hemorragias habían desaparecido, pero se le sugirió que siguiera usando los imanes dos veces por semana durante un tiempo más, para prevenir recurrencias del problema; también se le aconsejó que hiciera buches y gárgaras con agua magnetizada, para aliviar el problema de hemorragias gingivales.

Dolores en los hombros

6. *Un hombre de 65 años* sufría de inexplicables dolores y rigidez en el hombro derecho; el dolor se extendía en ocasiones hasta el codo y los dedos,

que se encontraban hinchados e inflamados cuando el paciente se puso en contacto con nosotros. En el estado en que se encontraba, el paciente era incapaz de levantar siquiera su mano sin experimentar intensos dolores, aunque había sido tratado por los mejores especialistas, y todos los análisis clínico patológicos habían arrojado resultados negativos.

Para comenzar se le aplicaron dos imanes de alta potencia, uno sobre el hombro y otro bajo la palma de la mano (polo norte y polo sur respectivamente), y luego de una semana la inflamación del codo y los dedos estaba en plena recesión, y había desaparecido después de tres meses de tratamiento regular. El dolor y la rigidez de las articulaciones no volvieron a presentarse, y recuperó totalmente el movimiento de su brazo y su mano, manteniéndose así en los pasados cuatro años, a pesar de no continuar el tratamiento.

Dolores en la zona renal

7. En una oportunidad sufrí repentinamente un terrible dolor en la región renal izquierda, aproximadamente a las 5:30 de la mañana, con el agravante de que no podía expeler la orina, excepto unas pocas gotas por vez. Para mi desesperación, el dolor continuó incrementándose, de modo que inmediatamente apliqué un imán de alta potencia sobre la zona del riñón derecho y otro sobre la parte opuesta de la espalda. Como complemento, comencé a beber agua magnetizada en pequeñas raciones; al poco tiempo -alrededor de 20 minutos- pude eliminar porciones algo más abundantes de orina, y después de 40 minutos pude orinar normalmente, aliviando los dolores y la incomodidad física que me atenazaba. El dolor en los riñones se hizo más sordo y tolerable; volví a aplicar los imanes en la misma forma durante la tarde, y en el trascurso del día siguiente, cosa que solucionó permanentemente el problema.

Amígdalas

8. *Una estudiante de 14 años* se quejaba de una amigdalitis crónica, asociada con intensos dolores de cabeza, catarros nasales e inacabables series de estornudos. Al aplicársele exteriormente dos imanes cerámicos en la zona de las amígdalas, sus jaquecas y dolores de garganta se aliviaron rápidamente, y al cabo de dos meses de tratamiento regular, sus síntomas desaparecieron por completo. De esto han pasado ya cuatro años, y la niña no volvió a padecer los mismos síntomas.

Dolores en las piernas

9. *Una pequeña de 9 años* sufría agudos dolores en su pierna derecha; no podía sentarse ni caminar normalmente, y el dolor la hacía encorvarse constantemente. La aplicación de dos imanes de tamaño medio, colocados sobre la pierna y el pie, lograron aliviar el dolor en sólo dos sesiones.

Leucoderma

10. Uno de los casos que aún se encuentra bajo tratamiento es el de una niña de 13 años, con un avanzado leucoderma que había provocado manchas blancas en todo su cuerpo, principalmente en las piernas, los brazos y las sienes. Las aplicaciones consisten en dos sesiones diarias: dos imanes de alta potencia bajo las plantas de los pies, durante 15 minutos por la mañana, y dos

bajo las palmas, durante 15 minutos por la tarde. Luego de un mes de tratamiento, descubrimos que las manchas se estaban poniendo rosadas, y muchas de ellas ya tenían un color muy parecido al de la piel normal. En la actualidad, la mayoría de las manchas ya desaparecieron, y se confía que con la continuación del tratamiento, terminarán por desaparecer definitivamente.

Ciática

11. *Una mujer de 35 años de edad* sufrió repentinamente un ataque de intenso dolor en su pierna izquierda, desde las articulaciones de la cadera hasta las rodillas, aparentemente provocado por una mojadura debida a una lluvia imprevista. Comenzó sometiéndose a un tratamiento dispensado por el Hospital Gubernamental y varios médicos alopáticos conocidos, pero sin que pudieran proporcionarle ningún alivio a su dolencia. Finalmente acudió a nosotros, que le aplicamos un imán (polo norte) sobre la articulación de la cadera, y otro (polo sur) en el punto hasta donde se extendía el dolor (en ese momento, hasta la rodilla). Al finalizar la primera media hora, la intensidad del dolor había mermado, y le permitía moverse con bastante facilidad; las sesiones se repitieron cada 12 horas, y al cabo de dos días el dolor remitió completamente, y ya no se presentó ningún síntoma de recaída posterior, aunque el tratamiento se dio por terminado hace más de un año.

Testimonios del Dr. A. C. Gupta, miembro de la Universidad y Hospital Médico-Homeopático Nehru, de Nueva Delhi

Espondilosis cervical

1. *Una dama de mediana edad* llegó a mi consulta por ciertos dolores en el cuello y los hombros, que en los últimos tiempos se habían extendido a los hombros, especialmente hacia el lado izquierdo del cuerpo. El examen radiológico mostró una degradación progresiva de los discos de la 4a y 5a vértebras cervicales, que ni la tracción cervical ni la diatermia habían podido contrarrestar. En realidad, la paciente había venido en busca de un tratamiento homeopático, pero yo le aconsejé un tratamiento magnético, recetándole la aplicación de un polo norte en la base del cuello (sobre la columna), y un polo sur bajo la palma de la mano izquierda. La mujer informó un alivio total al cabo de 3 semanas, y hasta el último contacto con ella, más de 3 meses después del tratamiento, no se habían detectado dolores recurrentes.

Amigdalitis crónica

2. Después de varios tratamientos alopáticos y homeopáticos infructuosos, a una niña de 12 años se le recomendó una intervención quirúrgica como único medio para librarse de una inflamación crónica de las amígdalas. Sin embargo, ante la renuencia de sus padres a operarla, le apliqué diariamente dos imanes cerámicos durante 10 minutos, y al cabo de un mes las amígdalas se habían reducido en un 75%, sin ningún tipo de cirugía.

Dilatación de próstata

3. Un paciente de mediana edad, que sufría de hipertrofia de la próstata, fue admitido en un famoso hospital de Nueva Delhi, con una aguda retención

de orina; la posterior cateterización practicada lo alivió temporalmente, pero no aportó ninguna solución definitiva, y su hijo llegó a mi consultorio en busca de un tratamiento homeopático. Le aconsejé que lo retirara del hospital para una atención más cercana, pero ello no fue posible, debido a que necesitaba una cateterización constante para evacuar la orina. Por lo tanto, sugerí que se le administrara al paciente 60cc de agua magnetizada cada hora, con lo que se logró que pronto comenzara a eliminar orina por sí mismo, y en dos días fue dado de alta del hospital.

Picaduras de insecto

4. *Mi propia madre* fue picada por un insecto sobre el arco superciliar derecho, lo que le provocó una gran inflamación y un agudo dolor en ese ojo. Le administré Apis y Ledum (los remedios homeopáticos usuales para ese tipo de picaduras) pero sólo le produjeron un ligero alivio temporal. Como alternativa, decidí aplicarle el polo sur de un imán sobre la parte afectada, durante 5 minutos. El resultado fue sorprendente: con sólo dos aplicaciones en el mismo día, la inflamación y el dolor se redujeron considerablemente, y cuatro sesiones más en los dos días subsiguientes lo hicieron desaparecer por completo.

Abscesos

5. *Una dama de 40 años de edad* se encontraba bajo tratamiento en un hospital, con síntomas de una paraplejia traumática, pero al cabo de cierto tiempo comenzó a experimentar inflamación y dolores en la rodilla izquierda, acompañados de un severo estado febril. Los médicos del nosocomio diagnosticaron un absceso, pero ni los tratamientos alopáticos ni los homeopáticos lograron contrarrestar esta imprevista complicación. Luego de sufrir durante 3 semanas, la paciente comenzó a aplicarse dos imanes bajo las plantas de los pies (Método V), dos veces al día durante diez minutos, y al cabo de 10 días la inflamación y el dolor habían desaparecido. Paralelamente, la rigidez de sus rodillas (un viejo síntoma que la acompañaba desde hacía años) comenzó a remitir, y pudo levantarse por sus propios medios, y caminar con la ayuda de un par de muletas, además de sentir que sus piernas se fortalecían, y podía estirarlas fácilmente, cosa que antes le resultaba imposible.

En este caso, las aplicaciones de los imanes fue acompañada por una sensación de cosquilleo y ciertas erupciones leves en los pies y la parte baja del abdomen, que desaparecieron en pocos días.

Testimonios del Dr. M. C. Verna; magnetoterapeuta y cromoterapeuta; miembro de la Universidad y Hospital Médico-homeopático Nehru y de la Asociación Médica Homeopática

1. Habiendo sufrido una fractura de la articulación de su muñeca, mi abuela se encontraba bajo tratamiento en la sección de Ortofisioterapia de un instituto gubernamental, pero el dolor persistía, acompañado de un profuso

hematoma sobre la zona afectada. Finalmente decidimos intentar un tratamiento magnético de un mes de duración, con la aplicación de un polo norte sobre la muñeca y un polo sur debajo, y en ese lapso el dolor remitió completamente, sorprendiéndome que también el hematoma desapareciera. Este caso me despertó una tremenda confianza en los tratamientos magnéticos.

2. *Sra. Sashi Deep, de 25 años de edad.* Afectada por una espondilitis cervical que llevaba ya tres años, sufría agudos dolores en la primera región torácica, con reflejos que abarcaban todo el brazo y la mano izquierda, y la marca de un serpigo, o culebrilla, alrededor del cuello. Como tratamiento se le aplicó el polo norte de un imán sobre la zona principalmente afectada, y el polo sur de otro sobre la palma de la mano izquierda, repitiendo el tratamiento durante 15 minutos diarios, por un lapso de 45 días. En ese tiempo, no sólo disminuyeron los dolores hasta casi desaparecer, sino que también la marca del cuello se desvaneció sin dejar rastro.

3. *Randhir Singh, un niño de 6 años* que había sufrido de convulsiones (corea (3)) y debilidad de las extremidades inferiores durante casi toda su vida, fue tratado por medicina convencional en el Kalawati Saran Hospital. Sus manos temblaban espasmódicamente, lo que le impedía escribir correctamente o hacer cualquier tarea delicada, y a pesar de casi dos años de tratamientos intensivos, los métodos alopáticos no consiguieron compensar la condición del chico.

Orientado por algunas amistades, el padre consultó conmigo, y decidí poner al niño bajo tratamiento magnético, aplicándole dos imanes en forma alternativa, un día en las extremidades inferiores (Método V), y al siguiente bajo las palmas de las manos (Método I). Aunque muy lento, el tratamiento mostró un evidente progreso, y al cabo de un año de aplicaciones regulares las extremidades inferiores recobraron su vigor, y las convulsiones en las manos disminuyeron notablemente.

4. Cuando llegó a consultarme, *Bodh Raj Vashishtha* había sido víctima de terribles migrañas por los últimos 3 o 4 años. Sus severos dolores de cabeza se producían regularmente, a razón de 2 o 3 por semana, hasta que abandonó todos los tratamientos anteriores y decidió intentar la magnetoterapia bajo mi asesoramiento. Le recomendé la aplicación de un polo norte sobre el lado derecho de la región frontal de la cabeza, y un polo sur sobre el izquierdo, en sesiones diarias de 5 a 8 minutos durante 4 meses, y en ese lapso el paciente se encontró plenamente recuperado, y gozando de excelente salud.

5. Personalmente, he tratado muchos casos de desplazamientos de la aorta abdominal, ubicando el polo sur de un imán sobre la zona umbilical, una vez por día, durante 15 minutos. Los resultados satisfactorios comenzaron a manifestarse entre los 3 y 5 días posteriores a la primera sesión.

6. El polo sur también rinde excelentes resultados en los casos de dolores dentales, cuando se lo aplica sobre la región afectada.

Testimonios del Dr. A. K. Gupta, médico homeópata y magnetoterapeuta de Nueva Delhi

Espondilitis cervical

1. *Sr. D. P. Grover (53 años)*. Sufría de rigidez y frecuentes dolores en el cuello, acompañados de jaquecas y ocasionales sensaciones de vértigo. Su caso había sido diagnosticado como una espondilitis cervical, que lo había aquejado durante los últimos 6 años, sin que ningún tratamiento convencional lograra aliviarlo. Finalmente comenzó con magnetoterapia, y para su sorpresa, al vigésimo tercer día de tratamiento descubrió que la regularidad y la intensidad de los dolores se habían reducido tremendamente. Luego de continuar el tratamiento por otros 4 meses, jamás volvió a experimentar rigidez ni dolores de nuevo.

Hombro anquilosado

2. *Sra Pushpa Dutta, de 53 años*. Los dolores de sus hombros, que solían irradiarse hasta las manos, junto a una casi total inmovilidad y ocasional insensibilidad, fueron diagnosticados como un anquilosamiento de los hombros, y a pesar de los diversos tratamientos aplicados no había logrado ninguna mejoría. Sin embargo, tan pronto como inició el tratamiento magnético se sintió mejor, y al cabo de un mes, los dolores desaparecieron para no volver.

Osteo-artritis

3. *A sus 68 años, Shri Baldevraj*, un militar retirado, había padecido durante más de 13, agudos dolores en sus rodillas, con serias inflamaciones, endurecimientos y crujidos en las articulaciones cuando intentaba caminar. Su enfermedad fue diagnosticada como un caso de osteo-artritis, y en las épocas de invierno, o las temporadas de lluvias, le resultaba prácticamente imposible levantarse de la cama o la silla por sí mismo. A pesar de no estar muy convencido, decidió iniciar un tratamiento magnético, y para su sorpresa, al cabo de sólo un mes descubrió un marcado progreso, y hacia el final del tratamiento, después de 3/4 meses, se encontraba perfectamente bien, y libre de los dolores y las inflamaciones. Poco tiempo después me escribió desde Simla, donde había ido a visitar a su hijo, comentándome que por primera vez en trece años estaba disfrutando de nuevo de una nevada.

Distrofia muscular progresiva

4. *Sra. Chabbra, de 43 años de edad*. Sufría de distrofia muscular progresiva en brazos y piernas desde hacía ya varios años, y sus manos y pies permanecían fríos como el hielo, incluso en pleno verano. En los últimos tiempos había comenzado a perder fuerzas y tonicidad muscular, ya que ni los mejores tratamientos disponibles podían detener el ritmo de su deterioro, que se incrementaba día a día. Al comenzar su tratamiento magnético, los primeros síntomas de mejoría se notaron a los dos meses y medio, recuperando el calor en manos y pies, y al cabo del quinto mes había recobrado parte de las fuerzas perdidas, pudiendo permanecer en pie y mantener algunos pesos en sus manos, antes inútiles.

Polineuritis post-infecciosa

5. *Jagjeet Singh (12 años).* Comenzó con síntomas de hiperpirexia (alta temperatura) a la edad de 8 años, por lo cual se le aplicó una inyección recetada por un médico alopático. La fiebre remitió inmediatamente, acompañada por una profusa transpiración en todo el cuerpo, pero el niño no podía hablar ni mover ninguna parte del cuerpo. Internado de urgencia en un hospital, mejoró a los tres días de admisión, aunque sin recuperar el tono muscular en su brazo izquierdo y su pierna derecha; no podía abrir la mano izquierda sin aplicarle presión en las articulaciones metacarpianas, y no podía soportar el peso del cuerpo sobre su pierna derecha, lo que lo obligaba a renguear. Se le aconsejó a sus padres un tratamiento de magnetoterapia, y luego de 8 meses de aplicaciones regulares, comenzó a abrir su mano sin necesidad de presionarla, y a pararse sin ayuda. Su tratamiento aún continúa, con un complemento de medicinas homeopáticas, pero definitivamente ha sido el tratamiento magnético el que más ha contribuido a su recuperación.

Reumatismo con dolores erráticos

6. *La Srta. Vimal Kumari, de 28 años, maestra de escuela.* Padecía constantes dolores que no se localizaban definitivamente en ninguna parte del cuerpo, presentándose súbitamente en forma de jaquecas, dolores de cuello o codos, o persistentes inflamaciones en los brazos o las piernas. Los ataques se sucedían cada vez con mayor frecuencia, a pesar de haber probado todos los tratamientos viables, incluso la diatermia, y el uso de un collarín cervical durante varios meses, sin resultado alguno. Habiéndose enterado de las posibilidades de la magnetoterapia, concurrió a la clínica, donde el primer día fue necesario ayudarla a levantarse de su silla, y estaba a punto de llorar por los dolores en sus piernas; en la actualidad, al cabo de cuatro meses, puede caminar, y subir y bajar escaleras sin ningún inconveniente.

Rigidez en el cuello

7. *Sra. Manju Dhankani (31 años).* Nos relató una extraña pero interesante historia respecto a una seria rigidez que sentía en el cuello desde hacía un tiempo bastante prolongado: en realidad, era su pareja la que sufría de una espondilitis cervical severa, pero su relación íntima la llevó a un estado mental excesivamente tenso, que finalmente desembocó en una rigidez persistente de su propio cuello. Repetidos análisis radiológicos de su columna no arrojaron resultado alguno, a pesar de que la paciente seguía quejándose de su afección. Finalmente, la aplicación de la energía magnética del polo norte de un imán durante 12 días logró liberarla para siempre de la tensión que mantenía su cuello inmovilizado.

Testimonios del Dr. G. R. Chaurasia, Naturópata, Magnetoterapeuta y Osteópata de Nueva Delhi

"Personalmente, he magnetizado distintos tipos de aceites y unturas vegetales, los cuales utilizo en mis tratamientos conjuntos, antes de aplicar los imanes, ya que he descubierto que estos últimos contribuyen a que los aceites

penetren en el cuerpo, acelerando la curación. Con su ayuda, la enfermedad puede ser vencida en mucho menos tiempo, una vez que se la diagnostica correctamente. He aquí algunos casos tratados por mí".

1. El padre de uno de mis colegas, el Dr. Grover de Nizamuddin, había sido admitido en el Hospital Willingdon, para una operación de hernia testicular, pero ésta debió ser postergada por un agudo caso de retención de orina, sin una razón justificada. Cuando los cirujanos del hospital estaban a punto de practicarle otra intervención para descubrir la causa de la retención, el Dr. Grover, atendiendo a mis sugerencias, le administró una dosis de agua magnetizada (A. M.), y aplicó dos pequeños imanes a cada lado de los testículos, durante 3 minutos, repitiendo ambos tratamientos cada dos horas. A la segunda sesión la orina comenzó a fluir, y en pocos días el paciente estuvo curado, no sólo sin necesidad de intervenirlo por el problema de retención, sino tampoco por la hernia.

2. *El Sr. Madan Gopal, de Nagpur.* Sufría de una virulenta inflamación de la glándula prostática, acompañada de hinchazón en manos y pies, y frecuentes accesos de fiebre. Su curación mediante aceites magnetizados y magnetoterapia sólo tomó siete días.

3. *Parvinder Singh, de Gautam Nagar.* Afectado por una aguda amigdalitis, y ante el consejo de los cirujanos de operarse, decidió intentar primero un tratamiento magnético, bajo el cual se curó sin intervención alguna en unos pocos días, sin recaídas hasta el momento.

4. *La Sra Y. Lakshmi, del distrito de Nalgonda, en Andra Pradesh.* Su cuadro era extremadamente complejo, con inflamaciones glandulares, hinchazón en la zona torácica, microcalcificaciones en uno de los senos, jaquecas reiteradas, coágulos, várices y problemas estomacales. Sin embargo, todos estos síntomas fueron desapareciendo rápidamente con la ayuda de diversos tipos de imanes, la ingestión de A. M., y la inyección mediante magnetos de varias unturas en distintas partes del cuerpo, para corregir la posición de su columna vertebral.

5. *M. Deepu, de 9 años de edad.* Incapaz de pronunciar una sola palabra, se le proporcionó un tratamiento magnético completo, incluyendo A. M., unturas y aceites magnetizados. Ya desde las primeras aplicaciones comenzó a hablar, y actualmente es capaz de hacerse entender perfectamente.

6. *La Sra. Manjusree Roy, de 35 años de edad.* Padeció una eczema supurante sobre la palma de su mano derecha, y la parte posterior de la oreja del mismo lado, durante largos meses. Cuando llegó a la consulta, se encontraba bajo tratamiento de un dermatólogo, y le solicité que continuara con las medicinas recetadas, a la par que comenzaba con la magnetoterapia. El tratamiento magnético, consistente en dos imanes sobre ambas palmas simultáneamente, se extendió por 9 días, al término de los cuales el estado de la piel en todas las zonas afectadas parecía normal, y no hubo recaídas posteriores.

7. *Sr. Sunil Dutta, de 30 años.* Su dermatitis sobre ambos empeines, ya con un desarrollo de un mes, fue eliminada por magnetoterapia en menos de 20 días, en los cuales la piel recuperó totalmente su lozanía y flexibilidad. Por precaución, se le recomendó que continuara con el tratamiento durante algunos días más.

8. *Kausik Bose (8 años) de Calcuta.* Un definido caso de paperas, en que los síntomas de fiebre, dolor e hinchazón del lado derecho del cuello demostraron que la glándula parótida derecha se encontraba inflamada, dura y excesivamente sensible. El tratamiento magnético incluyó dos imanes sobre las palmas de las manos, complementados por aplicaciones locales. A los tres días, la glándula parótida derecha también se involucró en el proceso, pero para sorpresa general, al día siguiente la inflamación y la hipersensibilidad habían remitido completamente.

9. *Sra. Asha Das, 52 años, de Calcuta.* A partir de una operación de vesícula, la paciente comenzó a quejarse de fuertes dolores en ambas extremidades inferiores, que le impedían dormir por las noches. El tratamiento recomendado consistió en una serie de sesiones diarias con dos magnetos bajo las plantas de los pies durante 10 minutos; al cabo de dos semanas podía conciliar el sueño, pero volvía a sufrir dolores si dejaba de aplicarse los imanes. El tratamiento total se extendió por un lapso de 2 meses, durante los cuales no tomó ninguna medicina.

10. *H. K. Mitra de 74 años de edad.* Llegó a la consulta quejándose de fuertes dolores en su región lumbar y en la pierna derecha, y con temblores espasmódicos en ambas manos. Se le comenzó un tratamiento con cuatro imanes simultáneos: dos bajo las plantas de los pies, y dos bajo las palmas de ambas manos; en primer término desaparecieron los temblores de las manos, y al cabo de un mes, los dolores de la región lumbar se habían reducido considerablemente.

11. *Kunal Roy, 24 años, estudiante del Instituto de Investigaciones Bose, de Calcuta.* Uno de sus compañeros de estudio le colocó hielo seco (CO2 sólido) sobre el antebrazo derecho durante 30 segundos, y al día siguiente, al llegar a mi consulta quejándose de agudos dolores, pude comprobar que el brazo se hallaba inflamado, enrojecido y con síntomas de insensibilidad. Le apliqué el polo norte de un imán sobre el lugar afectado, durante 30 minutos diarios, y en un par de sesiones el dolor había menguado en un 50%, desapareciendo en una semana, sin necesidad de medicina alguna.

12. Un caballero de alrededor de 38 años se presentó a mí enviado por un reputado cirujano de Calcuta, con una historia clínica de un testículo que no había descendido en forma natural durante la gestación. La revisación clínica y radiológica demostró que, efectivamente, el testículo derecho estaba ausente, y el izquierdo ligeramente dilatado, al igual que el conducto espermático del mismo lado. Los Rayos-X mostraron un gran tumor intra-abdominal, de 10 x 7,5cm, firme, ligeramente desplazable en sentido lateral, pero no vertical, y una ligera desviación de la uretra izquierda.

Todos los cirujanos que lo habían revisado aconsejaban una intervención quirúrgica, pero finalmente se decidió intentar primero un tratamiento magnético, para lo cual le apliqué el polo norte de dos imanes bajo las plantas de ambos pies, y otro en forma local, complementados con la ingestión regular de A. M. El tratamiento se prolongó durante seis meses, con revisaciones periódicas cada mes, hasta que el tumor se resumió completamente, sin rebrotes posteriores.

13. *R. M. Maitra, 32 años, de Calcuta.* Su dedo mayor del pie derecho se encontraba anormalmente hinchado y dolorido, aunque el examen clínico y los análisis arrojaron un recuento normal de azúcar en sangre, y un nivel de ácido úrico de 4,2 mg por ciento. Como tratamiento, le proporcioné un imán oblongo, sugiriéndole que lo sujetara sobre el área afectada, con el polo norte sobre el punto más álgido del dolor. El dolor había remitido al día siguiente, y en una semana se encontraba completamente curado.

14. *El Sr. M. Gosh, de Calcuta*, estaba padeciendo un herpes extendido sobre el costado derecho de su pecho y espalda; el polo norte de un imán de regular potencia fue colocado sobre el punto medio de la afección, que desapareció en 7 días, sin volver a aparecer.

Testimonios del Dr. K. P. V. Menon, Médico Alopático matriculado en Sreedevi Nivas, Palluruthy

Incontinencia urinaria

1. Un paciente a quien se le había extirpado la glándula prostática comenzó, a partir de la intervención, a experimentar una total incontinencia urinaria, con todos los inconvenientes que esto acarrea. Al cabo de un año se le recomendó otra operación para corregir el defecto, pero no se le garantizaba el resultado efectivo, por lo que decidió no llevarla a cabo.

Luego de cinco años de esta dificultad, oyó hablar de la magnetoterapia, y se acercó a mi consultorio, recibiendo un tratamiento consistente en dos aplicaciones simultáneas: un juego de dos imanes potentes bajo las plantas de los pies, y otro juego mediano sobre el abdomen. Luego de unas pocas aplicaciones, complementadas con A. M. ingerida en forma regular, el flujo había remitido en un 80%, cesando definitivamente poco tiempo después.

Cálculos biliares

2. Afectada de cálculos biliares, la Sra. A. debía ser operada, pero al enterarse por una amiga de la efectividad de mis tratamientos magnéticos sin cargo, decidió probar suerte. Se le administró A. M. para beber libremente, y dos imanes de mediana potencia aplicados sobre ambas manos durante 10 minutos, ya que se trataba de una mujer débil. Al cabo de dos meses de este tratamiento, los dolores habían desaparecido, y un nuevo reconocimiento radiográfico no mostró señales de cálculo alguno.

3. Un tratamiento similar fue aplicado a la Sra. X..., cuyos Rayos-X mostraban claramente un cálculo alojado en su vesícula biliar. Todos los

médicos que la habían atendido consideraban la cirugía como única alternativa, pero su temor a la operación la decidió a consultarme. Como en el caso anterior, se le suministró A. M. por vía oral, y se le aplicaron cuatro imanes de alta potencia en pies y manos, y dos pequeños directamente sobre el área afectada. En dos meses las radiografías estaban limpias, y la paciente contenta de haber escapado a la operación.

4. También un médico homeopático llegó a mi consultorio, afectado por un cálculo biliar perfectamente palpable, aunque sin ningún tipo de dolor ni molestia. En este caso se le recetó únicamente A. M., a razón de cinco botellas semanales, y para su sorpresa, en sólo un mes el cálculo ya no podía palparse.

Asma

5. Un maestro de escuela retirado presentaba un cuadro de asma tan severo, que sufría diariamente agudos ataques de tos que lo agotaban físicamente para todo el día, a tal punto que cuando llegó a mi clínica, hacía ya 6 años que no había podido siquiera abandonar su habitación. Para asombro de todos los que lo habían tratado, el hombre comenzó a valerse por sí mismo en sólo diez días de tratamiento, y en la actualidad, completamente curado, es un maravilloso ejemplo de las posibilidades de la magnetoterapia.

Poluciones nocturnas

6. Un joven de 18 años se veía imposibilitado de permanecer por las noches en las casas de sus amigos o parientes, a causa de orinarse en la cama durante el sueño. El problema se solucionó en sólo quince días de tratamiento, aplicándole dos imanes medianos sobre la vejiga, y dos más potentes bajo ambos pies.

Jaquecas

7. Un operario de 26 años había debido faltar a su trabajo en los pasados ocho años, debido a brutales jaquecas que lo afectaban casi diariamente. Se le aplicaron imanes potentes en forma local, complementados con la ingestión de A. M., y pudo reintegrarse a su trabajo en solo cinco días de tratamiento.

Cataratas

8. Una anciana, casi ciega a causa de cataratas en ambos ojos, no podía afrontar económicamente la operación que necesitaba, por lo que concurrió a una consulta gratuita en mi clínica, donde se le aplicó un juego pequeño de dos imanes, uno sobre cada ojo, logrando un significativo alivio de su dolencia en sólo dos semanas, sin necesidad de operación alguna.

Testimonios del Dr. Srinivasa Rao, de Nellore

Blefaritis

1. *N. R. (varón, 60 años).* Dolores, lacrimación y enrojecimiento de los ojos, que no pudieron ser contrarrestados por ningún otro tratamiento. Se alivió rápidamente con la aplicación local de un par de imanes cerámicos débiles sobre los ojos, en sesiones de 15 minutos diarios.

Resfrío, tos, jaqueca y lacrimación

2. *G. K. (varón, 18 años)*. Se le aplicó un imán pequeño con dos polos sobre el temporal, otro entre los arcos superciliares, y un tercero en el centro de la garganta, apoyándolos con la ingesta de A. M. diariamente. El paciente obtuvo alivio en dos semanas de tratamiento.

Constipación

3. *M. H. (mujer, 40 años)*. Padeció de constipación durante 20 años, pero pudo solucionarlo ingiriendo A. M. en dosis de 60 cc tres veces al día.

Hidropesía

4. *V. V. K. (varón, 72 años)*. Fue operado de cirrosis hepática en el Hospital Gandhi de Hyderabad, y posteriormente desarrolló un cuadro de hidropesía en los miembros inferiores, y ascitis abdominal. Ante el fracaso de todos los métodos convencionales de tratamiento, se le administró A. M. por vía oral dos veces al día, y se le aplicaron imanes de acuerdo con los Métodos I y V, más un polo sur sobre la región del hígado, diariamente durante un mes y medio. Tanto la hidropesía como la ascitis remitieron en ese tiempo, y no volvieron a aparecer.

Diarrea y fiebre

5. *C. V. R. (varón, 23 años)*. Ambos síntomas fueron controlados mediante la ingestión de A. M. cada dos horas; no hizo falta ninguna otra medicina.

Entero-colitis

6. *M. A. (mujer, 45 años)*. Severos cólicos abdominales que le provocaron 6 o más movimientos intestinales diarios durante 6 años. El tratamiento se centró en el A. M. por vía oral, y la aplicación de imanes sobre el abdomen durante quince días. El método utilizado: polo sur sobre el hígado y polo norte sobre el lado derecho del abdomen.

Hiperacidez

7. *H. G. (varón, 33 años)*. Padeció de hiperacidez y flatulencia durante 6 años. El tratamiento general se basó en los Métodos I y V por las mañanas, y dos imanes más sobre el abdomen por la tarde, diariamente durante 15 días. También se le administró agua magnetizada.

Indigestión

8. *M. S. N. (varón, 36 años)*. Sufrió de indigestión crónica durante dos décadas, sin que ningún tipo de medicina lograra aliviarlo más que temporalmente, con agudas recurrencias cuando dejaba los tratamientos. Mejoró rápidamente con la administración diaria de A. M., y en poco tiempo recuperó totalmente su salud general y su actividad anterior, sin recaídas posteriores.

Insomnio

9. *D. S. R. (varón, 68 años)*. El problema se solucionó rápidamente, aplicando al paciente el polo sur de un imán pequeño entre los arcos superciliares, en dos sesiones de diez minutos cada una, en otros tantos días sucesivos. A partir de allí, el paciente pudo dormir bien sin necesidad de los imanes.

Obesidad

10. *K. K. M. (varón, 40 años)*. Con síntomas de profunda disnea al caminar cortos trechos, no podía agacharse hasta el suelo. Se le aplicaron los Métodos I y V, con el polo sur de un imán extra sobre la espalda, durante dos meses, acompañándolos con A. M. cuatro veces al día. Al finalizar el primer mes, la circunferencia abdominal había disminuido en 12,5 cm. Actualmente, el paciente puede caminar largas distancias fácilmente, y acuclillarse sin problemas hasta tocar el suelo con las manos.

Dolores en los brazos

11. Una paciente mujer sufrió repentinamente un agudo dolor en el brazo izquierdo, que le impedía moverlo libremente. El dolor resultaba tan severo que se le debieron aplicar los dos polos de un imán de mediana potencia cuatro veces por día, el tratamiento alivió su dolor en 24 horas, sin recurrencias posteriores.

Fotofobia y cataratas

12. *Sra. R. (mujer, 55 años)*. La paciente se encontraba extremadamente débil, e incapaz de moverse por sí misma. La administración de A. M. le proporcionó nuevas energías, y un tratamiento especial para sus ojos -un polo sur bajo la mano derecha y un pequeño imán cerámico con el polo norte sobre los ojos-, mejoraron notablemente su visión. En la actualidad posee una gran energía, que le permite desplegar toda su actividad.

Poliomielitis

13. *G. (mujer, 12 años)*. El miembro inferior izquierdo era el más afectado desde hacía ya 8 años. Se le aplicaron imanes según el Método V, más un polo sur en el centro lumbar de la columna vertebral, con el complemento de A. M. varias veces al día. La paciente aún se encuentra bajo tratamiento, aunque muy mejorada al cabo de cuarenta y cinco días de aplicaciones.

14. *V. L. (mujer, 16 años)*. Grave afección de su pierna izquierda desde los 5 años de edad. Se le aplicó un método especial, con el polo norte sobre la rodilla y el polo sur sobre el centro lumbar de la columna vertebral. Al cabo de 8 semanas de tratamiento, la paciente puede caminar con mucha más facilidad.

Artritis reumática

15. *R. S. (mujer, 60 años)*. Severa inflamación de ambas rodillas durante los dos últimos meses. Se le recetó A. M., apoyada por la aplicación del Método V, alternándolo con aplicaciones locales del polo sur, y la mejoría se hizo evidente en menos de un mes de tratamiento.

Tartamudeo

16. *Un niño de seis años, que tartamudeó los últimos dos*; el problema se solucionó con un juego de dos imanes planos curvos (media luna) colocados uno a cada lado del cuello. También se le administró A. M.

Rigidez en las articulaciones

17. *M. K. R. (varón, 74 años)*. Después de 15 años de rigidez en las

articulaciones de sus piernas, logró aliviarse en un mes, mediante un tratamiento con A. M., y la aplicación de imanes alternando diariamente los Métodos I y V.

Debilidad

18. *A. S. M. (varón, 72 años).* Debido a su edad, el paciente se sentía débil, e incapaz de salir de su casa. Al cabo de un tratamiento con A. M. y la aplicación de imanes según los Métodos I y V, el paciente recuperó su energía, moviéndose con gran facilidad. Sorprendentemente, el tratamiento mejoró también su visión, a pesar de su catarata.

Además de los casos reportados, también caben destacar algunas experiencias relatadas en forma escrita por los pacientes. La alegría comunicada por algunas de esas cartas casi no puede traducirse en palabras.

I) "Solía sentirme letárgico, pero al cabo de unos pocos días de tratamiento con agua magnetizada, me siento llena de energía y vigor".
II) "He recuperado mi apetito, y mis indigestiones han desaparecido".
III) Una persona de edad avanzada escribía asombrada: "... mi cabello gris se ha vuelto negro nuevamente. Un cambio maravilloso".
IV) "El agua magnetizada ataca directamente las raíces de la enfermedad, en cualquier parte del cuerpo que se radique, sin mi conocimiento, y sin que sea capaz de explicarlo".
V) Los padres de un niño expresaban que "... se sentían encantados de que su pequeño hijo hubiera dejado de tartamudear en tan corto tiempo", y los de otro agradecían "... los evidentes progresos que el tratamiento magnético había logrado en la polio de su hijo".

Testimonios del Dr. D. S. Murty, de Viskhapattnam

1. *S. (mujer, 30 años)*; padeció de ciática en su lado derecho durante dos meses y medio, momento en que el dolor invadió todo el nervio ciático, provocándole repentinos calambres y contracciones al caminar. Las medicinas alópaticas no aportaron ningún alivio, así que decidió consultarme. Como tratamiento, le apliqué un polo norte sobre la cadera, y un polo sur sobre el pie, además de administrarle A. M. Los dolores desaparecieron en menos de un mes.

2. *P. (Mujer, 25 años)*; llegó a mi consulta con graves dolores reumáticos en la espalda, la pierna derecha y la mano izquierda desde hacía ya más de un mes. Le apliqué el polo norte de un imán sobre la espalda, y el polo sur sobre la mano y la pierna alternativamente, junto con la ingestión de agua magnetizada en forma regular. 10 días fueron suficientes para su curación.

3. *L. (varón, 40 años)*; un empleado de ferrocarriles, de robusta constitución, que había sufrido de dolores en la espalda durante más de 3 meses. Ante la falta de respuesta de los remedios alopáticos, le apliqué el polo norte de un imán en su espalda, y el polo sur de otro bajo la palma de su mano,

acompañando el tratamiento con A. M. y medicinas homeopáticas. El dolor remitió por completo en un mes.

4. *G. (varón, 30 años)*; un caso postoperatorio de gastralgia que ya había durado 2 años. Fue operado por un conocido especialista, pero al día siguiente de la intervención sufrió un colapso con parálisis, que el cirujano atribuyó a un proceso ajeno a la cirugía. Recobrado temporalmente, al cabo de un mes, su cuadro se complicó con fuertes dolores gástricos (precisamente la causa de la operación), y parálisis total de la mano izquierda, la pierna derecha y las cuerdas vocales. En ese estado llegó a la clínica, donde se le aplicaron ambos polos sobre las heridas, simultáneamente con dos imanes cerámicos a los lados de la garganta, A. M. y algunas medicinas homeopáticas complementarias.

En 3 meses el paciente se había liberado de sus dolores gástricos, y podía finalmente caminar, escribir y hablar como antes de la desafortunada intervención.

5. *L. (mujer, 60 años)*; 4 años después de una caída, su columna vertebral aún estaba resentida, defectuosamente curvada, y con la última vértebra dislocada, lo que le provocaba severos dolores cuando se movía, y frecuentes regurgitaciones de los líquidos, debidas a la flexión de su espalda. Se le aplicó el polo norte de un imán en la espalda, sobre la vértebra dislocada, y el polo sur a la mano, además de una dosificación regular de A. M. En 3 meses era capaz de erguirse perfectamente, sin flexiones y sin regurgitación algunas.

Testimonios del Dr. Neville S. Bengali, de Bombay

En su tratado "*Magnetotherapy - Key to Good Health*" (Magnetoterapia - Un tratado de la buena salud), el Dr. Bengali, homeópata y magnetoterapeuta, afirma que esta última disciplina "*...puede aplicarse junto con cualquier otro sistema terapéutico moderno o antiguo; cuando lo hacemos, simplemente aceleramos la recuperación y aseguramos la cura*". Además de proporcionar información general respecto a los distintos tratamientos magnéticos, en su libro menciona una serie de casos tratados por ese método, algunos de los cuales se mencionan a continuación:

Parálisis y ciática

1. *Sra. T. (mujer, 78 años)*; sufría de agudos dolores en la espalda y las piernas, especialmente en la rodilla derecha, que paulatinamente iban provocando la insensibilidad y la rigidez de sus articulaciones. Cuando comenzó a quejarse de esos problemas, su condición fue diagnosticada como ciática, pero a pesar de los tratamientos de los especialistas su estado comenzó a deteriorarse cada vez más. Al cabo de un mes y medio de hospitalización, los médicos determinaron que sus huesos se habían "reblandecido" y que no había posibilidad de recuperación, por lo que recomendaron a sus parientes que consultaran con el Dr. Bengali, a ver si la magnetoterapia podía hacer algo por ella. Cabe destacar que, para ese momento, la paciente sufría de insufribles dolores, una constipación obstinada, y parálisis total de la cintura para abajo.

En la primera sesión hacia fines de marzo, se le proporcionó a la paciente un juego completo de imanes para que se los aplicara diariamente, y en poco tiempo sus dolores comenzaron a disminuir, gradualmente, pero sin pausa; su circulación mejoró, y sus músculos se fortificaron notablemente. Hacia mediados de noviembre, podía sentarse por sí misma, y sus dolores artríticos habían desaparecido.

Retraso mental por daño cerebral

2. *Baba G. P. (varón, 2 años)*; fue un difícil caso de cesárea, por lo que se lo puso bajo observación inmediatamente después del nacimiento. Los médicos informaron que el cerebro del niño no se había desarrollado adecuadamente, y las investigaciones de los patólogos confirmaron el diagnóstico. Hacia fines del primer mes de vida se volvió a confirmar el daño cerebral, que involucraba los centros del habla y de la motricidad. Las consultas con los mejores especialistas de Madrás no aportaron ninguna solución. Transcurridos dos años, el niño aún no podía articular palabra alguna, y era incapaz de dar dos pasos seguidos sin caerse; los especialistas en problemas cerebrales de Bombay recomendaron a los padres que no realizaran tratamientos con drogas, ya que serían inútiles en este caso.

Afortunadamente, los padres habían oído mencionar los progresos de la magnetoterapia, y comenzaron una serie de aplicaciones regulares. En un mes, el niño, ya de dos años y ocho meses, comenzó a modular sus primeras palabras, y a mantenerse firme sobre sus pies; para su tercer cumpleaños, podía correr y charlar libremente con sus compañeros de juegos.

Hombro anquilosado

3. *M. (mujer, 48 años)*; llegó a la consulta quejándose de fuertes dolores crónicos en el hombro derecho, así como insensibilidad y una paralización casi completa. Era incapaz de levantar el brazo por sobre el nivel del hombro.

Como tratamiento, se le aplicó un imán de alta potencia en el hombro afectado, y el polo sur de un segundo imán redondo sobre la muñeca derecha. Al cabo de un mes de tratamiento su condición había mejorado considerablemente; sus movimientos eran más libres, y el dolor había disminuido. Al segundo mes sus síntomas habían desaparecido por completo, y podía mover el brazo libremente.

Artritis reumatoidea (condición quirúrgica)

5. *H. B. (mujer, 44 años)*; la paciente se presentó con una severa y persistente inflamación en el tobillo derecho, con agudos dolores, y graves restricciones en el movimiento. Su afección fue diagnosticada como una artritis reumática, con un espesamiento sinovial que involucraba las vainas peroneanas. Tanto los Rayos-X como la opinión de los especialistas confirmaron el diagnóstico, y varios cirujanos recomendaron una intervención quirúrgica en el tobillo.

Asustada por la operación, la mujer decidió intentar un tratamiento magnético, y se le aplicaron dos imanes durante 15 minutos: uno redondo bajo su talón derecho, y otro (éste encerrado en una caja metálica) con ambos polos bajo su talón izquierdo. Las sesiones se repitieron de la misma forma dos veces a la semana, y en cuatro de ellas la inflamación había remitido completamente, y el tobillo podía moverse sin restricción alguna.

Parálisis facial

6. *M. P. (varón, 32 años)*; cuando llegó a la clínica, los músculos faciales de su lado izquierdo estaban casi completamente paralizados, impidiéndole hablar y comer normalmente desde hacía ya dos semanas. Se le aconsejó la aplicación del polo sur de un imán cerámico sobre el oído derecho, durante 15 minutos tres veces por día. También se le recomendó colocar un imán bajo la almohada por la noche, con el polo sur hacia arriba. En una semana su modulación había mejorado, y en un mes de tratamiento el paciente informó que la parálisis había desaparecido y que había recuperado su pronunciación normal.

Testimonios de Shri Gopal Chand Puri, de Bombay

Alergia

1. El rostro de un hombre de 40 años, afectado de alergia durante 3 años, se había tornado negro, aunque la piel del resto de su cuerpo no se había alterado. Utilizando A. M., y aplicando los Métodos I y V diariamente, en forma alternativa, el color de su tez se restauró en sólo 10 días de tratamiento.

Anemia y debilidad

2. Una anciana de 72 años, postrada durante varios meses a causa de una anemia extrema, fue curada en menos de 15 días mediante el Método I y A. M., aplicando el polo norte de un imán bajo la palma derecha, y el polo sur de otro bajo la izquierda. Luego de unas pocas aplicaciones, la paciente se sentía tan llena de energía que comentó: "No quiero estar más tiempo en cama. Quiero levantarme y salir." Al poco tiempo su deseo pudo hacerse realidad, y ya no tuvo recaídas en el futuro.

Artritis

3. Mi propia esposa había sufrido de artritis durante más de 20 años, y en algunas ocasiones debía renguear por 5 o 10 minutos, antes que sus articulaciones se calentaran lo suficiente como para permitirle caminar con normalidad. En la actualidad, después de un tratamiento de 3 meses con agua magnetizada y la aplicación de los métodos I y V en forma alternada, el dolor de sus rodillas y tobillos ha desaparecido, y no renguea antes de caminar.

Constipación

4. Una dama de 55 años de edad había caído en el hábito de tomar laxantes (parafina líquida o leche de magnesia) a causa de una constipación crónica que sufría hacía ya 40 años. Este hábito le había provocado varias manchas en el rostro, y aparentaba mucha más edad de la que realmente tenía. Sin embargo, se curó de su enfermedad de toda la vida en menos de 30 días, gracias a la magnetoterapia, y su rostro volvió a lucir fresco y lozano como antes.

El tratamiento, de 30 días de duración, consistió en la aplicación en diagonal de dos imanes, uno con el polo norte bajo la palma de la mano derecha, y otro con el polo sur bajo la planta del pie izquierdo (Método II) dos veces al día, durante 10 minutos cada vez. También se le administraron 50 ml de A. M. cada cuatro horas, mientras duró el tratamiento.

Disentería y diarrea

5. Una joven de 30 años se encontraba sufriendo un severo ataque de diarrea, que la llevaba a evacuar de 10 a 15 deposiciones líquidas por día, con la consiguiente deshidratación, y pérdida de 4 kilogramos de peso en 10 días. Se le aplicó un tratamiento alopático basado en las últimas medicinas descubiertas, pero todo fue en vano, y su condición se agravó con la muerte de su padre, que coincidió con el comienzo de un agudo cuadro de disentería. Cuando llegó a mi consultorio, la estaban llevando a hospitalizar por un estado de deshidratación grave, y en el camino decidieron consultarme.

La repuesta a mi tratamiento magnético fue inmediata; le apliqué el polo norte de un imán sobre el vientre, administrándole A. M. del mismo signo cada 2 horas, y complementando con el polo sur de un imán cerámico pequeño sobre la frente, entre los ojos. A las 24 horas se encontraba completamente curada, sin recurrencias posteriores de ningún tipo.

Cabe destacar que el polo sur del imán pequeño entre los ojos fue aplicado allí para contrarrestar la tensión nerviosa que le había provocado la muerte de su padre, que quizás haya sido el factor desencadenante de la disentería.

Eczema

6. Un anciano de 66 años presentaba en el pecho, cerca del hombro, y desde hacía más de 5 años una protuberancia coloidal deforme, espesa y nudosa, del tamaño de una pelota de golf. La picazón que le producía era insoportable, y lo había conducido al hábito de tomar sedantes para calmarla temporalmente, y poder dormir unas horas. El diagnóstico era de eczema supurante, y había transformado su vida en un verdadero infierno.

Afortunadamente, la magnetoterapia pudo liberarlo en sólo 15 días de tratamiento, durante los cuales se le aplicó el polo norte de un imán directamente sobre el bulto supurante, dos veces al día, 15 minutos cada vez. También se le administraron 50 ml de agua magnetizada por un polo norte, cada cuatro horas.

7. Otro caso de eczema supurante fue el presentado por un paciente de 40 años, que llevaba 4 años y medio soportando una terrible irritación en ambas piernas que ya había alcanzado la altura de las rodillas. La inflamación y el dolor en ambas piernas, le dificultaban hasta la tarea de ponerse los pantalones, ya que el roce mismo del género agravaba su problema. Se encontraba al borde de la desesperación, y a causa de la enfermedad había comenzado a abandonar a sus amistades y sus relaciones sociales. El tratamiento magnético, consistente en dos imanes bajo ambos pies (Método V), sumado al A. M. lo aliviaron en 15 días, solucionando su problema definitivamente.

Articulaciones de las rodillas

8. A los 95 años, un anciano se encontraba postrado desde hacía más de 10, ya que no podía levantarse ni caminar por sus propios medios. Un tratamiento basado en el polo sur de dos imanes, aplicados directamente uno contra cada rodilla, y sujetos en forma permanente por tela adhesiva, resolvió el caso, permitiéndole levantarse y caminar en menos de 3 meses.

Trastornos múltiples

9. Una dama de 42 años se sentía terriblemente desanimada, al tener que enfrentarse a varios problemas físicos y anímicos simultáneos: a) úlcera estomacal; b) infección del oído derecho, que supuraba pus en forma constante; c) terribles jaquecas, que hacían su vida miserable; d) sensaciones como de colapso, cuando cocinaba en la cocina de su casa; e) pérdida de interés en la vida, debida a los problemas anteriores. Quizás este último punto fuera el más importante, ya que al no obtener alivio alguno de los numerosos tratamientos convencionales recibidos, había comenzado a pensar que había llegado a un punto sin retorno, que no podría superar.

Cuando una de sus amistades le sugirió la magnetoterapia, la mujer se rió ante la idea, ya que nunca había oído hablar del método, pero su desesperación la llevó a aceptar el tratamiento como un recurso más. Las aplicaciones abarcaron varios métodos: a) un collar de imanes, que utilizó en forma permanente durante los 3 meses que insumió su curación; b) aplicaciones del polo norte de un imán sobre su estómago, y otro similar debajo de su oído afectado; c) A. M. por un polo norte, por vía oral, y d) aplicaciones de imanes de alta potencia bajo las palmas de ambas manos, según el Método I. El caso de esta paciente ha sido tratado hace ya algún tiempo, y en tres meses estuvo libre de todas sus dolencias, sin registrarse recaídas hasta el momento.

Calambres nocturnos

10. Un niño de seis años solía experimentar, ya desde su nacimiento, agudos calambres en ambos pies, que ninguno de los tratamientos aplicados había podido erradicar. El niño se levantaba gritando por las noches, a tal punto que era preciso administrarle sedantes o analgésicos, para que pudiera volver a dormir. En términos alopáticos, su enfermedad fue diagnosticada como "calambres nocturnos", y se le comunicó a lo padres que "*la moderna ciencia médica carece de un remedio conocido para esta enfermedad, pero es posible que los dolores cesen a medida que el niño crezca*".

El cuerpo del niño respondió perfectamente, ya desde la primera sesión del tratamiento, basado en la aplicación de cuatro imanes de alta potencia: dos bajo la planta de los pies, y dos sobre los empeines, de modo que cada uno de los pies tuviera su correspondiente par de polos inversos. También se le administró agua magnetizada durante todo el tratamiento, que se extendió por 10 días, hasta que el niño se curó de los que los médicos habían dictaminado como una "enfermedad incurable".

Reumatismo

11. Una joven de 30 años de edad había sufrido de dolores reumáticos tan agudos en todas y cada una de las articulaciones de su cuerpo, durante más

de 8 años, que había llegado incluso a pensar en cometer suicidio. Su esposo se encontraba desesperado, ya que ella había tenido un hijo en esas condiciones, y el bebé tenía conductas extrañas, como llorar cinco horas durante el día, y no menos de dos o tres por la noche, y parecía excesivamente lento en sus movimientos y en su aprendizaje. Como ejemplo, se me comentó que el niño había comenzado a sentarse solo recién a los cuatro años de edad, y a hablar a los cinco, y parecía hacer todo con una lentitud exagerada.

Aplicado un tratamiento magnético, la madre respondió rápidamente a una combinación de los Métodos I y V con varias dosis de A. M., y en la actualidad se encuentra totalmente restablecida, mientras que el niño, únicamente con la administración de A. M. y un tonificador nervioso alopático, ya no llora, y se encuentra en estado prácticamente normal para su edad. Lo curioso de este caso, es que yo ni siquiera había visto al niño personalmente, hasta que vino a verme hace poco tiempo, y mantuvo conmigo una conversación que no podría haber sostenido 15 días atrás. Sin embargo, lo más positivo es que hoy constituyen una familia feliz, que agradecen esa felicidad a la magnetoterapia.

Testimonios del Dr. Satran Das Lilani, de Maharashtra

"Los imanes constituyen una manifestación superior de la Naturaleza, que ha sido ofrendada a la humanidad para su bienestar, como lo prueban infinidad de procesos. Si un cuerpo humano pudiera ser dividido a lo largo de su eje central vertical, ambas partes estarían constituidas por miembros equivalentes, saturados por cualidades magnéticas de polaridades opuestas, pero de la misma potencia. Así, el lado derecho del cuerpo se encuentra inducido por propiedades con polaridad positiva (norte), mientras que el izquierdo está cargado de características polares negativas (sur). A través de este poder magnético, el hombre ha comenzado a tratar un sinnúmero de enfermedades, y las que siguen son algunas de mis experiencias personales".

Dolores dorsales crónicos

1. Una mujer residente en Bombay sufría de un dolor de espalda crónico continuo, que había sido declarado incurable por varios médicos, ante el fracaso de los tratamientos de elongación y extensión practicados con ella. La paciente fue tratada aplicándole el polo sur de un imán horizontalmente sobre su espalda, en sesiones de 20 minutos dos veces por día. Al término de 40 días de tratamiento, la mujer informó un 90% de mejoría, y podía moverse y caminar por sí misma, siendo que hasta comenzar con el tratamiento magnético había estado confinada a su lecho.

Perturbaciones en el sueño

2. Mi esposa siempre había padecido de perturbaciones durante el sueño, que a veces la mantenían despierta noches enteras. A partir desde el momento en que coloqué el polo sur de un imán bajo su almohada durante 3 o 4 días, comenzó a conciliar rápidamente el sueño, y ahora duerme profundamente, sin necesidad de ayuda alguna.

Uñas encarnadas

3. El crecimiento incorrecto de una uña había perforado el dedo del pie de uno de los mucamos de un amigo mío, y me pidió que tratara de aliviarlo. El pie herido se encontraba muy inflamado, y el dolor era terrible, por lo que le proporcioné al hombre un imán redondo con polo norte central, aconsejándole colocarlo sobre el pie afectado; en una sola sesión de media hora el dolor se había aliviado totalmente, aunque se le recomendó al paciente que repitiera el procedimiento al día siguiente, como medida de precaución.

Neuralgias por extracciones dentales

4. Como consecuencia de la extracción de uno de sus dientes, un amigo mío sufría una terrible inflamación y agudos dolores que no remitían ante ninguno de los tratamientos convencionales. Una corta aplicación del polo norte de un imán sobre la parte afectada erradicó el dolor y la hinchazón en pocos minutos.

Dolores traumáticos

5. Una persona de edad fue golpeada en la espalda por una camioneta, y debió ser internada en un hospital, donde fue infructuosamente tratada por todos los medios conocidos. Cuando finalmente se dirigió a mí, le apliqué dos o tres veces el polo sur de un imán mediano sobre la parte afectada, y el dolor se desvaneció en 12 0 15 minutos.

Pleuresía

6. A una dama de edad que había sufrido de pleuresía durante largo tiempo, se le aplicó un tratamiento basado en A. M. por un polo norte, administrada por vía oral, y aunque aún se halla en tratamiento, se encuentra muy recuperada.

Excesos sexuales

7. Un hombre de poco menos de 50 años, había perdido parte de su vigor sexual, a causa, aparentemente de haber reincidido en una serie de excesos sexuales. Al acudir a mi clínica, se le proporcionó un tratamiento en base al polo sur de un imán potente, durante una sola sesión, y el hombre recuperó plenamente su energía.

Testimonios del Dr S. C. Gupta, homeópata y magnetoterapeuta de Sonepat, Haryana

Rigidez en el cuello

1. Ya desde su nacimiento, la cabeza de *Veena Malik, de 18 años de edad* se encontraba inclinada hacia su hombro izquierdo, y no podía moverla en ningún sentido. La muchacha sufría fuertes dolores en la base del cuello, y a pesar de que se le habían aplicado numerosos tratamientos, ninguno de ellos había dado resultado alguno, y los médicos coincidían en que no había solución para su problema.

Cuando acudió a mi consulta, se le aplicó el polo norte de un imán a la mano derecha, y el polo sur de otro a la mano izquierda (Método I), durante un mes. En ese lapso, el dolor del cuello remitió casi totalmente, y pudo mover ligeramente la cabeza. El tratamiento continuó por 4 meses más, administrándosele también A. M. por vía oral 3 o 4 veces por día. En la actualidad, la niña está libre de dolor y puede mover el cuello de derecha a izquierda sin dificultad.

Sífilis

2. *El Sr. Yuresh Verma, de 28 años*; su condición física era lamentable, ya que en los últimos 20 años había mostrado serpigo y manchas en toda la superficie de la piel, con gran escozor y ardor, que en ocasiones llegaban hasta la hemorragia. Para su tratamiento se utilizaron dos imanes de alta potencia, alternándolos por la mañana bajo las palmas de las manos (método I) y por la tarde bajo las plantas de los pies, durante 10 minutos cada aplicación. Paralelamente, se le administró A. M. por vía oral, 3 a 4 veces por día, durante 2 meses. La culebrilla y las llagas sanaron satisfactoriamente, e incluso las manchas de estas últimas comenzaron a tomar el color del resto de la piel.

Eczema

3. *Jagdish Agarwal, de 44 años*; una eczema supurante en ambos pies, soportado durante los últimos 10 años, le dificultaba sensiblemente sus actividades, ya que solía agravarse mucho en verano y las estaciones húmedas, y sus pies se hinchaban hasta el punto de no poder calzarse. El ardor al contacto con la ropa era insoportable, y la piel se había puesto áspera, crasa y oscura. Se lo trató con dos imanes bajo sus pies (Método V) y A. M. para beber, durante 2 meses. La mejoría comenzó por su pie derecho, que hasta ese momento había estado empeorando, y luego continuó por el izquierdo, hasta estabilizarse completamente.

Tumores

4. Una dama de alrededor de 22 años, tenía sendos tumores en las proximidades de sus orejas; el de la derecha era del tamaño de un huevo de gallina, duro como una roca, y sumamente doloroso. Para su reducción se requirieron dos imanes alto poder, aplicados según el Método I (bajo las palmas de las manos) durante 15 minutos, y un pequeño imán adicional sujeto sobre el tumor cerca de su oído izquierdo. También se le administró A. M. en las dosis acostumbradas, y en un mes el tumor perdió su dureza y comenzó a encogerse, y el dolor desapareció.

Impotencia sexual

5. *Sr. A. Gupta, 45 años*. Como consecuencia de una vasectomía, durante los dos últimos años había perdido por completo todo signo de excitación de sus nervios sexuales, y comenzaba a sentir que había quedado impotente. Para su tratamiento se requirieron 10 meses de aplicaciones de imanes de alta potencia bajo las plantas de los pies (Método V) en forma continuada, más el polo sur de un imán pequeño sujeto cerca de sus testículos y el órgano sexual. Al recobrar la capacidad de excitación de sus nervios sexuales, el paciente ha recobrado, felizmente, su perdida virilidad.

Testimonios del Sr. Ram Bilas Shukla, del distrito de Narsingpur

1. Tengo cierta experiencia personal que avala que el uso del polo norte de un imán, durante un período de un mes, detiene el crecimiento de las células cancerosas.

2. Esta información está basada en el hecho de que los imanes eliminan todo crecimiento excesivo de los tejidos musculares, como lo prueban los dos siguientes casos:

a) Shri Purshotam Dwivedi, de 60 años, notó el desarrollo de dos grandes verrugas en ambos lados de su cuello; ambas verrugas fueron destruidas por el uso de imanes en menos de 30 días.
b) Yo mismo tuve una gran verruga en mi pie, y la misma fue completamente curada por la aplicación de imanes,en un mes de tiempo, y sin ninguna complicación.

3. He probado el uso de imanes sobre picaduras de escorpiones en algunas oportunidades, comprobando que los aguijones y el dolor desaparecían en lapsos de menos de 35 minutos en todos los casos.

4. También he investigado las posibilidades de la magnetoterapia en problemas de eczema, uno de cuyos casos es el de Thakur Badri Singh, a quien, a los 55 años de edad, la enfermedad había tomado ya la totalidad de su cuerpo. Sin embargo, con la aplicación de dos imanes durante un mes, la eczema remitió hasta su desaparición completa, y la piel recuperó poco a poco su textura natural.

5. La Sra. R. K. Singh, esposa de un profesor universitario, sufrió un ataque de parálisis facial, por la cual su boca se deformó hacia un lado, impidiéndole su apertura completa, y perdió la visión del ojo derecho. Fue tratada mediante magnetoterapia, complementada con una dieta de alimentos naturales. La visión del ojo se recuperó en dos meses, y la posición de la boca también se corrigió totalmente, desapareciendo los síntomas de parálisis.

6. Paramjit Panwala, de 35 años. Experimentaba agudos dolores e inflamación en ambos pies, lo que le provocaba serias dificultades para pararse y caminar. Bajo mi sugerencia, colocó un gran imán bajo su silla, debajo de algunos trozos de género; su problema de reumatismo comenzó a disminuir gradualmente, hasta desaparecer por completo en un lapso de 2 meses.

Capítulo 15

Informes e historias clínicas de otros países

Informes de Japón, Rusia, Francia y Estados Unidos de Norteamérica

Es interesante recordar que ya en el siglo pasado, el renombrado científico alemán, y profesor de Filosofía y Fisiología Herman Luis Francisco de Helmholtz (1821-1894), destacaba que "*...la mayor desgracia del siglo XIX es su ignorancia sobre el tema del magnetismo; ¿nos traerá el conocimiento el siglo XX?*"

Todo parece indicar que la gente de este siglo ha tomado seriamente el desafío, y ha hecho meritorios esfuerzos para satisfacer las expectativas de Helmholtz. A ese respecto, se han realizado los esfuerzos necesarios en muchos de los países más avanzados, incluida la India, y todos ellos han conducido a sorprendentes avances en el campo del magnetismo.

Sin embargo, en este libro queremos circunscribirnos exclusivamente a esas facetas del magnetismo que se relacionan con la curación y prevención de las enfermedades que aquejan a la humanidad. Para ello, hemos recogido algunos informes provenientes de países tan disímiles como Japón, U. S. A, Rusia, Francia, etc., que demuestran los notables progresos que se han efectuado también en ese campo.

Informes de algunas compañías japonesas

Un país territorialmente pequeño, pero altamente progresista como Japón, no podía estar ausente en este campo, y efectivamente, la tecnología japonesa ha desarrollado, manufacturado y comercializado varios productos magnéticos especialmente orientados hacia el tratamiento de las enfermedades humanas.

Uno de los ejemplos más destacados es el de la firma "Kawasaki Electric Industry Co. Ltd." de Tokio, una subsidiaria de la famosa fábrica de motocicletas, dedicada a la manufactura de equipos terapéuticos magnéticos y electromagnéticos.

El producto líder de esta firma es su "Energizador Electromagnético" -como sus diseñadores lo han denominado- que consiste en una especie de sillón o poltrona reclinable, provisto de 6 electroimanes incorporados. El paciente sólo debe sentarse cómodamente en el sillón durante media hora al día, durante algunos días, para obtener un alivio inmediato a la mayoría de las enfermedades más comunes.

Otra compañía japonesa, originariamente productora de equipos de electro-medicina, se ha dedicado a la fabricación y comercialización de dispositivos magnetoterapéuticos; se trata de la "Nakatamashiki Medical Industry", también de Tokio, cuyo producto principal son los "Cinturones Magnéticos", integrados por 16 imanes de ferrite, destinados fundamentalmente a aliviar dolores musculares y articulares en la cintura, columna vertebral, caderas, etcétera.

Quizás la más conocida de las firmas japonesas de imanes y electroimanes de propósito general, la "Aimante Trading Company" también ha encaminado sus esfuerzos hacia la fabricación de productos para tratamientos magnéticos; sus principales productos son las "Magnetic Health Bands" y "Magnetic Necklaces" (bandas magnéticas curativas y collares magnéticos), distribuidas en todo el mundo. Las bandas magnéticas han logrado algunos éxitos sorprendentes en la cura de anquilosamientos en los hombros y problemas de hipertensión arterial, mientras que los collares han sido especialmente diseñados como adornos femeninos, mientras mantienen a sus usuarias frescas, jóvenes y saludables.

La firma también produce y comercializa sus "Magnetic Bedpads", que como su nombre (Almohadas magnéticas) lo indica, se utilizan durante el sueño, y sus diseñadores las recomiendan especialmente para que damas maduras a fin de que no declinen su lozanía ni su vigor.

Como parte de su programa de investigación y desarrollo, la Aimante ha conducido experiencias sobre sus almohadillas magnéticas en varios institutos de investigación japoneses, algunas de cuyas conclusiones fueron realmente alentadoras.

Como ejemplo, se puede mencionar un resumen del Simposio Biomagnético realizado en Japón, que informa que *"... los científicos y médicos japoneses han llevado a cabo un gran número de experimentos sobre biomagnetismo y magnetoterapia, descubriendo que la relación entre el magnetismo y los cuerpos vivos es de vital importancia para el hombre"*. Como resultado de esta conclusión se han introducido tratamientos magnéticos con imanes permanentes en muchos hospitales y sanatorios de ese país.

Un informe de la central del Hospital Ferroviario Nacional de Tabata, demuestra que las bandas magnéticas utilizadas sobre pacientes de los dispensarios de Chiba, Omiya y Shinjyoku han tenido un considerable efecto sobre casos de hipertensión arterial y hombros anquilosados; en la mayoría de los casos tratados con estos dispositivos los problemas de hombro se aliviaron en períodos que oscilaron entre los 3 y 15 días, y los de alta presión entre 7 y 90 días.

Las estadísticas del simposio indican que se trataron 42 pacientes de anquilosamiento, con otras afecciones paralelas o sin ellas. El informe certifica que las bandas fueron efectivas en 41 casos de los 42, y que la mayoría de los pacientes comenzaron a experimentar mejorías dentro de la primer semana de tratamiento.

Con respecto a los casos de hipertensión, se trataron 34 casos, de los cuales las bandas demostraron su efectividad en 20, no resultaron en 8, y en 6 no se pudo comprobar fehacientemente su eficiencia. En la mayoría de los 20 casos efectivos, la mejoría se produjo dentro de los primeros 7 a 15 días, con un descenso de la presión de hasta 20 mm en ese lapso.

Informes desde los Estados Unidos de Norteamérica

También los Estados Unidos han efectuado notables progresos en el campo de la aplicación de imanes en beneficio de los seres vivos. Gran número de médicos, institutos y laboratorios han colaborado en la conducción de investigaciones en este campo, algunas de cuyas conclusiones brindamos a continuación.

1. *El Dr. Albert Roy Davis*, director del laboratorio de investigación homónimo, confirmó que había logrado contrarrestar diversas formas de cáncer, reducir tumores y controlar infecciones mediante el biomagnetismo. También informó que, como efecto colateral, sus investigaciones con animales había extendido el ciclo vital de sus animales de laboratorio.

2. *El Dr. Howard D. Strangle, de Nueva York*, afirma que el magnetismo es una verdadera ciencia, y que los imanes poseen propiedades que sólo se conocen y se utilizan superficialmente. Strangle sostiene que el magnetismo es uno de los pilares fundamentales de la vida sobre la Tierra, y este punto de vista parece ser compartido por la mayoría de los más eminentes hombres de ciencia, no sólo de Occidente, sino del mundo entero. Paralelamente, sugiere que se trata de un tema que debería cautivar el interés del mundo entero.

3. *El Dr. K. E. Maclean, de Nueva York*, ha estado utilizando poderosos campos magnéticos en el tratamiento de casos avanzados de cáncer, con resultados que él considera notables.

4. *El Dr. M. F. Barnothy, de la Universidad de Illinois*, y el Dr. J. M. Barnothy, de la Fundación para la Investigación Biomagnética, de Evanston, en el mismo Estado, descubrieron que las bacterias, cuando se las somete a la influencia de un campo magnético, modifican su posición en función de la dirección y sentido de las líneas de fuerza de dicho campo. El primero de los investigadores nombrados va más allá aún, sosteniendo que el magnetismo se convertirá a su debido tiempo, en uno de los nuevos y más poderosos instrumentos analíticos y terapéuticos de la medicina.

5. *El Dr. Robert O. Becker, Profesor de cirugía ortopédica de la Universidad del Estado de Nueva York*, afirma que parece haber muy pocas dudas acerca de la interacción entre las funciones del sistema nervioso central, y los campos magnéticos extracorporales, incluido el de la Tierra.

Los siguientes son algunos de los informes de casos tratados por los médicos mencionados en sus instituciones:

Dr. Howard D. Strangle

1. *Afecciones cardíacas*. Un hombre de cerca de 60 años sufría violentos ataques periódicos, aparentemente indicativos de una "afección cardíaca". Su corazón, sin embargo, parecía perfectamente estable, por lo que se pensó en un cáncer incipiente. Se le recomendó la aplicación del polo norte de un imán directamente sobre la piel, en un punto de la cadera donde el paciente acusaba

una zona dolorida, y en sólo dos horas de tratamiento el hombre comenzó a experimentar un evidente alivio. El tratamiento continuó durante varias horas al día por varios meses, y la supuesta afección cardíaca y el dolor desaparecieron, los problemas digestivos se corrigieron por sí mismos, y ya no necesitó evitar las escaleras.

2. *Dilatación de la glándula prostática.* Un paciente varón, de casi 70 años de edad, padecía de una dilatación de su glándula prostática, que en sus picos de inflamación le provocaba un dolor tan intenso que le impedía trabajar y descansar adecuadamente. Se le recomendó cirugía, pero el hombre declinó, aunque accedió a usar un imán durante varios meses. Como resultado, no sólo no volvió a recaer en su antigua condición, sino que ya no perdió más horas de trabajo por culpa de su enfermedad.

Dr. Albert Roy Davis, Jefe del Departamento de Ciencia del Estado de Florida

1. En una oportunidad, el Dr. Davis notó con extrañeza que, al término de un experimento con ratones que lo obligaba a permanecer durante más de dos horas diarias parado, no sentía su pie y pierna derechos tan cansados ni doloridos como sus pares izquierdos, por lo que decidió investigar el fenómeno. Al hacerlo, descubrió que la aparente causa de la mayor vigorización de su lado derecho era que durante esa tarea debía ubicarse con sus piernas cerca de un imán de 1. 500 gauss, que utilizaba en la experiencia.

2. Decidido a profundizar en el tema, Davis sujetó un pequeño imán a cada uno de sus tobillos, logrando que sus pies y piernas dejaran de molestarle. Su conclusión fue que el menor campo de fuerza actuaba para proporcionar a sus pies y piernas la estimulación exacta.

3. Continuando sus investigaciones, Davis descubrió que si al cabo de un accidente, o alguna lesión menor, ubicaba un imán sobre la parte afectada, el dolor desaparecía en un lapso de 15 a 30 minutos.

4. En otra oportunidad, durante un doloroso proceso de neuralgia dental, tomó un imán de alrededor de 400 gauss, y lo sostuvo contra su cara, sobre el diente dolorido; en 15 minutos el dolor había disminuido. Ante esta respuesta, tomó un imán más pequeño, y lo colocó dentro de su boca, entre la mejilla y el diente afectado; en cuatro horas, el dolor había desaparecido, y no volvió a repetirse.

5. Otra de sus experiencias traumáticas fue durante una explosión accidental en su laboratorio, en que su cara, ojos, cabello, orejas y mejillas resultaron cubiertas con un ácido corrosivo. El dolor, la pérdida de visión parcial y la inflamación y quemaduras de la cara eran insoportables, pero al aplicar un imán de 2000 gauss sobre el rostro, la intensidad del dolor disminuyo a la mitad en menos de una hora. Al segundo día no había signos de dolor, y en dos semanas habían desaparecido las quemaduras, sin dejar cicatriz alguna.

Informes desde Rusia [1]

La utilización de la potencia magnética se ha orientado en Rusia hacia distintas aplicaciones. Veamos algunos ejemplos:

La revista "Tierra Soviética", ya en 1970 hablaba acerca de la utilización de A. M. en las clínicas de ese país. En una institución de Leningrado (Rusia) a los pacientes afectados por cálculos en la vesícula o en los riñones se les administra esta agua para ayudar a eliminar las sales y concreciones en esos órganos.

El periódico "Mujer soviética", hace ya cierto tiempo, publicó la noticia de una campesina del Turkmenistan, quien había ingerido accidentalmente una aguja de coser mientras la enhebraba. El doctor D. Shukorov, encargado del caso, sujetó un pequeño imán a un trozo de hilo, y le solicitó a la paciente que lo tragara; luego no tuvo más que recobrar el imán, con la aguja pegada a él.

Quizás éste haya sido el antecedente que inspiró al Dr. S. Leman para crear un ingenioso dispositivo, destinado a retirar cuerpos metálicos extraños de las vías respiratorias superiores, con el menor traumatismo posible para el paciente, ya sea mecánico o quirúrgico. Para ello decidió utilizar, no sólo la capacidad magnética de los imanes, sino también las propiedades de los materiales ferromagnéticos de conducir esa fuerza magnética. Con ese propósito, Leman diseño un instrumento especial -un tubo de una aleación de hierro y níquel- que pudiera ser introducido a través de la tráquea hasta los bronquios; este tubo se hallaba en contacto con un imán de alta potencia montado sobre la mesa de operaciones, y en el momento en que se ponía en contacto con el cuerpo extraño, éste último se adhería fuertemente a él, con lo que sólo restaba retirar ambos por la boca. Toda la operación, sin bisturíes, fórceps ni efusión de sangre, duraba apenas unos minutos.

Muchas generaciones de aparatos e instrumentos de magnetocirugía han surgido luego del extractor de Leman, y en la actualidad el laboratorio electromagnético del Instituto de Física de los Metales de la Academia de Ciencias rusa ha desarrollado una instalación magnetométrica capaz de extraer un cuerpo extraño metálico de casi cualquier parte del organismo del paciente. Según aseveraciones del propio Dr. Leman, *"...el magnetismo se ha transformado en el 'asistente' infaltable e infalible en operaciones, no sólo en el tracto respiratorio, sino también en el esófago, hígado, duodeno, corazón, etcétera"*.

Para comprobarlo, existe en el principal hospital de Sverdlovsk, en la región de los Urales, un museo que exhibe gran número de trozos de metal, clavos, botones, alfileres y agujas que han sido extraídas de organismos humanos en ese nosocomio.

Informes desde Italia

1. El profesor Gigante, del Instituto de Reumatología de la Universidad

---

[1] **N. del T.**: Es preciso recordar que en el momento de publicarse la última edición de este libro, de la cual se ha tomado esta traducción, la Unión de Repúblicas Socialistas Soviéticas (URSS) aún no se había escindido.

de Roma, hizo algunas investigaciones clínicas sobre pacientes afectados de distintos tipos de reumatismo, y publicó los resultados en la revista "Recentia Medicae", algunos de los cuales extractamos aquí:

"Nuestras observaciones se refieren a 40 pacientes con diversas afecciones reumáticas, y en distintas etapas de desarrollo. Los resultados obtenidos de los análisis de estos pacientes demuestran que se puede afirmar, sin lugar a dudas, que los dolorosos síntomas del reumatismo pueden ser afectados por el magnetismo, por las siguientes razones:

a) En 25 pacientes, la reducción en la intensidad del dolor varió entre moderada y absoluta.

b) El efecto beneficioso fue particularmente evidente en los tejidos articulares y periarticulares, donde podía percibirse una aguda inflamación.

c) En términos generales, todos los pacientes se sintieron más tranquilos, mostraron mayor movilidad, y aumentaron su resistencia a la fatiga.

d) En el aspecto clínico, la onda más larga generada por el magnetizador fue la que mostró el mejor efecto antiinflamatorio, con la correspondiente remisión del síntoma doloroso".

2. El profesor A. Venerando, Comisionado del C.O.N.I, Instituto de Medicina del Deporte, también realizó algunas investigaciones sobre pacientes afectados por distintos traumatismos ocasionados por incidentes deportivos, como artritis, artralgias, dolores musculares y recuperación de fatigas severas. Los resultados de estas investigaciones fueron publicados en su totalidad por la Revista Internacional de Medicina y Cirugía de Roma, de la cual se extrajo el siguiente resumen:

a) El autor experimentó con un magnetizador sobre 86 casos de lesiones articulares músculo-tendinosas sufridas por atletas de distintas especialidades. Los efectos de esta terapia arrojaron como resultado una marcada reducción de la contractura muscular y los síntomas dolorosos.

b) Los tratamientos se llevaron a cabo mediante la aplicación de uno o dos electroimanes, acoplados de acuerdo con el área a cubrir. Se sugirió el uso de pares de imanes con el objeto de que la penetración de las líneas de fuerza se produjera en forma más intensiva y homogénea. El resultado más favorable fue el obtenido en la reducción del dolor y las inflamaciones locales.

c) La aplicación de pares de imanes se llevó a cabo de acuerdo con los métodos de tratamiento mencionados en el Capítulo 10 de este libro.

Informes desde la Península Escandinava

Un informe preparado por la Dra. Christine Pickard comenta distintos casos tratados exitosamente mediante la magnetoterapia. Entre ellos se encuentran pacientes afectados por cálculos renales y biliares, espasmos y ataques cardíacos, hipertensión, dolores reumáticos y muchos otros síntomas subsidiarios asociados con estas enfermedades. Enumerar los detalles de todos estos casos sólo lograría repetir lo mencionado hasta el momento, por lo que nos limitaremos a agregar que, según el concepto de la autora del informe, algunos de los resultados obtenidos fueron notablemente positivos.

Informes desde Francia

Los cánceres malignos, uno de los principales flagelos que aqueja a la raza humana sin distinción de credos, color o sexo, es evidentemente el centro de atención de médicos y científicos de todo el mundo, quienes tratan de concentrar sus esfuerzos en encontrar una cura simple y efectiva para este azote.

En los últimos años, un ingeniero electrónico residente en Francia ha estado experimentando con campos magnéticos como una probable lucha contra el cáncer maligno. Sus investigaciones han demostrado que puede lograrse una promisoria remisión del crecimiento cancerígeno sometiendo al paciente a un intenso campo magnético generado por un equipo de su invención. De concretarse un avance en estas experiencias, esto corroboraría las observaciones del Dr. Maclean, respecto a que "el cáncer no puede existir dentro de un poderoso campo magnético".

Informes desde Australia

El uso de imanes en casi todas las ramas de la medicina y la cirugía no ha dejado de incentivar a un gran número de odontólogos, tanto para su aplicación en casos de dolores dentales y piezas deterioradas, como para asegurar las prótesis dentales en su lugar. En esta última línea, un cirujano dental australiano ha desarrollado recientemente un nuevo método de anclaje, que utiliza como medio de sujeción mini-magnetos construidos en una aleación de cobalto y un metal raro denominado samario (Sm), cuyo magnetismo resulta aproximadamente 10 veces mas potente que el de los imanes normales. El método ha sido desarrollado y perfeccionado por el Dr. Barry Gillinges, del departamento de Odontología Prostética de la Universidad de Sydney, y las prótesis diseñadas por él se sujetan a imanes más pequeños implantados en los raigones remanentes de las piezas dentales extraídas, o en las más cercanas.

Parte VII

Capítulo 16

Magnetoterapia y homeopatía

Magnetoterapia: un efectivo aliado de la homeopatía

El fundador, y Maestro de la Homeopatía, Dr. Samuel Hahnemann, en su libro "*Organón Médico Homeopático*", ha señalado claramente las metas que cada médico debería tener en mente. Su enunciado fue el siguiente:

Sección 1: *"La sublime y única misión del médico es devolver la salud al enfermo; curarlo hasta sus últimas consecuencias."*

Sección 2: *"El ideal más elevado de la curación es una rápida, apacible y permanente restauración de la salud, o la supresión y aniquilación de la enfermedad en toda su extensión, en la forma más corta, mas confiable y menos lesiva posible, sobre la base de principios fácilmente comprensibles."*

Y fue con esta idea en mente que Hahnemann decidió buscar la verdad en el efecto, y el alivio del que sufre a través de otros medios que no fueran los tratamientos prevalecientes en su época. Para ello, estudió todos los sistemas aplicados en ese tiempo, y ha vertido su opinión sobre ellos en las nuevas secciones 286 a 293 de la sexta edición del Organón Médico Homeopático.

En la nueva sección 286, por ejemplo, el Dr. Hahnemann comenta que "*... la fuerza dinámica de los imanes minerales, la electricidad y el galvanismo actúa de una forma no menos poderosa que la de las medicinas homeopáticas*", mientras que en la 288 observa que "*...el magnetismo animal o mesmerismo constituye un invalorable y maravilloso don otorgado por Dios a la humanidad*". Más adelante, en la Sección 289, analiza las posibilidades de un mesmerismo positivo y uno negativo, como así también la existencia de "pases" negativos y positivos. Finalmente, en la Sección 290 habla acerca de la utilidad de los masajes, y en la 291, sobre las posibilidades del agua y el baño como agentes curativos.

Contemporaneidad de Hahnemann y Mesmer

El Dr. Samuel Hahnemann (1755-1843), aunque con algunos años de diferencia, fue contemporáneo del pionero del magnetismo y el mesmerismo, Federico Francisco Antonio Mesmer (1734-1815), por lo que no resulta extraño que conociera muchas de las "mágicas" curas realizadas por él mediante sus tratamientos magnéticos o mesméricos, y se sintiera influido por ellas. Esto hizo que Hahnemann experimentara largo tiempo con imanes, y cuando estuvo plenamente convencido de sus efectos benéficos, defendió enérgicamente su uso en sus escritos. Un resumen de la nueva Sección 287 de la sexta edición del Organón sostiene lo siguiente:

Sección 287: *"El poder de los imanes para propósitos curativos puede utilizarse con mayor certeza de acuerdo con los efectos positivos detallados en la Materia Médica Pura bajo los conceptos de polo norte y polo sur de una poderosa barra magnética. A pesar de ser ambos polos igualmente poderosos, se oponen uno al otro en la forma en que ambos actúan. Las dosis pueden ser modificadas por el tiempo de contacto con uno u otro polo, acorde a como los síntomas, ya sean del polo norte o del polo sur, sean indicados. Como antídoto para una acción demasiado violenta, la aplicación de una placa de zinc pulida será suficiente."*

En su extraordinario tratado "*Materia Médica Pura, volumen II*", el Dr. Hahnemann ha dedicado 54 páginas al tratamiento por imanes, y por ciertas medicinas preparadas para ellos. Paralelamente, proporciona detallada información acerca de los imanes, incluyendo su método de preparación, y destina nada menos que 448 páginas a la descripción de los síntomas cubiertos por las medicinas homeopáticas especialmente preparadas para las tres diferentes propiedades de los imanes.

Observaciones del Dr. Hahnemann acerca del uso de los imanes

"Una barra magnetizada puede curar rápida y permanentemente la más severa de las enfermedades para las cuales constituye la medicina apropiada [1]*, cuando se la coloca cerca del cuerpo por un corto tiempo, incluso si se encontrara cubierta por algún material grueso (tal como género, cuero, cristal, etcétera)* [2]*".*

Está comprobado que cada uno de los polos presenta alguna propiedad peculiar en su capacidad de alterar la salud humana, pero aún así, cada uno

[1] **Nota del autor**: Cabe destacar que el Dr. Hahnemann ha calificado aquí a los imanes como "una medicina apropiada". Esta denominación coincide con la de Charak, una de las mayores autoridades en el Sistema Ayurvédico de tratamiento, quién agregó: "Aquella que restaura la salud es la medicina apropiada; el que cura al paciente es el mejor médico".

[2] **Nota del autor**: A la lista podrían agregarse perfectamente: cartón, papel, goma, acero inoxidable y madera.

de ellos parece generar acciones alternativas que se asemejan a las del polo opuesto.

A los efectos de efectivizar una curación, el imán debe aplicarse de una forma mucho más suave, de manera de permitirle actuar homeopáticamente.

Para este propósito, una barra magnetizada que pueda levantar 100 gramos de peso en cada polo es más que suficientemente potente.

He conocido casos para los cuales el contacto de tal implemento magnético **durante solamente medio minuto fue una dosis ampliamente suficiente.**

De haberse seleccionado en primer término el polo equivocado, debe aplicarse inmediatamente el polo opuesto.

La duración de la acción de una dosis moderada de potencia magnética supera los 10 días.

Cuando el imán ha sido inapropiadamente elegido, los sufrimientos resultantes, que algunas veces son muy severos, deben eliminarse permanentemente, posando la mano abierta del paciente sobre una placa de zinc bastante grande, durante media hora."

Las tres medicinas magnéticas

En homeopatía se preparan tres medicinas distintas, una para reforzar cada una de las diferentes propiedades de los imanes, basadas en su forma de aplicación: a) el imán completo; b) el polo norte, y c) el polo sur.

El remedio preparado para complementar la aplicación del imán completo se conoce como Magnetis Poli Ambo, y cubre 397 síntomas; el preparado para el polo norte, llamado Magnetis Polus Articus, 459 síntomas, y el destinado a las aplicaciones de polo sur, Magnetis Polus Australis, 387 síntomas. De esta forma, el rango de cobertura de las tres medicinas abarcan 1243 síntomas, cincuenta de los cuales figuran en letra destacada en la "Materia Medica Pura", y son, por lo tanto, síntomas especialmente indicados para su tratamiento por remedios magnéticos.

El Dr. Hahnemann afirmó que imanes distintos, pero de similar alta potencia, cuando se los pone en contacto con individuos de diferentes sensibilidades, desencadenan síntomas independientes de los polos utilizados. Esto fue comprobado por Hahnemann en experimentos conducidos durante medio año, destinados a determinar la mejor manera de aplicar los imanes. Para estos experimentos se utilizaron imanes de herradura, capaces de levantar 5,5 kg, y que fueron sostenidos con ambas manos, una en cada polo, durante sesiones de una hora cada vez.

Aportes del Dr. H. C. Allen acerca de los tres remedios

El Dr. H. C. Allen, un homeópata de renombre mundial, ha escrito mucho respecto a los imanes y a las medicinas magnéticas en su "*Materia Médica of the Nosodes*" (Materia Médica de los nosodes), donde en más de 48 páginas dedicadas al tema, ofrece una acabada descripción de los imanes, además de muchas observaciones del Dr. Hahnemann, y una interesante relación sobre los tres remedios magnéticos.

La mayoría de los síntomas descritos por Hahnemann en su "Materia Médica Pura" han sido transcriptos por Allen a su Materia Medica de los Nosodes. Entre ellos, los que Hahnemann consideraba más importantes han sido subrayados con dos líneas, los que les siguen en importancia con una, y los menos relevantes sin destacar.

Por otra parte, casi todos los síntomas de estas primera y segunda categorías mencionadas han sido también incluidos en su trabajo "*Key Notes and Characteristics with comparison of some of the Leading Remedies*" (Claves y características comparadas de algunos de los principales remedios), aunque sin destacar ninguno de ellos. Considerando que el "Key Notes..." contiene un número muy inferior de síntomas que los mencionados por Hahnemann en su "Materia Médica Pura", o por Allen en su "Materia Medica de los Nosodes", puede asumirse que los síntomas reunidos por Allen para su "Key notes..." han sido cuidadosamente seleccionados, y por lo tanto son sumamente importantes y confiables.

Los tres remedios magnéticos también han sido mencionados en dos secciones distintas de la obra de Boericke, "**Pocket Manual of Homoeopathic Materia Medica**" (Manual de bolsillo de la Materia Médica homeopática), por lo que resulta evidente que el tratamiento de enfermedades mediante imanes y medicinas magnéticas ha sido aprobado y recomendado por los grandes maestros de la homeopatía.

Obviamente, sería imposible incluir en este volumen los 1243 síntomas señalados por Hahnemann en su Materia Médica Pura, volumen II, por lo que nos limitaremos a mencionar los cincuenta que él destacó en su libro por considerarlos los más importantes. En las páginas siguientes pueden localizarse agrupados por el polo correspondiente, e identificados con el Nº de página y de símbolo que les corresponde en la obra de Hahnemann.

Síntomas de las medicinas preparadas para el Magnetis Poli Ambo

Pag. M. M. P.	Nº síntoma	Síntoma
66	30	Calor en el rostro, sin acaloramientos, por la mañana.
69	94	Apetito desmedido, especialmente al levantarse.
70	123	Fuertes ruidos abdominales.
70	141	Después de las deposiciones, violentos dolores hemorroidales en el ano, ardor como el de una herida y una sensación constrictiva, más en el recto que en el ano.
71	145	Flujo hemorroidal.

Pag. M. M. P.	Nº síntoma	Síntoma
71	156	Poluciones nocturnas.
71	160	Ausencia de deseos sexuales.
71	162	El prepucio se encuentra retraído detrás del glande, y no lo cubre en absoluto, o sólo en una pequeña parte.
72	175	Durante la noche, y eventualmente en otras ocasiones, un violento pero corto ataque de tos seca, al cabo del cual sobreviene una ligera expectoración de mucosidad traquealordinaria.
72	178	Mucosidad en la tráquea, especialmente durante la mañana y el atardecer, fácilmente expulsable por una tos corta.
73	203	Dolor en la articulación sacra en la mañana, en la cama, al yacer sobre un lado, y durante el día, cuando se permanece mucho tiempo inclinado hacia un lado.
74	229	Tirones desde la cabeza hasta la punta de los dedos de las manos.
79	345	Despertarse alrededor de las 3 de la mañana, con sensación alternativa de calor y frío en los miembros, que no se sabe exactamente si se desean tener tapados o destapados.
79	348	Por la mañana, yacer tendido boca arriba, con una mano bajo la cabeza, la otra sobre el estómago, las rodillas separadas, ronquidos al inspirar, la boca semiabierta y mascullando en voz baja. Se suelen tener sueños amorosos y de emisiones seminales que no se producen. También por la mañana, opresión en el pecho, y dolores en el occipucio y todas las articulaciones, que desaparecen al levantarse y mover el cuerpo, mientras se expele gran cantidad de mucosa catarral.
81	378	Al encontrarse en el trabajo, durante el día, hablar fuerte con uno mismo, sin saberlo.
81	392	Disposición para la rabia y la indulgencia, y en el caso de la primera, se sufren jaquecas.
81	394	Irascibilidad.

Síntomas de las medicinas preparadas para el Magnetis Polus Arcticus

Pag. M. M. P.	Nº síntoma	Síntoma
84	47	Puntadas en los párpados.
84	54	Crispaciones y contracciones en los párpados.
85	56	Parpadeos involuntarios y lacrimación.
85	62	Al despertarse por la mañana, y antes de levantarse, una dolorosa sensación de sequedad en los párpados.
85	70	Frialdad en el ojo más débil, como si la órbita alojara un cubo de hielo en lugar del ojo; al desaparecer el frío, se siente una prolongada punzada en su lugar.
85	73	Movimientos involuntarios e incesantes del ojo.
88	149	Eructos frecuentes, sin nada más que aire.
88	165	Regurgitación en el abdomen, como si hubiese excesiva flatulencia, acompañada de cólicos.
89	183	Deposiciones extrañas, excesivamente consistentes y de gran tamaño, expelidas con dificultad.
90	193	Orina muy oscura.
90	203	Poluciones nocturnas.
90	210	La menstruación, esperada, llega 24 horas más tarde, en escasa cantidad, y sin otros síntomas adicionales.
91	240	Picazón en la región cardíaca.
95	344	Temblores en las partes que se encuentran en contacto con el imán.
95	347	Sensación de frío en el lugar de la aplicación.
96	365	Sensación de gran somnolencia y deseos de bostezar.
96	386	Semidespertar alrededor de las 2 de la madrugada, con mucha conciencia interior, gran riqueza de pensamientos, y una memoria vívida. Pensar en temas importantes en un idioma extranjero perfecto, que en ocasiones normales no se domina bien. Sin embargo, una vez despierto no se puede recordar claramente lo sucedido.
97	391	Segregación nocturna de saliva, tan profusa que al despertar, la almohada se encuentra mojada.

Pag. M. M. P.	Nº síntoma	Síntoma
97	402	Frío, estremecimientos.
97	407	Sudor frío en las palmas de las manos y en las plantas de los pies.
99	438	Ansiedad, depresión, temor, desconsuelo, disposiciones de ánimo que provocan auto-reproches.
99	442	Escrupulosidad exacerbada y ansiosa.
99	453	Hiperactividad.

Síntomas de las medicinas preparadas para el Magnetis Polus Australis

Pag. M. M. P.	Nº síntoma	Síntoma
101	38	Ojos lacrimosos ocasionalmente.
101	41	Sequedad dolorosa de los párpados, especialmente cuando se mueven, principalmente por las mañanas y el atardecer.
101	48	Defectos de visión: los objetos aparecen turbios, y en ocasiones, dobles.
103	85	Ardor en la garganta y el esófago.
107	207	Dolores repentinos y rápidos en los brazos, serpenteando hacia abajo.
108	249	Tirones dolorosos en las rótulas.
109	273	Puntadas en las plantas de los pies.
111	320	Pesadillas con incendios y fuegos.
112	365	Calor excesivo, pero moderado, en todo el cuerpo, especialmente en la espalda.

La forma ideal de administrar la combinación de la medicina por vía oral, y el imán (o el polo correspondiente) sobre la parte afectada, es hacerlo simultáneamente, ya que de esa forma se potencian mutuamente acelerando el proceso de curación.

El Dr. Neville S. Bengali, de Bombay, ha escrito en su libro "*Magnetoterapia*":

> *"Los conceptos del Dr. Hahnemann estaban demasiado adelantados a su tiempo, en que se sabía tan poco acerca de la naturaleza electromagnética de la actividad celular, y la importancia del magnetismo. Hoy, en cambio, sabemos que cada remedio homeopático es la energía electromagnética de ese elemento en particular. Una sustancia que va a ser transformada en un remedio homeopático es sometida repetidamente a distintos procesos conocidos como "trituración", o "sucusión traumática", mediante la cual los átomos de la sustancia se escinden, liberando la energía electro-magnética perteneciente a esa sustancia en particular.*
>
> *Bajo ese criterio, la homeopatía es el complemento ideal para la magnetoterapia, ya que los remedios homeopáticos no poseen ningún elemento*

químico, sino la energía dinámica (electromagnética) inherente a esa sustancia, obtenida por potenciación, y que genera campos magnéticos de diferentes densidades."

Al aumentar la potenciación, las frecuencias electromagnéticas de la sustancia se incrementan también. Según Bengali:

"Las potencias inferiores, esto es, entre la 3a y la 12a, corresponden a las frecuencias menores; desde la 30a hasta la 200a a las intermedias, y desde 1000 en adelante a las mas elevadas, altamente penetrantes. De esta forma, a medida que las potenciaciones se incrementan, los remedios se hacen más profundos y más duraderos en su accionar. Esto hace que la homeopatía, al igual que la magnetoterapia, sean los tratamientos indicados para todas las enfermedades crónicas y/o de larga data."

La conclusión directa de estos informes indica que mientras los imanes pequeños y de baja potencia resultan los más indicados para las enfermedades ligeras y recientes, las más duraderas, crónicas y severas, requieren necesariamente imanes más potentes, y períodos mas largos, tanto de aplicación como de tratamiento, para obtener buenos resultados.

Capítulo 17

Magnetoterapia y acupuntura o digitopuntura

Los puntos de acupuntura y la magnetoterapia

Hasta aquí hemos analizado la aplicación general y local de imanes, en función de las distintas enfermedades. De esos análisis surge la conclusión de que los tratamientos locales rinden sus mejores resultados en los dolores y rigideces localizadas en un punto determinado, mientras que el tratamiento general se orienta fundamentalmente hacia las enfermedades dispersas en la totalidad del organismo.

Personalmente, considero altamente eficientes estos dos métodos de aplicación, pero en una era de evolución técnica y científica constante, como la actual, uno no puede dejar de investigar nuevos y más modernos métodos de aplicación, sobre todo si ya han sido probados, y ofrecen mejores posibilidades de cura para ciertas dolencias.

Este concepto me condujo al estudio y el descubrimiento de la adopción de varios puntos de acupuntura en magnetoterapia, especialmente en el tratamiento de algunas enfermedades internas.

Para aquéllos que no la conocen lo suficiente, la acupuntura es un antiguo arte terapéutico chino, adoptado luego por Japón, y finalmente por algunos países occidentales, como Inglaterra y los Estados Unidos de Norteamérica. Desde hace algunos años, también los médicos hindúes han comenzado a utilizarla en su país, con distintos grados de éxito.

El término "Acupuntura" proviene de la raíz latina "acu", que significa aguja, y "punctur", punción; juntos simbolizan el arte milenario de pinchar, o punzar con agujas ciertos puntos del cuerpo del paciente, con fines terapéuticos. En la práctica, la acupuntura se basa en clavar una fina aguja de acero en la piel del paciente, hasta una profundidad de unos pocos milímetros, y retirarla al cabo de unos minutos, que no necesitan exceder de diez o doce. Sin embargo, el factor más importante de la acupuntura no son las agujas, sino conocer con exactitud los puntos donde deben clavarse las agujas para cada enfermedad en particular.

Los antiguos chinos no hacían diferencias entre las distintas regiones o porciones del cuerpo, tales como arterias, venas, nervios o meridianos; simplemente centraban su interés en el sistema global de fuerzas dentro del cuerpo, que le permiten al hombre moverse, respirar, pensar, etc. Esta entidad primigenia, básica para la filosofía china antigua, era una representación de la energía vital, denominada Qi, (y pronunciada Chi,) de la cual dependían enteramente la vida del hombre y todas sus actividades. En la terminología hindú podría equipararse a Qi con el significado de Prana, y en la teosofía y antroposofía con el concepto de Eter. El Qi se crea en el organismo humano mediante la respiración y la alimentación.

Puntos de acupuntura

Los acupunturistas sostienen que en todas las enfermedades existen ciertos puntos sensibles, dispersos por la superficie del cuerpo, y esas áreas son las que denominan "puntos de acupuntura".

En los diagnósticos simples, el acupuntor revisa cuidadosamente al paciente, en busca de todos esos puntos sensitivos, la combinación de los cuales le permite deducir el tipo de enfermedad interna que lo aqueja. Esto puede comprenderse fácilmente si recordamos que cualquier afección de un órgano interno produce síntomas externos perceptibles, como dolor, hipersensibilidad, hiperestesia, etc., hecho que puede verificarse fácilmente en forma experimental.

Existen diversos métodos de tratamiento por acupuntura; en algunos de ellos, los puntos a punzar son los más sensibilizados, mientras que en otros, por el contrario, los que se punzan son aquéllos en que no se siente dolor alguno, y que con frecuencia se encuentran alejados de la zona enferma, e incluso a veces al otro lado del cuerpo.

Sin embargo, puede decirse como regla general, que los puntos ubicados en las cercanías de los síntomas suelen tener un efecto local más pronunciado, especialmente bajo condiciones dolorosas extremas, mientras que los puntos más alejados, sobre todo los ubicados bajo las rodillas y los codos, con frecuencia ejercen un mayor efecto sistémico.

Los puntos terapéuticos hindúes, denominados chakras, coinciden casi plenamente con los puntos de acupuntura. También existen otros antecedentes empíricos, como el caso de los ma-haouts, o cornacs (entrenadores de elefantes), que punzan ciertos lugares especiales del cuerpo de sus animales, para despertar en ellos distintas sensaciones de placer o desagrado, o para provocar reacciones específicas de comportamiento. Paralelamente, varios sistemas terapéuticos indígenas, en distintas partes del mundo, parecen conformar primitivas formas de acupuntura: en algunas regiones de Arabia, por ejemplo, se cauteriza parte del lóbulo de la oreja con una lezna al rojo vivo, como una forma de cura para la ciática, mientras que los médico-brujos bantúes de Sud Africa raspan pequeñas áreas de piel y frotan diversas hierbas en las heridas.

La literatura china antigua describe más de mil puntos de acupuntura localizables en el cuerpo humano... y quizás existan aún más. Estos mil o más puntos pueden dividirse en varias categorías, en cada una de las cuales se agrupan puntos de propiedades similares.

Distintas formas de estimulación de los puntos

Los estímulos aplicados a los puntos de acupuntura están condicionados por diversos factores, como por ejemplo su origen, que puede ser eléctrico, magnético, mecánico vibratorio, inyecciones, masajes, etc., además de punzarlos con las clásicas agujas. A su vez, éstas últimas están construidas de distintos materiales, como plata, acero inoxidable, aleaciones, e incluso oro, y pueden aplicarse de muchas formas, de las cuales los libros chinos describen no menos de cincuenta. Las distintas técnicas involucran la inserción de las agujas 3, 9 u 81 veces, girarlas a favor o en contra de las agujas del reloj, clavarlas rápidamente y retirarlas de manera lenta, clavarlas en tres etapas y retirarlas en una, y muchas otras formas. Los estímulos difieren también de acuerdo con el grosor de la aguja y la profundidad de la inserción, el movimiento hacia arriba o abajo, el afilado o falta de afilado, el tiempo de permanencia, y la mayor o menor frecuencia de las aplicaciones.

Algunos casos clínicos

En un completo tratado sobre acupuntura escrito por el Dr. Félix Mann -al cual pueden remitirse todos aquéllos interesados en profundizar más en el tema- el autor cita innumerables casos clínicos en los cuales simples técnicas de acupuntura ayudaron a solucionar complejos estados de salud de los pacientes involucrados.

Una de esas instancias es la de una paciente que experimentaba fuertes dolores en su muñeca, como si estuviera dislocada, a la vez que sufría una severa taquicardia. Tomando en cuenta que la parte sensible de la muñeca dislocada cruzaba el meridiano cardíaco,el Dr. Mann trató el punto sobre la muñeca, y con ello curó a la dama de sus palpitaciones.

En otro caso, en que la paciente, también mujer, padecía agudos dolores durante sus períodos menstruales, se le aplicó una sola aguja en la cara interior de la rodilla, sobre el meridiano del hígado, ya que este meridiano posee una marcada influencia -aunque indirecta- sobre los órganos reproductores femeninos.

La medicina china otorga a los puntos de acupuntura un tamaño muy pequeño -apenas algunos milímetros-, pero algunos acupuntores occidentales no suscriben a esta opinión, y consideran que un estímulo aplicado en cualquier parte dentro del dermatoma apropiado es suficientemente eficaz. Sin embargo, ambos coinciden en que se obtendrán resultados positivos en todos los casos en que el punto oriental caiga dentro del área de hipersensibilidad del occidental. Esto demuestra que la zona circundante a un punto de acupuntura absorbe el efecto de la estimulación, mientras que el punto central, o las líneas de los meridianos, se comportan en forma similar a las líneas de fuerza alrededor de un imán, y de esa forma postulan una teoría magnética.

Sin embargo, considerando que existen más de mil puntos de acupuntura en el cuerpo humano, éstos deben ser extremadamente pequeños, y cada uno debe abarcar un espacio mínimo de la superficie del cuerpo. Por lo tanto, es obvio que debe resultar muy difícil localizar el punto exacto para clavar las agujas, así como grandes posibilidades de estimular el punto equivocado, debido a la gran proximidad entre uno y otro.

Digitopuntura

Como rama colateral de la acupuntura, también la acupresión, o digitopuntura, ha estado ganando terreno en los últimos tiempos, posiblemente a causa de su sencillez operativa.

En su interesante y profusamente ilustrado libro sobre digitopuntura, el Dr. J. V. Cerney, de los Estados Unidos de Norteamérica, recomienda el uso de la presión aplicada con la punta de los propios dedos como medio de estímulo para los centros de acupuntura. Según él, distintos puntos exigen diferentes tratamientos; o bien necesitan ser estimulados por una suave presión superficial para tonificar los tejidos involucrados en el proceso, o requieren ser sedados mediante una presión lenta y profunda, para calmar la reacción nerviosa, y aliviar el dolor de los órganos con que se conectan. Cerney considera asimismo que el uso de las agujas no es necesario.

A pesar de que las líneas meridianas atraviesan diversos órganos del cuerpo, todos los doce meridianos más importantes tienen un lugar en las manos y pies, de acuerdo con la siguiente distribución:

I) Lado interno (palma) de las manos:
- a) el meridiano de los pulmones;
- b) el del pericardio, o circulatorio/sexual, y
- c) el del corazón.

II) Lado externo (dorso) de las manos:
- a) meridiano del intestino delgado;
- b) del triple recalentador (TR) o metabólico, y
- c) del intestino grueso.

Todos estos meridianos tienen sus orígenes en las puntas de los dedos, que son importantes centros de acupuntura. Con respecto a la palma de la mano, el meridiano del corazón comienza en la yema del dedo meñique, el del pericardio en la del dedo medio, y el de los pulmones en el dedo pulgar. Por el dorso, el meridiano del intestino delgado comienza en la punta del dedo meñique, el TR o metabólico en la del anular, y el del intestino grueso en la del índice.

En un caso de fatiga cardíaca, por ejemplo, o agotamiento físico, se recomienda ejercer presión sobre las puntas de los dedos pequeños de ambas manos, pellizcándolos y rotándolos vigorosamente. Aplicado en una emergencia, este sistema puede aliviar, y hasta salvar la vida del paciente.

En forma similar, las plantas de los pies tienen también ricas zonas de reflejos, y forman parte integrante del total del complejo de nervios interconectados. Pasan seis meridianos por los pies, distribuidos de la siguiente forma:

I) Zona inferior (planta) de los pies: a) meridiano de la vesícula biliar; b) meridiano de los riñones, y c) meridiano del bazo.

II) Zona superior (empeine) de los pies: a) meridiano del hígado; b) meridiano del estómago, y c) meridiano de la vesícula. Entre ellos los más destacables son el meridiano del bazo, que comienza en la yema del dedo pulgar, y el de los riñones, que también tiene su origen en los pies.

Todas estas áreas juegan un papel preponderante en el logro y el mantenimiento de una buena salud, ya que los dedos de los pies contienen los "gatillos" de los recursos curativos para la cabeza y el cuello, así como para los oídos, ojos, corazón, hígado, pulmones y páncreas; el hueco del pie posee importantes puntos de control del abdomen, estómago y riñones, y el talón aloja centros claves de regulación de las glándulas y órganos sexuales.

Por lo referido hasta aquí, puede comprenderse claramente que los distintos meridianos que pasan a través de las manos y de los pies están estrechamente interrelacionados con todos los órganos principales del cuerpo. De allí que por su intermedio pueda lograrse fácil y rápidamente el alivio del dolor o la restauración del funcionamiento adecuado de cualquier órgano interno, simplemente aplicando imanes a las palmas de las manos o a las plantas de los pies, ya que sus efectos se extienden asimismo al lado contrario de la extremidad en que se han colocado, estimulando también los otros meridianos y sus órganos de influencia. De esta forma vemos que un sistema independiente de tratamiento, como es la acupuntura, corrobora los métodos de aplicación de imanes detallados en el Capítulo 10 de este libro.

Es interesante destacar que existe una gran similitud entre el enfoque de la digitopuntura y la magnetoterapia, en el sentido de que ambos sistemas recomiendan la aplicación de estímulos externos, sin ningún tipo de medicación interna; por lo tanto, los alentadores resultados obtenidos en el tratamiento de diversas enfermedades mediante cualquiera de las dos disciplinas indistintamente, comprueban la autenticidad de los principios de ambos sistemas de tratamiento.

Sugerencias para el uso de los puntos de acupuntura en magnetoterapia

Se recomienda que los médicos que ya los utilizan, o aquéllos interesados en utilizar los puntos de acupuntura para sus tratamientos, comiencen a experimentar la aplicación de imanes sobre esos puntos o cerca de ellos, en lugar de emplear agujas o presión. Algunas experiencias realizadas sobre el tema indican que no sólo se logran mejores resultados, sino que los tratamientos resultan menos traumáticos para los pacientes, ya que no se requieren presiones ni pinchazos desagradables.

Capítulo 18

Magnetoterapia y naturoterapia

La magnetoterapia como una rama de la naturoterapia

En un congreso sobre los sistemas hindúes de tratamiento, llevado a cabo en Nueva Delhi bajo la presidencia del entonces Primer Ministro de la India, Shri Morarji Desai, este último declaró que, al igual que el Mahatma Gandhi, él era un ferviente admirador de la naturoterapia, y que el secreto de su buena salud, incluso a sus 86 años, se debía a una dieta natural, una vida sencilla, y a su creencia en las cosas naturales.

La naturoterapia incluye a todos aquellos sistemas de tratamiento que utilizan medios naturales para la recuperación, sin el apoyo físico de drogas o cirugía. En su reemplazo, la naturoterapia, como su nombre sugiere, utiliza recursos naturales como la tierra, el calor, la luz, el agua, la electricidad, una dieta apropiada, masajes y otros recursos similares. Entre los sistemas alternativos que involucra la naturoterapia se encuentran la hidropatía (tratamientos por agua), cromoterapia (por colores), masoterapia (por masajes), yoga y gemoterapia (tratamiento por piedras y minerales). Ahora bien; considerando que los tratamientos por tierra, calor, luz, agua, electricidad, dietas naturales, masajes y yoga son relativamente conocidos por nuestros lectores, daremos algunos detalles sobre cromoterapia y gemoterapia, relativamente nuevos (o al menos recuperados) en los últimos tiempos.

Cromoterapia

La luz y el calor constituyen agentes terapéuticos sumamente importantes dentro de la naturoterapia, y las emisiones solares son las principales proveedoras de esas radiaciones curativas. Por lo tanto, estas últimas representan quizás el medio más poderoso y económico de curación, y como tal juega un rol preponderante en el mantenimiento de nuestra salud, ya que además nos aportan dos de las necesidades vitales para el ser humano. Esta es la razón fundamental por la cual todas las creencias y cultos antiguos consideraban al sol como un dios: el Protector de la Vida.

La radiación solar está integrada por un amplio espectro electromagnético, algunos de cuyos rayos son visibles al ojo humano, y otros caen más allá de su rango de captación; entre ellos, los primeros (visibles) son los más indicados para el tratamiento de las enfermedades humanas. El espectro visible está compuesto básicamente por rayos de siete colores: violeta, índigo, azul, verde, amarillo, naranja y rojo, de los cuales el azul, el verde y el rojo son **colores primarios**, y el resto combinaciones de ellos, que conforman el llamado **espectro cromático**. Las combinaciones **secundarias** de los tres colores primarios, de acuerdo con la proporción de cada uno de ellos, puede conformar una gama de más de 200 tonos distinguibles por el ojo, mientras que las combinaciones **posibles** son prácticamente ilimitadas. Sin embargo, lo más interesante es que estos colores, correctamente utilizados, pueden reemplazar a cientos de medicinas de las que se utilizan corrientemente.

Recién cuando nos extasiamos ante la majestuosidad de una escena de colores perfectamente ordenados, comprendemos claramente que la belleza en el mundo no es una mera casualidad. Un viaje en avión, por muy alto que nos lleve, sólo nos proporciona un fugaz destello de la vastedad cósmica, y del papel que juega el Sol en el infinito conglomerado universal. Los diferentes vegetales, frutas, flores, semillas, granos, etc., reciben sus colores intrínsecos de su manantial originario: el Sol, Suprema Fuente de Energía.

La mayoría de los científicos parecen coincidir en que todas y cada una de las sustancias conocidas poseen un espectro cromático propio. Obviamente, esto significa que cada droga y cada medicina también lo posee; por lo tanto, parece lógico asumir -y además ha sido probado por la experiencia- que las frecuencias espectrales de esas drogas y esas medicinas (sus colores) pueden ser directamente utilizadas en su lugar como agentes terapéuticos. Basándose en estos principios, la cromoterapia aplica directamente los colores espectrales de las medicinas convencionales, con la ventaja adicional de no provocar ninguno de los efectos posteriores que podría acarrear el uso material de la droga.

De los siete colores mencionados, el azul tiene poderes refrescantes, suavizadores y sedantes; el rojo es cálido, reconfortante y estimulante, mientras que el verde actúa como un armonizador entre los dos mencionados y el supremo purificador de la sangre: la naturaleza.

Al igual que en el Ayurveda existen 3 Doshas (Vat, Pitta y Kaph), también hay 3 colores primarios en cromoterapia; mientras estos tres colores se mantengan en equilibrio, el organismo permanece en un estado de salud, pero apenas se altera este balance, se desata una condición malsana.

Volviendo al concepto de que cada elemento tiene su propio color, los órganos del cuerpo también lo tienen, y el principio de los tratamientos cromoterapéuticos se basa precisamente en conciliar ese color del órgano enfermo con el temperamento del paciente, utilizando para ello los tonos armonizantes que correspondan.

La ciencia médica posee remedios específicos, que actúan directamente sobre ciertos órganos; de la misma forma, la cromoterapia cuenta con ciertos colores, por los cuales los distintos órganos del cuerpo humano demuestran afinidad. Sin embargo, describir la afinidad de cada uno de estos órganos con cada color no entra dentro de los propósitos de este trabajo, por lo que los lectores interesados deberán recurrir a alguno de los textos especializados en cromoterapia.

El principal agente para la administración del efecto cromático en el organismo es el agua, pero también el aceite, azúcar, jugos de frutas o lactosa pueden impregnarse del color adecuado, y transformarse así en agentes aplicadores, con la ventaja adicional de que en algunas ocasiones permanecen utilizables por períodos más largos que el agua.

Método de preparación de las medicinas solares

Los efectos terapéuticos de las distintas frecuencias espectrales pueden obtenerse de dos formas:

a) Por aplicación externa sobre el cuerpo, haciendo pasar un rayo de luz solar a través de una hoja coloreada de cristal, celofán, plástico, papel, etcétera.

b) Preparando medicinas solares, para su uso externo o administración interna.

Este último paso se lleva a cabo exponiendo a la luz solar agua, leche, polvo, aceite, etc., contenidos en botellas o frascos de colores, durante algunos días; de esta forma, los efectos terapéuticos de los colores son absorbidos por el medio almacenado en los envases coloreados. El tiempo de exposición varía, ya que los rayos coloreados pasan con mayor facilidad a través de algunos medios que de otros; el agua, por ejemplo solo necesita un lapso de 8 horas, debido a su transparencia, pero otros medios más opacos, como los aceites o los sólidos, pueden requerir hasta un mes para obtener una carga cromática terapéuticamente efectiva.

Gemoterapia (*)

En gemoterapia, se agrupa bajo el nombre genérico de "gemas" a las piedras preciosas de distintas calidades y colores que poseen una característica común: son productos de la naturaleza, aunque en algunas ocasiones su forma o su textura haya sido alterada por la intervención humana. En lo que a la naturaleza concierne, el Amo de la creación es el Sol, y por lo tanto, su color también es el Amo de los colores. El Sol ha infundido la vida a todo lo que existe sobre la tierra a través de sus rayos, y en consecuencia, cada color está representado en la tierra por una gema: rubíes, perlas, corales [(1)], esmeraldas, topacio o piedra lunar, diamantes, zafiros, ónices y ojos de tigre, cuyos colores coinciden con los de los astros más influyentes sobre la vida humana, según el punto de vista gemoterapéutico.

De acuerdo con la gemoterapia, el deseo de algo despierta la intranquilidad, y una intranquilidad permanente consume nuestras energías; como fin de la cadena, la pérdida de energía desemboca fatalmente en la enfermedad. Los gemoterapeutas sostienen que "*la enfermedad no es más que hambre de color*", y sindican a este "hambre de color" como el agente desen-cadenante de las distintas afecciones humanas, de acuerdo con las circunstancias que lo rodean; en consecuencia, si el paciente recibe el color que necesita, recupera su salud. La diferencia fundamental con la cromoterapia es la manera de administrar al enfermo el color adecuado: absorber por vía oral las radiaciones de la gema, o aplicarla en forma externa, en contacto directo con el cuerpo.

Existen referencias a las gemas y su poder en antiquísimos trabajos de astrología escritos en sánscrito, así como en el más antiguo de los Puran -el Vishnu Puran-, que aporta elaboradas observaciones acerca del origen y el poder de las gemas. En el Ayurveda, las piedras preciosas han sido descritas

[(*)] Véase "*Gemas. Gemoterapia. Manual práctico y clínico*" de Pedro Crea. Ed. Continente. Bs.As. 1992

[(1)] **N. del T.**: Si bien las perlas y los corales no son gemas, ni minerales desde el concepto geológico, son consideradas como tales por algunas ramas de la gemoterapia.

como valiosos auxiliares de la medicina, y figuran complejos procesos para calcinarlas y transformarlas en cenizas (Bhasmas) para ser administradas a los enfermos, como paliativo contra las enfermedades, tanto ligeras como severas. Indudablemente, las culturas antiguas conocían ya el poder de las gemas, especialmente en lo referente a la salud y el bienestar humano.

En la actualidad, son muchas las aplicaciones reservadas a las piedras preciosas, y aunque la mayoría de ellas están destinadas a piezas ornamentales, o a ser atesoradas como muestras de riqueza, también hay quienes usan las gemas con propósitos medicinales.

El origen de la enfermedad

La mente controla el cuerpo, y un gran porcentaje de las enfermedades se originan en ella. Las expresiones visibles de la mente son las emociones, entre las que podemos mencionar la ira, el odio, la preocupación, la ansiedad, la avaricia, el afecto, la envidia, el miedo, la frustración, la codicia, los celos, etc. Estos sentimientos alteran severamente el equilibrio de los chakras, que hacen que las secreciones glandulares ejerzan un efecto nocivo sobre el organismo, y se desencadene la enfermedad. El ser humano está compuesto por tres entidades integradas: cuerpo, mente y espíritu, y si bien las tres requieren tratamiento, la mente es más importante que el cuerpo.

El cuerpo humano está compuesto por células, y cada una de estas células posee una composición acorde con los colores del espectro cromático. El estado de equilibrio de estos colores cósmicos en el interior de la célula mantiene el cuerpo saludable, pero cuando ese balance se perturba, el organismo adquiere una enfermedad que sólo puede ser curada reimplantando el color excedente o deficiente.

La curación por las gemas

Sería demasiado largo intentar detallar en este capítulo un tema que ha requerido extensos volúmenes para su descripción, por lo que solo mencionaremos los principios básicos en que se funda la gemoterapia, o curación por cristales.

Como mencionamos anteriormente, nuestro cuerpo, por intermedio de sus células, está regido por los siete colores principales que componen el espectro solar: violeta, índigo, azul, verde, amarillo, naranja y rojo; cuando se origina una falencia o exceso en alguno de estos colores, la enfermedad encuentra campo libre para introducirse en el organismo.

Por ejemplo, cuando nuestras células sufren una carencia de rojos, se desencadenan afecciones tales como anemia, fiebre, inflamación, debilidad, pérdida de vitalidad, etc. Estas afecciones pueden aliviarse inyectando rayos rojos en nuestro cuerpo, ya sea utilizando las piedras, o ingiriendo glóbulos homeopáticos saturados por las tinturas preparadas con las gemas correspondientes a ese color, por ejemplo el rubí y el coral rojo. Cuando estos agentes curativos se ponen en contacto con nuestro cuerpo, inyectan rayos rojos en nuestros organismos, y de esa forma equiparan la deficiencia y nos liberan de la enfermedad.

Por el contrario, un exceso de rayos rojos en nuestro cuerpo provoca enfermedades como furúnculos, diviesos, tumores, insolación, conjuntivitis, insomnio, jaquecas, carbunclo, etc. Estas dolencias pueden aliviarse rápidamente inyectando rayos fríos en el cuerpo, generados por gemas como las piedras lunares, zafiros amarillos, perlas blancas y esmeraldas.

Los ejemplos anteriores nos demuestran que se requiere un marcado estado de equilibrio de los rayos para mantener nuestro cuerpo en orden, y libre de enfermedades; cualquier exceso o deficiencia dará como resultado la aparición de enfermedades.

Cada gema posee una abundante fuente de un rayo específico, y esta fuente no se agota siquiera con el uso constante de la piedra durante varios años. Esa es la razón por la cual las gemas pueden considerarse uno de los agentes terapéuticos más valiosos de la naturoterapia.

Uso de las gemas en gemoterapia

El uso de las gemas en forma terapéutica varía sensiblemente de acuerdo con los diferentes métodos de tratamiento. En el Ayurveda, por ejemplo, las piedras son calcinadas hasta convertirlas en cenizas (Bhasmas), y luego administradas a los pacientes por vía oral, diluidas en miel, o en otras medicinas. En el sistema Unani, en cambio, se las muele muy finamente, y ese polvo impalpable se administra en forma similar a las Bhasmas. Las gemas también pueden prepararse en forma homeopática, saturando glóbulos de lactosa en tinturas preparadas con ellas. El procedimiento homeopático para la preparación de tinturas es el siguiente:

> Se coloca una pizca de alcohol refinado en una ampolleta perfectamente limpia de 30 ml (una onza), y se sumerge en él la gema de la que se desea preparar la tintura; se tapa herméticamente la ampolla, y se la mantiene en un sitio oscuro, o protegida de la luz, durante 7 días. A continuación, se la sacude vigorosamente unas cuantas veces, se transfiere el alcohol a otra ampolla de igual capacidad, se agregan allí los glóbulos homeópaticos vírgenes que se desean saturar, y se rota suavemente la ampolla, hasta que se impregnan de la tintura previamente preparada con la gema. De esa forma, el remedio obtenido con esa gema en particular queda listo para el uso, y la piedra puede conservarse para una preparación similar más adelante, ya que no pierde sus propiedades, independientemente de la cantidad de veces que se la use. En remedios en que se requiera tintura de más de una gema, deben sumergirse en el alcohol todas ellas juntas en el primer paso, y luego seguir el mismo procedimiento.

La magnetoterapia como ayuda a la meditación

La naturoterapia aporta un equilibrio mental que incrementa sensiblemente el poder de concentración, y lo mismo puede lograrse mediante la magnetoterapia. En diversos círculos científicos y filosóficos se han llevado a cabo experimentos que demuestran que el uso de imanes ayuda a la meditación por la incentivación del equilibrio nervioso. En este sentido, conviene destacar los siguientes factores:

a) El magnetismo proporciona sustancia y energía a la red del sistema nervioso, y de esa forma aporta iniciativa y profundidad al poder de concentración, tan necesario en la meditación. Se ha demostrado que la aplicación de imanes favorece también la Meditación Trascendental.
b) El magnetismo regula el proceso sistémico de la circulación de la sangre, y energiza el tracto digestivo, lo que a su vez facilita al cuerpo la generación del calor imprescindible para la vida. Esta es su forma de preservar la salud física, y de proporcionar al organismo el entorno físico y mental requerido para la meditación.
c) El magnetismo contribuye a que el organismo elimine la acumulación de elementos ajenos a su funcionamiento, como calcio, urea, colesterol, etc., y de esa forma alivia la tensión nerviosa. La flexibilidad corporal lograda por este recurso es esencial para la práctica del yoga.
d) El magnetismo aporta energía y normaliza las funciones de la mente, el corazón y los pulmones, y ejerce un control directo sobre todo el sistema respiratorio. De esta manera asiste efectivamente los ejercicios yogui relacionados con la respiración.
e) El magnetismo resulta especialmente aplicable como forma de purgar al mecanismo físico humano de todos los elementos indeseables generados por esfuerzos físicos o mentales, haciendo que el sistema global adopte una actividad equilibrada, libre de excitación.

Los puntos precedentes indican claramente que el magnetismo tiende a causar un profundo efecto en todas las actividades internas y externas del cuepo humano. En la misma forma, la magnetoterapia puede considerarse como un valioso asistente, tanto para las familias humanas, como para las yogui.

Asumiendo que el magnetismo libera las tensiones nerviosas, y aporta la requerida energía mental, el uso regular de los imanes resulta especialmente indicado para todos aquéllos que ejercen trabajos de esta índole, como jueces, abogados, profesores, escritores, ejecutivos, etc., quienes se verán agradablemente sorprendidos de los resultados de estas aplicaciones. Incluso sesiones cortas, de solo 5 minutos por la mañana significan un eficaz ejercicio natural, y mantiene el cuerpo físicamente estable, activo y energizado, y la mente alerta y preparada para su desempeño cotidiano. La aplicación diaria de imanes reemplaza eficientemente a otros ejercicios como las caminatas o el trote, y actúa en forma preventiva contra una serie de afecciones que puedan surgir de la falta de ejercicios naturales.

Similitudes entre la magnetoterapia y la naturoterapia

Tanto en su espíritu como en su contenido, la magnetoterapia tiene grandes similitudes con la naturoterapia, a tal punto que podríamos considerar a la primera como una rama de la segunda, especialmente porque la naturoterapia, tal como se la practica en la actualidad, puede complementarse eficientemente por la aplicación de campos magnéticos. Junto con la tierra, el agua y la electricidad son los principales agentes curativos de la naturoterapia, mientras que el magnetismo, eje fundamental de la magnetoterapia, es un don de la naturaleza tan maravilloso y directo como ellos. Para reforzar estos conceptos, mencionaremos algunos otros factores de similitud entre ambas disciplinas:

a) La magnetoterapia es un sistema curativo para diversas enfermedades, que opera mediante la aplicación de imanes al cuerpo del paciente, en la misma forma en que la naturoterapia se basa en la aplicación de tierras, electricidad, calor, luz, agua, etcétera.
b) Ni la magnetoterapia ni la naturoterapia utilizan drogas o cirugía en sus tratamientos.
c) La magnetoterapia regula la circulación sanguínea, el sistema nervioso autónomo y otros sistemas operativos del cuerpo, como el digestivo, respiratorio, urogenital, etc., en forma muy similar a como lo hace la naturoterapia.
d) El tratamiento magnético genera calor en el cuerpo, sobre todo en la curación de dolores, inflamaciones, rigidez, etc., en forma parecida a como lo hacen los tratamientos eléctricos de la naturoterapia en situaciones similares.
e) Ninguno de los dos sistemas provoca efectos colaterales adversos.
f) Ambas disciplinas prescinden totalmente de equipamientos complejos y de difícil adquisición; solo un par de imanes en el caso de la magnetoterapia, y los elementos naturales ya mencionados en naturoterapia.
g) Tanto la magnetoterapia como la naturoterapia son absolutamente simples, seguras y ecomómicas; en el caso de la primera porque un mismo par de imanes puede ser utilizado cientos de veces, en distintas afecciones, sin reponerlos, y al perder su carga al cabo del tiempo (4 o 5 años), pueden recargarse sin problemas. En el segundo caso, los agentes curativos (tierra, agua, calor, electricidad, etc.) son económicos y al alcance de todos.
h) La magnetoterapia recomienda el uso de agua magnetizada en casi todas las afecciones -especialmente las urinarias y estomacales-, en forma similar a como lo hace la naturoterapia con el agua común.
i) La electricidad y el magnetismo son dos ramas de una misma fuerza natural. Por lo tanto, si la primera de ellas ya ha pasado a formar parte aceptada de la naturoterapia, la utilización de la energía magnética también debería ser considerada como una herramienta de esta disciplina.

Algunos factores favorables a la magnetoterapia

1) El tiempo insumido por un tratamiento magnético, tanto diario como total, es mucho menor que el requerido por cualquier otra rama de la naturoterapia.
2) Un tratamiento magnético resulta mucho más económico que cualquiera de los recomendados por la naturoterapia.

3) Existen muy pocas o ninguna precaución o restricción en magnetoterapia en lo relacionado con la dieta y otros hábitos alimenticios, mientras que la naturoterapia impone ciertas restricciones a este repecto.
4) Los tratamientos magnéticos pueden ser aplicados en la propia residencia del paciente -suponiendo que posea los imanes indicados-, mientras que esto no siempre es posible en naturoterapia, sobre todo cuando se utilizan aparatos eléctricos.

Conclusión

Los puntos analizados en este capítulo demuestran que la magnetoterapia, además de constituir un tratamiento natural, digno de figurar entre las ramas de la naturoterapia, tiene algunas ventajas sobre las restantes especialidades de esta última, aunque hasta el momento no se la haya considerado como tal. Es nuestra opinión que su reconocimiento en este sentido beneficiaría notablemente a ambas disciplinas, ya que la naturoterapia se enriquecería aún más con el complemento de los tratamientos magnéticos, mientras que la magnetoterapia gozaría de una mayor difusión pública, y el apoyo de las instituciones privadas y gubernamentales que hoy reconocen a la naturoterapia.

Capítulo 19

Electromagnetoterapia

Hasta el momento hemos analizado el uso de imanes permanentes en los tratamientos magnéticos, en consideración a que durante largo tiempo han sido las herramientas principales en las manos de los magnetoterapeutas, mientras que la utilidad de los electromagnetos, o electroimanes, ha permanecido restringida a las esferas técnicas, industriales o mecánicas. Sin embargo, en los últimos tiempos, diversas experiencias han comenzado a mostrar varias ventajas sobre los imanes permanentes, y en la actualidad ya han sido incorporados definitivamente a las actividades terapéuticas.

Limitaciones de la magnetoterapia

Durante el curso de la aplicación de imanes permanentes, los especialistas han descubierto algunas limitaciones, la mayoría de ellas originadas por las restricciones de los equipos utilizados:

1) La potencia de los imanes y su velocidad operativa son siempre estáticas, y no pueden aumentarse ni disminuirse de acuerdo con los requerimientos del caso.
2) Tanto la cura de la enfermedad, como la recuperación posterior, toman largo tiempo, a pesar de que los pacientes actualmente pretenden un alivio inmediato, sin tomar en cuenta el tiempo que han estado padeciendo la enfermedad.

3) Las experiencias demuestran que los pacientes recurren a la magnetoterapia como último recurso, cuando ya han probado todos los restantes tratamientos, como la alopatía, homeopatía, Ayurveda, Unani, etc., sin experimentar mejorías. No obstante, esperan que el nuevo sistema, por su especialización, les proporcione un alivio inmediato, al menos hasta cierto punto.

En consideración a estos factores, los magnetoterapeutas han decidido incorporar los electroimanes a sus prácticas regulares, aunque reconociendo que también estos últimos tienen sus propios inconvenientes. Por ejemplo, los electromagnetos no pueden operarse sin electricidad, y no pueden aplicarse sobre órganos delicados, como los ojos; en consecuencia, no pueden reemplazar totalmente a los imanes permanentes, y por lo tanto ambos deben existir simultáneamente, y ser utilizados de acuerdo con sus prestaciones en cada caso.

La práctica ha confirmado que los efectos de los electroimanes sobre el organismo son más penetrantes, más enérgicos y más duraderos que los de los imanes permanentes, especialmente en casos de enfermedades crónicas, como la artritis, fracturas, gota, lumbago, parálisis, poliomielitis, ciática, espondilitis, discos desviados, etc. Esto ha motivado a que los magnetoterapeutas desvíen su atención hacia ellos, y actualmente son muchos los que los han incorporado definitivamente a sus equipos de rutina. Sin embargo, la diferencia entre ambos es puramente técnica, y ambos tipos deben convivir complementariamente, como otras tantas herramientas de las terapias magnéticas.

Qué es un electroimán

Si se coloca una barra, o cualquier otra pieza de hierro dulce en el interior de un solenoide -una bobina de alambre aislado- por la que circula una corriente eléctrica, la primera de ellos se magnetiza, y se comporta como un imán mientras dura la circulación de corriente. Cuando ésta se apaga, el magnetismo desaparece, y la pieza de hierro se revierte a su estado original. También la potencia de un electroimán puede ser aumentada o disminuida, dejando pasar más o menos corriente por la acción de un regulador. Esta es una ventaja definitiva de los electromagnetos con respecto a los imanes permanentes, cuyo magnetismo es un fenómeno estático e irreversible, excepto por las pérdidas naturales debidas al paso del tiempo.

Electroimanes de potencia variable

Los electroimanes pueden construirse de varios tamaños, diseños y potencias, adecuadas al uso que se les pretenda dar. Usualmente, los electromagnetos de grandes tamaños son destinados a usos industriales y mecánicos, como el de levantar grandes pesos metálicos, pero en magnetoterapia sólo se utilizan electroimanes pequeños y de potencia relativamente baja. Sus diseños varían -generalmente en función de la disponibilidad del mercado-, y pueden ser ovales, cuadrados rectangulares, o más frecuentemente cilíndricos. Los electroimanes especialmente diseñados para usos terapéuticos son generalmente redondos y pequeños, y están provistos de reguladores puntuales (que pueden variar el paso de corriente punto por punto) para aumentar o disminuir la potencia de acuerdo con los requerimientos de cada caso. También suelen traer incorporada una lámpara indicadora, que se enciende cuando comienza a circular corriente, y se apaga cuando ésta se interrumpe. Otra versión más simple de electroi-manes para uso médico posee reguladores que sólo permiten una, dos o tres potencias, pero son perfectamente aptos para el tratamiento de dolencias generales y siempre resultan más versátiles que los imanes permanentes.

Electroimanes de corriente continua y alterna

Los electroimanes pueden diseñarse para funcionar tanto con corriente alterna (CA) como con corriente continua (CC), aunque algunos expertos consideran que los primeros trabajan mejor y sus efectos son más rápidos. La razón para esta diferencia reside, aparentemente, en que el cambio cíclico de polaridad de la corriente alterna (50 ciclos por segundo) agita vigorosamente las células y los tejidos, generando un efecto terapéutico más activo que los de corriente continua y los imanes permanentes. Como consecuencia, los electromagnetos CA son más recomendados para enfermedades crónicas como la artritis, reumatismo, inflamaciones óseas, etc., y son los más utilizados por los terapeutas expertos para estos casos.

Un electromagneto AC, cuando se lo aplica sobre una parte enferma del organismo le proporciona a ésta 50 impactos por segundo sobre el polo norte y la misma cantidad sobre el polo sur, lo que hace un total de 3.000 agitaciones por minuto. Obviamente, estas pulsaciones son tan rápidas y sucesivas, que el paciente no puede percibirlas como impactos separados, sino como un cosquilleo. De cualquier manera, estos "golpes" electromagnéticos penetran profundamente en los huesos, la médula y los tendones, proporcionando un apreciable alivio y un efecto sedante sobre los músculos y los nervios.

Terapias por electroshock

Bajo ningún concepto debe confundirse tratamiento electromagnético con electroshock, ya que son completamente diferentes en su naturaleza y sus efectos. El electroshock, de gran intensidad, es impactante, pero no sedante, y puede resultar altamente nocivo si se prolonga, incluso por un segundo. Por el contrario, las pulsaciones electromagnéticas son netamente positivas, curativas y sedantes, proporcionan un agradable alivio a los nervios, y son completamente inofensivas en sus efectos.

Aplicación de los electromagnetos en combinación con imanes permanentes básicos

Por lo general, los electroimanes no se aplican solos, sino que se utilizan como complemento de otros imanes permanentes conocidos como básicos, que se ubican de acuerdo con la naturaleza y la región afectada, siguiendo los lineamientos ya indicados en los capítulos precedentes.

Según la experiencia acumulada en nuestro centro, hemos adoptado como imanes básicos, un juego de dos o más piezas permanentes redondas y planas, con ambos polos ubicados en las caras opuestas, y encerradas en cajas plásticas de PVC de alto impacto, marcadas con la indicación de los polos correspondientes. Una vez seleccionado el polo y el método a seguir, se coloca el imán básico sobre el lugar elegido, y se ubica un electromagneto, o bien lo más cerca posible de él o en el lado opuesto del cuerpo; cuando los imanes básicos son dos o más, se coloca un electroimán en un punto equidistante entre cada par de imanes principales.

Las aplicaciones de electroimanes se recomiendan tanto en el tratamiento de enfermedades crónicas como agudas, y sus estadísticas han demostrado resultados altamente satisfactorios, incluso en casos considerados incurables por otros sistemas de tratamiento, aunque algunos especialistas sugieren que su uso más efectivo es como complemento de los Métodos I a V, colocados sobre el cuello, el epigastrio y el centro de la espalda. A pesar de ello, cada terapeuta debe extraer sus propias conclusiones, y utilizar su propia experiencia y capacidad para establecer la naturaleza y gravedad de la enfermedad, y así determinar el lugar, la potencia y el tiempo de aplicación de la combinación de imanes requerida por cada caso.

Efectos anímicos colaterales

Mientras que con la aplicación de los imanes permanentes el paciente no siente prácticamente ninguna sensación, cuando se coloca un electromagneto cerca de un imán básico o cerámico, o entre dos de ellos, se experimentan inmediatamente las pulsaciones magnéticas y el efecto del electromagnetismo en todo el cuerpo, creando una sensación sedante que se extiende a todo el organismo. Como consecuencia, además de los indudables beneficios físicos, este tipo de tratamientos aporta asimismo una gran satisfacción mental, ya que el paciente realmente percibe que la actividad electromagnética se profundiza en su cuerpo, a partir de donde han sido implantados los electroimanes.

Duración y precauciones durante los tratamientos

El tiempo de duración de cada sesión se establece generalmente entre 5 y 10 minutos, dependiendo de la vitalidad física del paciente, y la potencia del electroimán que se utilice. Sin embargo, se recomienda comenzar el tratamiento con períodos menores, y luego incrementarlos gradualmente hasta el lapso estipulado previamente.

Con respecto a las precauciones a tomar durante las sesiones, se deben adoptar todas las reservas mencionadas en los capítulos anteriores acerca de los tratamientos con imanes permanentes.

Algunos casos tratados por el autor

1) Un alto oficial del gobierno hindú, de 50 años de edad, quien había sufrido de espondilosis cervical durante los pasados 22 años, fue sometido a todos los tratamientos alopáticos, homeopáticos y ayurvédicos conocidos, sin experimentar ninguna mejoría definitiva. Finalmente, cuando uno de sus amigos le sugirió la magnetoterapia, consultó a nuestro Centro, donde se le aseguró alivio y curación definitiva, pero con la condición de que se sometiera a un tratamiento regular durante un tiempo considerable.

Con respecto a los síntomas, el paciente solía sufrir dolores en las 3ª, 4ª y 5ª vértebras cervicales, que se extendían hasta ambos hombros. Para comenzar, se le aplicaron imanes de alto poder sobre el área afectada, durante un lapso de 10 días, que no le causaron efecto alguno. Ante este resultado, decidí intentar con una combinación de imanes básicos y electromagnetos, de los que se le aplicaron dos de los primeros, uno sobre cada hombro (polo norte en el derecho y polo sur en el izquierdo), y uno de los últimos entre ambos, sobre las vértebras doloridas. El tratamiento, en sesiones de 15 minutos diarios, se prolongó en forma regular durante un mes, al cabo del cual comenzó a sentirse mejor

2) Cuando visitó mi clínica, la Sra. R., de 35 o 36 años de edad, no podía levantar su brazo izquierdo, anquilosado desde el hombro hasta prácticamente los dedos. Había recibido todo tipo de tratamiento, incluidos masajes con aceites medicados, pero todo había sido en vano, hasta que decidió aceptar el consejo de una amiga, y comenzó a concurrir todos los días a recibir su tratamiento, para lo que debía recorrer 20 kilómetros desde su domicilio.

Al comenzar se le aplicó el polo norte de un imán básico sobre la parte superior de su brazo izquierdo, y el polo sur de otro similar sobre el antebrazo, a una distancia de unos quince centímetros del primero. El electroimán fue colocado en medio de los dos básicos, y la combinación le hacía sentir fuertes vibraciones en los puntos de aplicación de los dos imanes permanentes. El tratamiento continuó regularmente por tres semanas, durante las cuales la mujer alegaba sentirse mejor al término de cada sesión. Al finalizar la segunda semana, la paciente ya podía levantar el brazo hasta considerable altura, sin ninguna dificultad.

3) La Sra. B., de 47 años, padecía de severos y continuos ataques de lumbago, complicado con agudos y esporádicos dolores en una rodilla, para los que ya había adoptado algunos tratamientos alternativos, como la medicina ayurvédica, pero sin resultados apreciables. Comenzó el tratamiento electromagnético con un electroimán y dos básicos aplicados sobre su espalda durante 10 minutos diarios, con el polo norte del primer básico ubicado hacia el lado derecho de la columna vertebral, y el polo sur de otro en una posición simétrica del otro lado, con el electroimán situado en la parte media de ambos.

Para el tratamiento de su rodilla se le aplicó el polo sur de un imán básico sobre el punto más álgido del dolor, y un electromagneto a un centímetro de distancia, por períodos de 5 a 6 minutos diariamente, y en un mes tanto su dolor de espalda como el de su rodilla habían desaparecido permanentemente.

4) El Sr. Y, de 72 años, sufrió una hemiplejía total (parálisis) de su lado derecho, por la cual tenía inutilizadas su pierna y brazo en forma total. El proceso le impedía llegarse hasta la clínica, y su posición económica no le permitía adquirir sus propios imanes, por lo que sólo pudo comenzar un tratamiento basado en imán básico único, cuyo polo norte apoyaba contra su planta derecha, y lo sostenía con la palma de la mano izquierda sobre el polo sur, durante lapsos de media hora diaria. Como resultado del tratamiento, en dos meses la debilidad de sus miembros se había aliviado considerablemente,

y pudo acercarse a la clínica para complementar el tratamiento con un electromagneto colocado entre dos imanes básicos según el Método II.

Otros sistemas de aplicación

A continuación pueden apreciarse las combinaciones de algunos juegos de imanes básicos y electromagnetos utilizadas para curar algunas afecciones comunes

1) **Artritis**: polo norte (PN) de un imán básico sobre el lugar afectado, y un electroimán (EM) cerca de él.

2) **Asma** (dos disposiciones)

a) PN de un básico bajo la palma derecha, y un EM sobre el dorso de la misma mano. Luego PS de un básico bajo la palma izquierda, y un EM sobre el dorso de la misma mano. Cada aplicación por separado, por 5'.

b) PN de un básico sobre la parte posterior del lado derecho del pecho; PS de otro básico sobre la parte posterior del lado izquierdo del pecho; EM sobre la espalda, en el punto medio entre ambos básicos. Aplicación simultánea por 10'.

Ambos tratamientos pueden aplicarse al paciente en forma simultánea, el a) por la mañana, y el b) por la tarde, o antes de retirarse a dormir.

3) **Bronquitis y gripe (influenza)**: disposiciones iguales que para el asma.

4) **Ciática**: PN de un básico sobre la parte superior de la pierna afectada, en el punto donde comienza el dolor, con un EM cerca de él, y PS de otro básico bajo la planta del mismo pie, con un EM sobre el empeine.

5) **Constipación**: PN de un básico sobre el ombligo, y PS de otro sobre la región lumbar. Un EM cerca de cada uno de los básicos.

6) **Diabetes**: PN de un básico sobre el páncreas y PS de otro sobre la espalda, en el punto opuesto al primero. Un EM cerca de cada uno de los básicos.

7) **Diarrea y disentería**: PN de un básico sobre el ombligo y PS de otro sobre la región lumbar, con un EM cerca de cada uno de los básicos.

8) **Dolor de espalda**: polo sur (PS) de un básico sobre el punto dolorido o en la región lumbar, y un EM junto a él.

9) **Fracturas**: PN de un básico sobre el hueso afectado, y un EM a su lado. Si la fractura alcanza algunos centímetros de longitud, aplicar un PN en la parte superior, y un PS en la inferior, con un EM en el punto medio entre ambos.

10) **Glándula prostática**: PS de un básico sobre la vejiga o la glándula y un EM cerca de él.

11) **Hemorroides**: PN de un básico sobre el punto o sobre la región sacra, y un EM a su lado.

12) **Hernia**: PS de un básico sobre la hernia y un EM a su lado.

13) **Hipertensión (alta presión sanguínea)**: PN de un básico sobre el

punto del pulso en la mano derecha; un EM contra el otro lado de la muñeca.

14) **Hipotensión (baja presión sanguínea)**: PS de un básico sobre el punto del pulso de la mano izquierda; un EM contra el otro lado de la muñeca.

15) **Hombros anquilosados**: PN de un básico sobre la parte frontal del hombro afectado, con un EM cerca de él, y PS de otro básico en la parte posterior del mismo hombro, con otro EM cerca de él.

16) **Jaquecas y migrañas**: PN de un imán cerámico contra la sien derecha, y PS de otro similar sobre la izquierda, con un EM contra las dos mejillas, en forma alternada, 5' cada una.

17) **Nerviosismo**: PS de un básico sobre la parte posterior del cuello, con un EM a su lado.

18 **Neuralgias**: PS de un básico sobre el punto dolorido, y un EM en el lado opuesto.

17) **Obesidad**: PN de un básico cerca del ombligo; PS de otro sobre la zona media de la espalda, y un EM cerca de cada uno de ellos separadamente.

18) **Palpitaciones (ansiedad cardíaca y debilidad)**: PN de un básico cerca del corazón; PS de otro sobre la espalda, en la región cardíaca, y un EM cerca de cada polo, alternativamente por sólo 5'.

19) **Parálisis**: Palma derecha del paciente sobre el PN de un básico y un EM sobre el dorso de la mano del lado afectado; PS de otro básico bajo la planta del pie del lado afectado, con un EM sobre el empeine. Si han sido afectados brazos y piernas de ambos lados, se aplica el mismo tratamiento en forma alternativa en ambas partes del cuerpo.

23) **Polio**: PN de un básico sobre la cadera afectada y Ps de otro bajo la planta del mismo pie, con un EM cerca de cada básico, separadamente.

14) **Problemas renales, incluidos cálculos**: PS de un básico sobre la región renal, y un EM a su lado.

21) **Reumatismo**: PS de un básico sobre el área afectada y un EM cerca de él. Si el dolor abarca distintas zonas, aplíquese el mismo tratamiento a cada zona por separado.

25) **Tumores**: PN de un básico sobre el tumor y un EM cerca de él.

El agua magnetizada siempre constituye un gran apoyo y un suplemento necesario del tratamiento principal, para lo cual puede magnetizarse con cualquier tipo de imán permanente del que se pueda disponer. La posología es de 3 a 4 veces por día, en una cantidad de 100 a 150 ml por vez.

Con respecto a los tratamientos electromagnéticos, el Dr. A. K. Rakshit, un renombrado magnetoterapeuta londinense afirmó que "*la electrobiología médica constituye una forma no-invasiva de tratamiento, que puede aplicarse exitosamente en casos avanzados de osteo-artrosis degenerativa, deficiencias en la regeneración de huesos y fracturas y lesiones deportivas. Asimismo, resulta muy recomendable en la rama de la medicina interna, la psiquiatría y la oncología*".

Apéndice 1

Disponibilidad de imanes en la Argentina y en el mundo

El autor, en el curso de su prolongada experiencia magnetoterapéutica, utilizando imanes industriales y didácticos en diversos tipos, formas y potencias, ha llegado a seleccionar tres de ellas: 1) imanes cerámicos en formato medialuna; 2) imanes de aleación, de potencia mediana, y 3) de aleación, de alta potencia. En la selección se adoptó un cuidado especial al medir sus potencias, en función de su adaptabilidad a distintas edades, lugares y órganos a aplicar, y enfermedades a erradicar.

Atendiendo a la prolongación de la vida útil de estos imanes, tanto en el aspecto físico como en el magnético, se tomó la precaución de encerrarlos en cajas metálicas (de acero), que aumentan su efectividad y los hacen más fáciles de manipular; sin embargo, para la medición de la potencia es preciso tener en cuenta que la cubierta metálica aumenta varias veces la permeabilidad del imán, es decir, su fuerza de atracción. Como medida adicional, debe tratarse que los imanes a utilizar sean compactos, sólidos y adaptables a los tratamientos locales y generales, de forma que puedan cubrir toda la gama de enfermedades y pacientes.

Resumiendo, el autor y, en consecuencia, el Centro que dirige, utiliza imanes de aleación encerrados en cajas metálicas, por pares, en dos diferentes potencias: 1.500 a 2.000 gauss para los medianos, y 2.00 a 3.000 para los más potentes (esto no significa que no puedan utilizarse imanes cerámicos de similar potencia). En las potencias menores, especialmente en los formatos de medialuna, se emplean cerámicos, también en pares, a causa de la mayor facilidad para construirlos en esos materiales.

Imanes básicos y sus formatos y potencias en kilogramos

Una de las formas más accesibles de medir la potencia de los imanes, cuando no se dispone de un gaussómetro, es por el peso en hierro dulce que pueden levantar. Analicemos bajo ese prisma los tres mencionados formatos básicos.

1) Imanes cerámicos industriales o comerciales, de tipo medialuna.

Generalmente se fabrican para la inducción de campos magnéticos en los motores o generadores eléctricos, y se comercializan por pares, en color negro, los más comunes, y en naranja (PS) y azules (PN), los más elaborados.

En magnetoterapia, son los imanes indicados para aplicar sobre lugares curvos del cuerpo, como el mentón, las orejas, los ojos, los lados de la nariz, las encías, la garganta y aplicaciones locales en niños de menos de tres años.

2) Imanes de aleación (o cerámicos) de potencia media

Apropiados para aplicaciones generales -y locales- en el caso de niños hasta 14/15 años y personas débiles. Se recomienda que su formato sea redondo y plano, y protegidos por cubiertas metálicas ferromagnéticas, para

Figura 16

Hilera superior: imanes de alnico de alta potencia. Capacidad de elevación: 10 Kg de hierro dulce. Utilizados para enfermedades de adultos, en zonas no-delicadas.

Hilera del centro: imanes de alnico de potencia media. Capacidad de elevación: 5 Kg de hierro dulce. Utilizados para niños y niñas entre 3 y 16 años, y para regiones sensibles como el cerebro, corazón, etc.

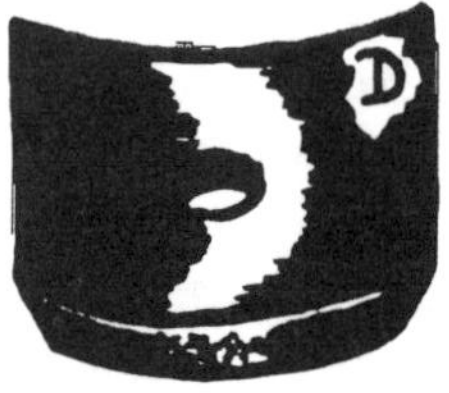

Hilera inferior: imanes cerámicos de baja potencia, en forma de media luna. Usados para zonas cóncavas o convexas, como los ojos, nariz, oídos, garganta, cuello, etc., y para niños de menos de 3 años.

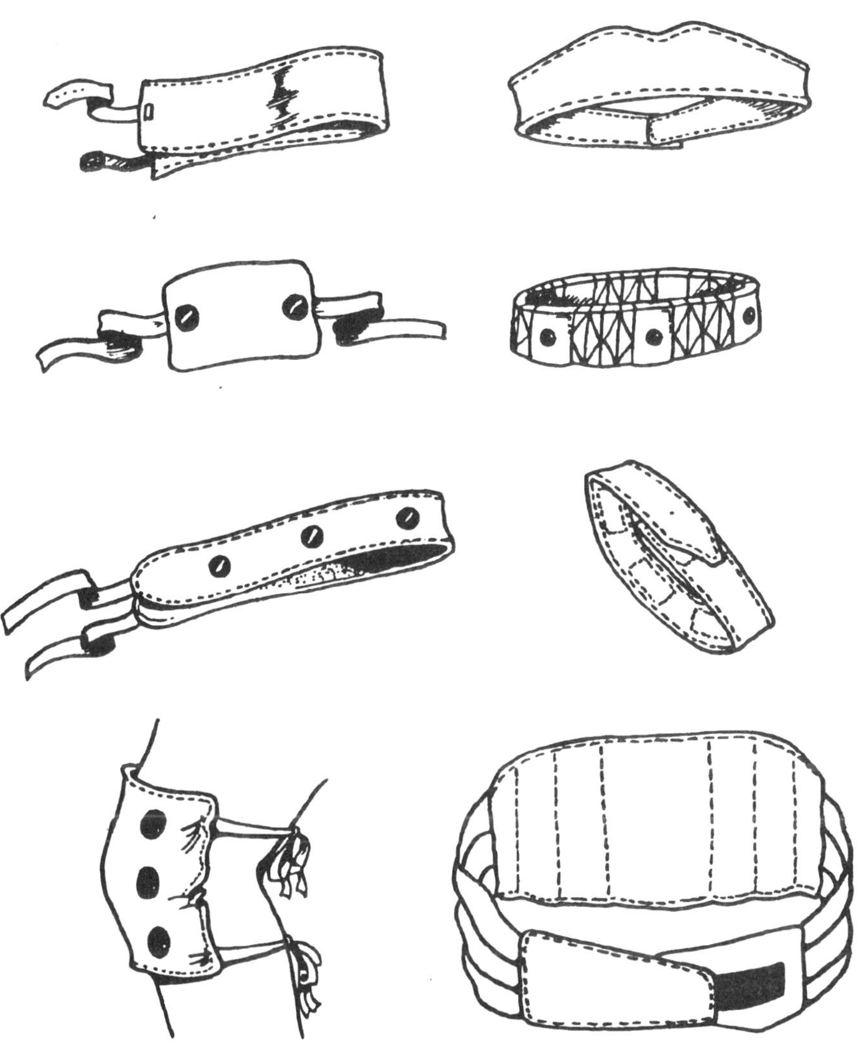

Figura 19

Otros modelos de cinturones,
bandas y rodillas magnéticas,
para distintos usos.

facilitar su manipulación y acrecentar su efectividad. Su potencia debe oscilar alrededor de los 1.500 a 2.000 gauss.

3) Imanes de aleación (o cerámicos) de alta permeabilidad (potencia)

Aplicables en forma general (Métodos I al V) o local, en casos de enfermedades en adultos. Al igual que en los de potencia media, conviene que sean redondos y planos, y recubiertos por cajas de metal ferromagnético, y su potencia debe oscilar entre los 2.800 y 3.000 gauss.

Los tres tipos de imanes vienen generalmente polarizados en ambas caras, y los que se comercializan para magnetoterapia tienen esas caras pintadas con el color correspondiente al polo magnético que le corresponde. En el caso de los imanes medialuna es conveniente que el par tenga los polos invertidos, es decir: uno de ellos con el PS en la cara interna, y viceversa.

Con respecto a la comercialización en la India (país de origen del autor) de imanes específicamente diseñados para esta especialidad, se pueden mencionar: el "Swami Homoeo and Magnetotherapy Centre", 18 Convenient Shopping Centre, Arjun Nagar - Safdarjung Enclave, Nueva Delhi (110029), India, y el "Anju Magnetic Centre", 1919 St. Nº 10, Chuna Mandi, Pahar Ganj, Nueva Delhi (110055). En Japón existen varias compañías que manufacturan estos productos, entre ellos la "Aimante Trading Company", de Tokio, que comercializa bandas y almohadas magnéticas, la "Kawasaki Electric Industry Co. Ltd.", cuyo producto magnetoterapéutico principal son las sillas magnéticas mencionadas en el Capítulo 15 y la "Nakatamashihi Medical Industry Co. Ltd." que se especializa en cinturones y collares magnéticos.

Disponibilidad de imanes en nuestro país

Artic SRL. tiene su planta ubicada en la calle Habana 2248, de la localidad de Martínez, Pcia. de Buenos Aires (tel.: 4798-1118). Esta fábrica cuenta en stock con los tres juegos de imanes básicos: de alta potencia (4.000 gauss), redondos, planos, polarizados en ambas caras, de 8 cm. de diámetro y 3 de alto; de media potencia (1.800 a 2.000 gauss), de 5x2 cm., y de baja potencia para aplicaciones locales, curvos o medialuna, de 4 cm. de largo y un espesor máximo de 10 mm. Fabrican imanes cerámicos bajo pedido, en una amplia variedad de formatos, tamaños y potencias que pueden utilizarse para la confección de cinturones, pulseras y collares, y para aplicaciones especiales.

Otro proveedor es Distriman Argentina, ubicado en el barrio de Villa Urquiza, Ciudad de Buenos Aires (Lugones 2316, tel.: 4524-2974 y 4524-1646). Ofrecen imanes de cerámica, alnico y de alta potencia, denominados de neodimio; disponen, además, de parches especiales recubiertos con cuero de 2.000 y de 4.000 gauss, en varias formas y medidas, y fajas para rehabilitacion y contra dolores de excelente terminación. Fabrican a pedido y venden en forma minorista y mayorista. Tienen sucursales en Uruguay y próximamente en Chile (www.distriman-argentina.com.ar - www.iman-therapy.com.ar).

Apéndice 2

Terminología técnica relacionada con la magnetoterapia

Para aquellos lectores no familiarizados con la terminología técnica, daremos a continuación las aclaraciones correspondientes a aquellos vocablos utilizados, y que no han sido explicados en el texto.

Agua magnetizada: Agua potable, atravesada durante cierto tiempo por las líneas de fuerza de un campo magnético, a causa de haber permanecido en contacto con un imán.

Biomagnetismo: Es la ciencia de los procesos y funciones inducidos en los organismos vivos por los campos magnéticos estáticos.

Campo magnético: Espacio que rodea a un imán, y sobre el cual éste ejerce su fuerza magnética. Este espacio está determinado, y es atravesado por las llamadas "líneas de fuerza magnética", y posee más intensidad en las cercanías de los polos del imán

Conservadores: Piezas de hierro dulce que se conectan como puentes entre ambos polos de un imán, a fin de que conserven su magnetización por más tiempo. Al colocarlos, los conservadores se transforman en imanes inducidos, cerrando la cadena molecular, de modo que no exista un polo libre que permita la desmagnetización con el transcurso del tiempo.

Electromagnetismo: Rama de la física que estudia la relación entre la electricidad y el magnetismo, así como los fenómenos magnéticos provocados por las corrientes eléctricas.

Flujo magnético: Intensidad del campo magnético, o densidad de las líneas de fuerza que lo determinan.

Fuerza coercitiva: La capacidad de un material magnetizado para resistir las influencias desmagnetizadoras. Resulta más difícil desmagnetizar un material de alto poder coercitivo que uno de bajo poder.

Gauss: Denominación anterior para la unidad de densidad de flujo magnético, tomada del nombre del físico Karl Frederick Gauss, matemático y físico alemán (1777-1855), autor del teorema que lleva su nombre, y que permitió encontrar la defensa contra las minas magnéticas utilizada en la II Guerra Mundial.

Hipnotismo: El arte o ciencia de inducir un estado de pseudo-sueño, en el cual la mente responde a las sugerencias externas del 'operador', y puede recobrar recuerdos olvidados, e incluso realizar ciertas tareas que no haría en estado de vigilia.

Imán natural: Una pieza de hierro o compuesto ferroso o férrico que ha adquirido naturalmente la capacidad de atraer el hierro y algunos otros metales denominados paramagnéticos. Sus exponentes más comunes son la magnetita, o "piedra imán", y algunas variedades de pirita (óxido de hierro).

Imán cerámico: un imán confeccionado de cualquier material sintético, entre los cuales se cuentan la arcilla de alfarería, óxido de hierro, etc., o cualquier otro producto que se moldea primero, luego se endurece por templado y finalmente se magnetiza.

Imán metálico: similar al anterior, pero compuesto de hierro, acero o aleaciones especiales, que posee las cualidades de un imán natural.

Inducción magnética: Magnetización de un material paramagnético cuando se lo ubica en las proximidades de un campo magnético, sin entrar físicamente en contacto directo con el imán inductor.

Líneas de fuerza magnética: curvas de continuidad dentro del campo magnético, que demuestran la dirección de la fuerza de atracción y el valor de la intensidad en cada punto del campo que rodea a un imán. Externamente, las líneas unen el polo norte con el sur, e internamente recorren el camino inverso, pero jamás se intersectan en ningún punto.

Magnetismo: es la ciencia que estudia las propiedades de los imanes, es decir la atracción y repulsión hacia otros materiales, tanto cualitativa como cuantitativamente.

Magnetismo animal: Hipnotismo o mesmerismo

Magnetismo personal: el poder de una personalidad para hacerse sentir y ejercitar su influencia obre otras personas.

Magnetización: Es el acto de impartir cualidades magnéticas a un material; el proceso puede ser natural o artificial.

Magnetoterapia: es la rama de la medicina que estudia las posibilidades de tratamiento de distintas enfermedades mediante la influencia de los campos magnéticos sobre el organismo.

Magnómetro: Instrumento utilizado para medir la intensidad de un campo magnético.

Materiales magnéticos: todas aquellas sustancias o materiales, tales como el hierro, el níquel, cobalto, samario y otros, que en estado puro o en aleaciones, son apreciablemente atraídos por un imán, y pueden retener magnetismo cuando se los induce.

Mesmerismo: el magnetismo animal o hipnotismo, tal como lo expuso Mesmer, un médico y filósofo alemán. Por extensión se denomina mesmerismo a las influencias o sugestiones hipnóticas.

Oersted: Actual unidad de potencia de los campos magnéticos, llamada así en honor al naturalista dinamarqués Juan Carlos Oersted, descubridor del electromagnetismo. La unidad de intensidad magnética fue denominada originalmente "Gauss", nominación que aún se utiliza frecuentemente, pero luego fue modificada por recomendación de la Conferencia Internacional de Física llevada a cabo en Londres en 1934. Algunos autores utilizan la abreviatura Oe para esta unidad.

Permeabilidad magnética: cuando un material magnético es magnetizado por inducción, las líneas de fuerza del campo magnetizador se concentran dentro de él. El grado en que estas líneas de fuerza pueden penetrar cada material se denomina permeabilidad. En términos matemáticos, es la relación entre la densidad de flujo magnético y la fuerza magnetizadora.

Polo: el extremo de cualquier eje, alrededor del cual se disponen simétricamente las fuerzas que actúan sobre él. En un imán o una batería constituye uno de los puntos que presentan características físicas diametralmente opuestas.

Polo Norte magnético: el extremo norte del eje magnético de la Tierra en la región ártica, que difiere ligeramente con el del eje de rotación. Es la dirección que señala el extremo norte de la aguja de una brújula.

Polo Sur magnético: El extremo sur del eje magnético de la Tierra en la Antártida; la dirección opuesta a la que señala el extremo norte de la aguja de la brújula.

Abreviaturas utilizadas a lo largo del libro:

PN: polo norte
PS: polo sur
IB: imanes básicos
AM: agua magnetizada
EM: electromagneto o electroimán

Indice temático

GEMOTERAPIA Curación por esencias minerales

Manual práctico y clínico

PEDRO CREA

160 páginas
15,5 x 23 cm
ISBN: 978-950-754-005-9

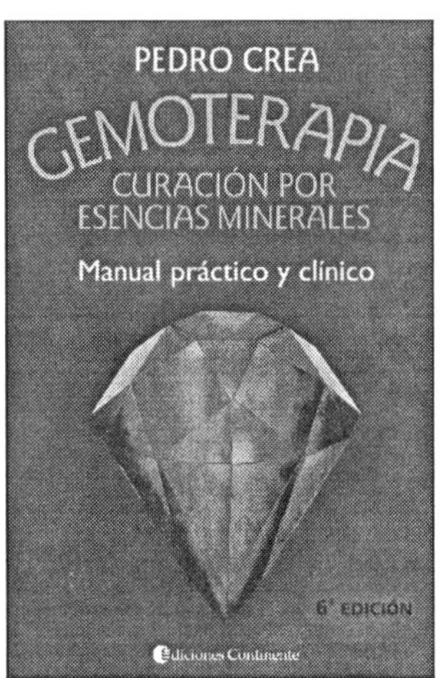

Las terapias por las gemas es un método de tratamiento sencillo, natural y no agresivo. Cada una de las gemas estimula las energías orgánicas deficitarias, o bien dispersa sus excesos y actúa como inductor natural de adaptación del sistema energético ante una situación de desequilibrio.

Gran parte de nuestros problemas emotivos y orgánicos son producidos por el déficit o exceso de alguna de nuestras energías vitales.

Cuando logramos estimular, encauzar o atemperar dichas energías, por medio de la acción de las gemas, se logra restablecer el ritmo perdido de una manera rápida, natural y a la vez profunda, actuando en su punto de origen, con la sensación de volver a nosotros mismos.

CURACIÓN POR CRISTALES Gemas y minerales

Manual práctico y clínico

PEDRO CREA

128 páginas
15,5 x 23 cm
ISBN: 978-950-754-019-6

Las rocas, los cristales y su manifestación más elaborada, las gemas, han fascinado al hombre desde los tiempos más remotos por su belleza, pero también han sido utilizadas por él para ayudarse a profundizar en su Yo interior, sintonizando sus energías radiantes.

Estos increíbles auxiliares del hombre ofrecen, a quien se decida a utilizarlos en su propio bien y el de los que lo rodean, un enorme potencial vibratorio que puede impactar positivamente en nuestras vidas, como así también en la evolución de la humanidad y el planeta entero.

BACH POR BACH
Obras completas

Escritos florales

DR. EDWARD BACH

192 páginas
15,5 x 23 cm
ISBN: 978-950-754-046-2

Los Escritos florales del Dr. Edward Bach se encontraban sólo parcialmente traducidos al castellano. Bárbara Espeche y Eduardo Grecco, reconocidos especialistas en terapias florales, han encarado una nueva y completa versión de estos escritos, enmarcándolos en el pensamiento de la época y desarrollando, al mismo tiempo, un aparato de lectura del texto Bach.

Le ofrecemos al lector este libro con la certeza de que él habrá de iluminar significativamente acerca del modo como Bach concebía su practica curativa.

"Detrás de toda enfermedad subyacen nuestros miedos, nuestras ansiedades, nuestras codicias, nuestras simpatías y antipatías, investiguemos estas emociones y curémoslas, puesto que con ellas desaparecerán también las dolencias que padecemos."

Otros títulos de nuestra editorial

FLORES DE BACH Y HOMEOPATÍA
Dinamizaciones homeopáticas en Terapia Floral
Selma Vijnovsky

LAS FLORES QUE CURAN A LOS NIÑOS
Guía para padres y terapeutas
Claudia Mattiello

FLORES DECALIFORNIA II
Sistema de esencias pluralistas
Repertorio de síntomas
Espeche - Grecco - Valdéz

ESENCIAS FLORALES AUSTRALIANAS
Sistema unicista Bush
B. Espeche - E. H. Grecco

CURA POR JUGOS NATURALES
Zumoterapia
N. N. Saha

JUNG Y FLORES DE BACH
Arquetipos y flores
B. Espeche - E. H. Grecco

FLORES DE BACH
Manual práctico y clínico
Bárbara espeche

TERAPIAS FLORALES Y PSICOPATOLOGÍA
Eduardo H. Grecco

FLORES DE BACH II
Clínica, terapéutica y signatura
Bárbara Espeche

FLORES DE CALIFORNIA
Manual práctico y clínico
B. Espeche - E. H. Grecco

AYURVEDA
La ciencia de curarse uno mismo
Dr. Vasant Lad

ALOE VERA
Una planta milagrosa
Eq. de Inv. Nueva Era

AROMATERAPIA
Manual práctico y clínico
Pablo Salomone

CURACION POR CRISTALES GEMAS Y MINERALES
Pedro Crea